Habiter les villes camerounaises aujourd'hui et demain

Une analyse critique de The Okwelians à partir de Douala et de Rey Bouba

Sous la direction de
Jacques Jonathan Nyemb

Habiter les villes camerounaises aujourd'hui et demain

Une analyse critique de The Okwelians à partir de Douala et de Rey Bouba

Préface de Georgia Cardosi

En partenariat avec :
Université de Montréal (Québec)
Fondation Africavenir Internationale
Fondation MAM

5-7, rue de l'Ecole-Polytechnique, 75005 Paris

http://www.editions-harmattan.fr

ISBN : 978-2-336-48493-8
EAN : 9782336484938

Comité scientifique

- Nadeige NGO NLEND
- Georgia CARDOSI

Coordination

THINK DO TANK THE OKWELIANS

Présentation

Fondé en février 2020, ***The Okwelians*** est un *Think Do Tank* réunissant une communauté de près de 1100 personnes, dont 220 membres actifs et sympathisants, camerounaises et camerounais, répartis sur quatre continents et désireux de promouvoir une culture d'innovation sociale au Cameroun. Le nom « *Okwelians* » qui dérive du verbe « *okwele* » (apprendre en langue *Duala*) reflète notre vision du leadership : un leadership exercé avec humilité, discernement et confiance.

Dans le cadre de ses activités scientifiques depuis quatre années, **The Okwelians** se déploie sur différents sujets qui engagent le Cameroun et sa transformation durable, au sein de son laboratoire d'idées et d'actions, **The LaB'**. À travers son réseau d'experts et ses chercheurs, le Think Do Tank **The Okwelians** s'investit dans la perspective de soutenir la réalisation des objectifs nationaux de développement consignés dans la Stratégie Nationale de Développement 2020-2030 (SND30), mais également dans la poursuite des Objectifs de développement durable (ODD) des Nations Unies.

Engagé sur les enjeux de cohésion sociale, de transformation économique et de gouvernance publique au Cameroun, **The Okwelians** souhaite à travers ce travail collectif, rendre compte de la nécessité de (re)placer la recherche au cœur des politiques publiques, en l'occurrence les politiques d'aménagement de nos territoires. Cet ouvrage est donc le fruit d'un laborieux travail mené par des chercheurs de divers bords et principalement ceux investis dans la production des savoirs théoriques et empiriques innovants, en vue d'informer les pratiques managériales, professionnelles et entrepreneuriales nouvelles applicables à différents enjeux et terrains d'intervention.

Inscrit dans une perspective de durabilité et d'inclusion qui s'impose à nos sociétés, et aligné à la Stratégie Nationale de Développement 2020-2030 (SND30) du Gouvernement camerounais dans son chapitre 6 portant *« Gouvernance, décentralisation et gestion stratégique de l'État, l'aménagement du territoire »*, **The Okwelians** soutient que des connaissances pratiques des territoires, éclairées par des analyses scientifiques pertinentes et holistiques des problématiques urbaines sont susceptibles de promouvoir l'invention de la ville camerounaise de demain. C'est dans cette conviction que le présent ouvrage collectif *« Habiter les villes camerounaises aujourd'hui et demain. Une analyse critique de* ***The Okwelians*** *à partir de Douala et de Rey Bouba »* trouve son ancrage.

Comité scientifique

- Pr NGO NLEND Laure Nadeige
- Pr NGO BALEPA Aurore Sara Sophie
- Pr MBAHA Pascal
- Pr CARDOSI Georgia
- Pr YEMMAFOUO Aristide
- Pr NGUENDO-YONGSI Blaise
- Dr DIMBO Jean-Baptiste
- Dr MAYI Amélie-Emmanuelle

Contributeurs :

- ANGONI Clément Honoré, Doctorant en Sociologie urbaine à l'Université de Yaoundé I, Laboratoire camerounais d'Études et de recherches sur les sociétés contemporaines (CERESC)
- DANG À GOUFAN Paul Derrick, docteur Ph. D. en histoire politique et des relations internationales, enseignant-chercheur, expert en histoire du tourisme international et stratégies de développement touristique ;
- DONDJANG NJANDJA Falonne, doctorante en études internationales, Institut des relations internationales du Cameroun ;
- NDONGUE EPANGUE Timothée, docteur en Sciences de l'information et de la communication, spécialité Communication des organisations, Enseignant – Chercheur à l'Université de Douala ;
- MAHGUOH Carine, doctorante en Géographie Laboratoire Géographie, Territoire et Environnement, Université de Douala ;
- NDJAMA Bernard, Ph. D. en Sociologie, chargé des travaux dirigés au département de sociologie de l'Université de Douala et coordonnateur du Laboratoire de Recherche fondamentale et appliquée ;
- OLINGA OLINGA Joseph Magloire, Ph.D en Géographie, Aménagement du territoire et Environnement, Sous-directeur des études et de la protection de l'environnement, Communauté urbaine de Douala;
- SIBENOU Laure, doctorante au département de Psychologie à l'Université de Douala ;
- TIOMO Ornelle Rosine, doctorante en Géographie, Université de Yaoundé I ;
- TSAGUE TSAYEM Lydiane Armelle, docteure, Ph. D. en Communication, Chargée de cours à École supérieure des sciences et techniques de l'information et de la communication (ESSTIC), Université de Yaoundé II- Cameroun.

SOMMAIRE

PRÉFACE

Ce livre offre à tous ceux qui s'intéressent à l'évolution de l'organisme urbain une version inédite de la Ville. Il présente la ville de Douala ainsi que la Commune de Rey-Bouba dans la région du Nord du pays respectivement par le truchement d'une analyse détaillée de ses territoires sociospatiaux et d'une étude de la Commune considérée. C'est un travail construit sur la base de données collectées sur le terrain, visant à suggérer, par une approche multidisciplinaire, des pistes de développement pour la société urbaine du Cameroun. Il s'agit d'un ouvrage collectif qui révèle à travers les trames locales des arrondissements, les problématiques du vivre, les impulsions au changement et les trajectoires potentielles de cette partie d'Afrique prête à jouer un rôle de leader dans le futur urbain global.

Le travail permet aux lecteurs de se familiariser avec les acteurs de la société urbaine, y compris les figures les plus informelles et souvent socialement subordonnées. On perçoit, malgré les faiblesses du contexte structurel de la ville, le potentiel d'action des individus et de leurs structures organisationnelles : des ramasseurs de déchets plastiques, aux ouvriers des petites et moyennes entreprises, aux populations des arrondissements, aux collectivités territoriales. Le texte met également en relief leurs relations d'interdépendance avec les structures étatiques, dont la présence sur le territoire reste limitée ou insuffisamment effective. Le thème, bien que connu, de l'écart entre le gouvernement et la population réapparaît, analysé par les nuances du contexte. Les initiatives locales prolifèrent, mais les difficultés d'alignement entre ces initiatives, les politiques nationales et les directives internationales visant à la transition écologique à l'échelle mondiale persistent.

Il y a de nombreuses leçons à tirer pour le « Nord » et le « Sud » du monde. Les mécanismes et processus de configuration de l'habitat urbain sont analysés à la lumière de thèmes contemporains : l'encouragement à l'éco-comportement et à sa mise en œuvre, les responsabilités civiques, les barrières culturelles à surmonter, le potentiel de la communication, la priorité de l'éducation et de la formation, et le rôle de la perception et de l'imaginaire collectif. La qualité de la vie urbaine ne peut se dissocier de la corrélation entre État de droit, comportements individuels et collectifs, capacités organisationnelles, politiques de gouvernement et gestion du territoire. Les défis urbains portent sur l'extension de la périphérie urbaine et sur l'équipement en services et en infrastructures, ainsi que de l'effectivité de la décentralisation pour traiter des inégalités socio spatiales. Il faut aussi inclure des aspects centraux et complémentaires à la transition écologique à savoir, la gestion des déchets urbains, l'économie circulaire, et l'accès à l'eau.

Au cours des soixante-dix dernières années, penser à l'urbanisation, à la ville et à ses transformations signifiait pour de nombreux intellectuels de formation occidentale, reproduire les clichés de Londres, de Paris, de Tokyo ou de New York dans une logique néolibérale de concentration des richesses. Il s'agit, en d'autres termes, de penser la Ville Globale. Bien que la mondialisation a agi en déterminant la formation de vastes conurbations métropolitaines dans toutes les régions du monde, les villes africaines restaient souvent en marge du débat, surtout parce qu'elles étaient traversées par le phénomène de l'« urbanisme informel », difficile à définir et à traiter par des logiques de marché à l'échelle planétaire. Cependant, de nombreux experts ont continué à théoriser les sociétés urbaines africaines, souvent en remettant en question les modèles urbanistiques hérités de l'époque coloniale. L'impact mondial de l'urbanisation en Afrique a suscité, ces dernières décennies, une grande attention de la recherche sur les tendances de croissance urbaine sur le continent. Tout cela contribue à enrichir la question théorique de ce qu'est la ville et de ce qu'elle est devenue. Dans ce contexte, le livre porte une vision de la ville comme un lieu physique et socioculturel de ressources, de moyens et d'alliances.

Le livre répond aux multiples facettes du chercheur – sociologue, historien, politologue, géographe, architecte – animé par le désir d'apporter des connaissances qui améliorent l'habitat. En même temps, l'œuvre nourrit aussi un imaginaire littéraire de la ville passée et à venir. Loin d'être un travail académique, l'ouvrage préfigure de nouvelles géographies et morphologies du territoire urbain au Cameroun. En fin de compte, savoir comment concevoir la ville et comment l'habiter est une dimension propre à l'homme depuis les plus anciennes civilisations urbaines. En effet, l'esprit de la 1re édition du Campus Chercheurs promu par *The Okwelians* à Douala en 2022 visait justement à « réinventer » la ville camerounaise.

Mes liens en tant qu'architecte et chercheure avec des institutions africaines, et en particulier avec *The Okwelians*, à l'origine de l'initiative éditoriale, ainsi que mon implication dans ce travail, témoignent de cet intérêt international. Je tiens également à mentionner mon affiliation à RESAUD-Alioune Badiane, un programme de recherche en études urbaines en Afrique, fruit d'une collaboration entre l'Université de Montréal (Canada), ONU-Habitat et quatre universités africaines : l'Université de Yaoundé 1 (Cameroun), l'Université de Ouagadougou (Burkina Faso), l'Université Félix Houphouët-Boigny (Côte-d'Ivoire) et l'Université Cheikh Anta Diop (Sénégal). Le programme travaille sur les trois dimensions principales de la sécurité urbaine en Afrique : l'accès au logement et à la sécurité foncière, l'accès aux services et aux infrastructures, et l'accès à des espaces publics sûrs face à la criminalité et à la violence.

En tant que seul membre non-africain du comité scientifique, j'ai participé à la révision de certains chapitres de cet ouvrage. J'ai accepté cette mission sans hésitation, y voyant une occasion unique d'enrichir mes connaissances et de partager des expériences professionnelles avec des collègues universitaires. Cette mission m'a particulièrement enthousiasmée, car elle s'inscrit dans une démarche de décolonisation à mettre en œuvre, y compris dans sa dimension subjective. Ce changement ne se limite pas aux transformations objectives, aux procédures et aux normes, mais passe aussi par l'éclairage apporté par la subjectivité, qui agit à travers la prise de conscience. Contribuer à l'élaboration d'une approche épistémologique innovante et endogène, centrée sur la société urbaine africaine, me permet, en tant que chercheur formé dans un contexte occidental, d'accéder à une nouvelle dialectique et à une compréhension plus profonde du phénomène urbain au Cameroun et en Afrique.

La lecture de cet ouvrage me ramène à des thèmes gramsciens tels que la rédemption des classes subordonnées par la culture, l'appel à l'action propagé par la pensée et la recherche des jeunes universitaires camerounais, et dans les initiatives de *The Okwelians*. Un nom, ce dernier, qui en langue Duala signifie « Apprendre » et reflète une *« vision du leadership exercée avec humilité, discernement et confiance »*. Ces éléments constituent les fondements d'une pensée humaniste. Un humanisme à l'échelle mondiale nous invite aujourd'hui à repenser la ville africaine comme point de départ. Repenser Lagos, Nairobi, Le Caire, Dakar, Yaoundé. Cependant, c'est à travers Douala que cet ouvrage offre une perspective privilégiée pour observer l'évolution de la ville africaine, en explorant les multiples interactions entre les dimensions formelles et informelles de l'action humaine.

Georgia CARDOSI.

INTRODUCTION GÉNÉRALE

De tous les grands changements économiques, politiques et sociaux auxquels est soumis le monde depuis le milieu du XXe siècle, l'expansion urbaine est sans contexte le plus remarquable et le plus significatif. Son accélération rapide et continue au tournant des années 1950 à la faveur d'un faisceau de facteurs variés s'est accompagnée d'un bouleversement profond de la géographie de la population, les villes devenant l'épicentre des transformations économiques et industrielles, le lieu de reconfigurations géopolitiques importantes et l'objet d'enjeux géostratégiques majeurs partout dans le monde (Gérard-François Dumont, 2020).

Malgré leur essor plus récent, les villes du Sud connaissent une croissance particulièrement rapide. Évalué à 3300 en 1990, le nombre de villes africaines a doublé en 30 ans, atteignant le chiffre de 7600 en 2022 (OCDE Nations Unies, 2022). Certes, ce dynamisme urbain présente de nombreuses disparités, tant des inégalités marquent territoires et espaces entre eux. Alors que le taux d'urbanisation est seulement de 20 % en moyenne au Burundi, en Éthiopie, au Malawi et en Ouganda, il s'élève à 50 %, voire à 80% en Algérie, au Botswana, au Congo, au Cameroun, au Gabon, au Maroc, en Afrique du Sud et en Tunisie (ONU Habitat, cité par Ongo Nkoa, Simon Song, 2019). Pour autant, il est aujourd'hui incontestable qu'un habitant sur quatre sur la planète réside dans une ville africaine (OCDE/Nations Unies, 2022).

Jadis à plus de 30 millions en 1960, la population urbaine dans les pays du sud s'élève aujourd'hui à 500 millions d'habitants. On estime qu'en 2050, plus d'un milliard d'Africains vivront en ville. Une telle croissance urbaine, inédite à l'échelle de la planète, s'est accompagnée d'un phénomène de métropolisation caractérisé par la concentration des activités et des fonctions de commandement dans les métropoles qui se sont énormément dilatées. Alors qu'elles n'étaient que 30 en 2000, les très grandes villes (5 et 10 millions d'habitants) ont considérablement augmenté en moins de 10 ans. En 2018, on en dénombrait 45. Selon l'ONU, il y en aura 20 de plus en 2060, dont une majorité localisée en Afrique et en Asie. Si cette métropolisationne accélérée traduit une véritable révolution urbaine à l'œuvre en Afrique, elle induit également des menaces et des risques qui en soulignent la fragilité et posent la nécessité d'accompagner ce processus. En Afrique subsaharienne où le phénomène est le plus marqué, l'enjeu aujourd'hui est de trouver un équilibre heureux, entre des villes qui s'étendent chaque jour sous la pression d'une démographie galopante, de l'exode rural et des migrations économiques et transfrontalières d'une part, et des besoins immenses en services divers qui se complexifient alors que les ressources s'épuisent, d'autre part. En 2014, le programme des Nations unies pour les établissements humains (ONU-Habitat) tirait ainsi la sonnette d'alarme au sujet des villes camerounaises :

> « Avec une population urbaine estimée à 54% en 2014, le Cameroun fera face à un défi majeur lié à la croissance accélérée et insuffisamment maîtrisée de sa population et des espaces urbains. Étant donné que plus de 43% de sa population [est âgée] de moins de 14 ans, les défis de formation, de loisir et de création d'opportunités d'emploi constituent un enjeu pour le développement durable »[1]

L'importance d'un tel enjeu se mesure également aux efforts que déploient les autorités gouvernementales pour relever les défis de l'urbanisation durable dans la perspective d'un développement économique et humain soutenu. Cela passe notamment par l'élaboration de documents stratégiques visant à penser la ville en la replaçant dans le cadre global des défis économiques, écologiques, sociaux et professionnels que soulève son essor. Ainsi que l'explique ONU Habitat : « ''La vision urbaine du Cameroun à l'Horizon 2035'' est claire et conçoit l'Aménagement du territoire et le développement urbain à travers une approche transversale destinée à créer un espace économique national intégré dans lequel la durabilité et la préservation de l'environnement sont entièrement incorporées[2] ». Bien entendu, une telle politique visant à faire des villes des vecteurs de croissance est pertinente, à condition que le levier de cette transformation intègre, en plus de l'aménagement infrastructurel sur lequel insiste le DGSC ; le renforcement de la vocation économique de l'espace urbain. Une telle visée se traduit par l'implication d'acteurs multiples, susceptibles, par une synergie d'actions, de relever les défis actuels et complexes que pose l'urbanisation rapide des villes camerounaises.

Le présent volume rassemble neuf contributions parmi la vingtaine retenue au terme d'un appel à contributions lancé par le Think Do thank **The Okwelians** et dont les résultats ont été présentés au cours du Campus Jeunes Chercheurs organisé en août 2022 sur le thème : **« Habiter les villes camerounaises aujourd'hui et demain : Douala, Foumban, Rey Bouba ».** La démarche de travail concertée et inclusive a permis de mobiliser des intervenants issus de divers segments de l'espace public et privé. Étudiants, chercheurs, experts de la problématique urbaine, autorités locales, membres de la société civile, chefs d'entreprises, se sont relayés pour imaginer ensemble le format que doit revêtir la ville camerounaise actuelle et à venir, dans un contexte de transformations polymorphes. L'élaboration de la

---

[1] [1] Programme des Nations Unies pour les établissements humains, *Note de politique urbaine nationale du Cameroun*, 2016, p.3.

[2] *Idem.*

réflexion autour de trois objets thématiques permettant de traiter divers aspects de la question tout en développant différents points de vue autour du sujet, impose à l'ouvrage une organisation en trois parties. Un tel choix méthodologique justifié par la nature du sujet proposé à la réflexion présente toutefois le défaut d'un plan déséquilibré, la majorité des textes ayant plébiscité l'un des espaces géographiques proposés à l'étude, au détriment des deux autres. En effet, initialement axées sur trois villes du Cameroun, à savoir : Douala, Foumban et Rey-Bouba, les présentations ont fait la part belle à la ville de Douala qui a accueilli les travaux et dont les défis et difficultés sont certainement apparus plus urgents, en raison de sa grande visibilité et de son exposition internationale. Ce qui ne signifie pas que les autres villes en aient moins. Ainsi, sur les neuf chapitres que comporte l'ouvrage, huit traitent de la ville de Douala. Six d'entre eux constituent les deux premières parties de l'ouvrage. Les trois chapitres constituant la dernière partie de l'ouvrage traitent également de Douala pour les deux premiers d'entre eux. Un seul chapitre est consacré à la ville de Rey-Bouba.

À partir d'angles disciplinaires et de paradigmes théoriques différents, les trois premiers chapitres du volume font le point de l'ensemble des mesures mises en œuvre par les acteurs gouvernementaux et non institutionnels pour instiller une culture de l'habitat durable dans la ville de Douala. Ainsi, SIBENOU Laure[3] interroge la mise en pratique de l'éco-comportement par les populations de la commune d'arrondissement de Douala 3e dans le cadre d'un programme communal de sensibilisation écologique appelé « Ville propre ». L'objectif est d'évaluer le seuil de sensibilisation des populations aux bienfaits de la transition écologique. Soumis à une forte pression démographique ainsi qu'à une certaine activité industrielle, l'arrondissement de Douala 3e fait face à de nombreux problèmes environnementaux incluant la pollution, l'effet de serre et les émissions de dioxyde de carbone (CO_2), les changements climatiques, la rareté d'eau, les inondations, etc. La gravité de la situation a suscité des actions en vue de la sensibilisation des populations à la prise de conscience du danger dans le but d'inciter à l'adoption de comportements éco responsables. À terme, l'objectif d'une telle démarche vise à encourager le développement de comportements susceptibles de favoriser la transition écologique, gage de la conservation et de la résilience de l'espace étudié. S'intéressant à un tout autre type de défi urbain, Timothée NDONGUE EPANGUE[4] analyse la communication des autorités publiques autour des problèmes de mobilité dans la ville de Douala et interroge les représentations ainsi que les significations que s'en font les destinataires. On apprend ainsi

---

3 Sibenou Laure, « La mise en pratique de l'éco-comportement pour une transition écologique à l'intérieur des villes : contexte d'évaluation de la 'Ville-Propre' dans la commune d'arrondissement de Douala 3e (Cameroun). »

4 NDONGUE EPANGUE Timothée, « Les imaginaires sur la communication des autorités publiques autour des problèmes de mobilité à Douala ».

que les imaginaires que suscite la communication des autorités publiques sont négatifs, la population n'y accordant pas l'attention escomptée. Ce qui permet à l'auteur de prononcer l'échec d'un modèle de communication municipale *Top down* ne prenant pas en compte les besoins des populations destinataires et de proposer de lui substituer le format *bottom–up*, plus inclusif et engageant. Les difficultés communicationnelles dans le cadre de la mise en œuvre des politiques urbaines innovantes se rencontrent également chez des acteurs non institutionnels. C'est ce que démontre NDJAMA Bernard à partir des exemples des associations *Cœur d'Afrique* et *Namé Recycling,* toutes deux spécialisées dans le recyclage des déchets plastiques dans la ville de Douala. Malgré tous les bienfaits environnementaux, écologiques et économiques qu'elle est susceptible d'apporter à la ville de Douala, l'activité de recyclage des ordures peine encore à émerger faute d'une pédagogie efficace destinée aux populations ainsi qu'un déficit de qualification de la main-d'œuvre. D'autres facteurs : manque de financement et de marché, non-accompagnement de la part de structures établies sont à prendre en compte pour cerner les difficultés de ce secteur pourtant prometteur à plus d'un titre. On le voit bien, les dispositifs mis en œuvre pour aider la ville de Douala à relever le défi de sa métropolisation sont variés. Les études montrent également la pluralité d'aspects que recouvrent les outils mobilisés par divers acteurs. Les évaluations de ces dispositifs que les analyses ont tenté d'effectuer montrent à la fois le caractère novateur des modèles envisagés et les limites de politiques parfois déconnectées des réalités et des besoins spécifiques des bénéficiaires, imposant alors le recours aux approches sectorielles, plus indiquées pour améliorer l'efficacité des politiques.

Aussi la deuxième partie de l'ouvrage traite-t-elle des défis sectoriels de l'habitation durable au Cameroun. Là encore, les trois cas d'études envisagés vont porter sur la ville de Douala. Dans le premier cas, l'auteure[5] analyse les difficultés d'accès à l'eau potable dans l'arrondissement de Douala 5e confronté à l'étalement urbain. Les résultats obtenus montrent qu'entre 1975 et 2022, le taux de consommation de l'espace par le bâti a évolué, passant de 2% en 1975 à 36% en 2022, accentuant la pression sur les ressources en eau. Pourtant, l'aménagement d'un réseau public d'acheminement de l'eau potable pour répondre aux besoins demeure insuffisant, ce qui contraint la majorité des populations de l'arrondissement de Douala 5e à développer des solutions alternatives pour l'accès à l'eau. En raison d'un service limité de l'entreprise publique chargée de la distribution de l'eau potable, les ménages de l'arrondissement de Douala 5e recourent souvent aux forages et aux puits. À l'échelle des quartiers de la commune, l'on observe des disparités significatives dans l'accès à la ressource en eau entre des populations plus

[5] MAHGUOH Carine, Étalement urbain et accès à l'eau potable dans la commune de Douala 5e (Cameroun).

aisées développant des stratégies autonomes et des populations moins nanties, plus dépendantes des maigres ressources fournies par l'état, ou des dispositifs mis en place par des particuliers. La capacité des autorités de la commune de Douala 5e à garantir à leurs populations un accès équitable aux ressources est également questionnée par Lydiane Armelle TSAGUE TSAYEM[6], à travers la notion de citoyenneté économique, un concept qui lui sert d'outil d'analyse pour évaluer la pertinence des dispositifs communaux de mise en œuvre des politiques entrepreneuriales destinées aux personnes vivant avec un handicap (PSH). Ainsi, l'on apprend que de nombreux discours et dispositifs élaborés par les autorités de la communauté urbaine de Douala et la commune urbaine de Douala 5e visaient à implémenter l'autonomisation des PSH par l'incitation à l'entrepreneuriat. L'auteure tente de comprendre pourquoi, en dépit de ces mesures, les processus entrepreneuriaux des PSH demeurent marqués par l'informel. Elle aboutit à la conclusion que la politique de promotion de l'auto-emploi des PSH au Cameroun privilégie une approche *Work-first* qui confine la citoyenneté matérielle des PSH à l'exercice d'activités de survie. Par ailleurs, il apparait que les discours internationaux, locaux et communaux sur l'auto-emploi des PSH au Cameroun sont générateurs de tensions idéologiques, politiques et stratégiques dans leur mise en œuvre. Enfin, l'analyse souligne que ces tensions renforcent les choix stratégiques des communes de Douala et de Douala 5e pour une « politique du handicap » plutôt qu'une « politique des handicaps », avec pour conséquence la perpétuation chez les PSH le choix d'une citoyenneté matérielle dépendante, transitoire et de survie. Alors que dans les deux précédents textes, les difficultés d'accès à l'eau et à l'emploi autonome relevées dans les espaces étudiés sont exclusivement reliées aux défaillances des dispositifs institutionnels, l'analyse est bien plus nuancée dans la dernière réflexion de cette partie. L'auteure s'y intéresse à la persistance des inondations dans le quartier de Makèpè Missokè (arrondissement de Douala 5e), en dépit des efforts déployés par les autorités communales pour y assurer le drainage des eaux pluviales. L'étude analyse les solutions proposées par le projet de drainage des eaux pluviales pour combattre les inondations dans la zone de Makèpè Missokè, en vue de dégager les limites des actions entreprises dans ce sens. Il en ressort que l'incivisme des populations et le déficit d'entretien des œuvres réalisées par les autorités locales expliquent la persistance des inondations dans le BV de Tongo Bassa. Au regard de la réglementation sur l'entretien des drains et la gestion des déchets élaborée par les structures administratives, l'étude recommande des efforts accrus de la part des autorités compétentes pour s'y conformer. Afin de juguler les actions d'incivisme des populations riveraines, l'étude suggère de conjuguer l'application rigoureuse de la loi et l'implication de la population locale dans la gestion des drains.

[6] « La citoyenneté économique des handipreneurs dans la Commune urbaine de Douala et dans la Commune de Douala 5e ».

Enfin, la réflexion préconise la mise en œuvre d'une démarche inclusive, associant des acteurs variés à des niveaux d'intervention divers pour assurer le suivi et l'évaluation des risques tout en garantissant le financement des actions ciblées afin de créer les conditions d'une gestion durable et une meilleure valorisation du système de drainage.

Les pistes esquissées dans ce chapitre pour répondre aux besoins posés par la croissance du quartier Missokè en vue de permettre une pratique aisée et durable sont davantage développées dans la dernière partie de l'ouvrage. La fabrique de villes camerounaises durables, prospères et futuristes occupe l'ensemble des trois études de cette partie. Elles ont en commun l'ambition de proposer des voies originales et inédites pour le tracé d'une *nouvelle économie urbaine* camerounaise. Elles traitent notamment : des modèles économiques durables à valoriser, des solutions éco responsables à imaginer et des stratégies innovantes à mobiliser. Ainsi, au regard du défi écologique et sanitaire que soulève la politique de gestion des déchets divers dans la ville de Douala, OLINGA OLINGA Joseph Magloire[7] propose le développement de filières de valorisation des ordures au moyen d'un processus de recyclage. Un tel concept, popularisé par la notion d'économie circulaire s'inscrit en droite ligne de modèles économiques dits vertueux promus par les ODD et contribuant à limiter l'épuisement des ressources. Il allie donc protection de l'environnement, préservation des ressources et croissance économique. Innovante de par son objet, l'étude demeure toutefois générale et prescriptive, sans véritable ancrage dans l'espace de la ville de Douala. Le chapitre[8] suivant épouse également ce même modèle d'analyse-plaidoyer. Dans un contexte de décentralisation récente, les communes font l'apprentissage de la gouvernance locale en autonomie et de ce fait, sont souvent confrontées à des difficultés pour atteindre le seuil d'exigences complexes de la gestion durable des villes comme prescrit par les ODD. DONDJANG NJANDJA Falonne montre que la commune de Douala 3e pourrait échapper à cet écueil en faisant recours aux ressources de la diaspora disposée et disponible pour accompagner les initiatives de développement local par le financement de projets urbains. L'expertise de la diaspora camerounaise dont l'importance, la diversité et la richesse sont soulignées dans l'étude est pertinente pour aider la commune à répondre aux standards internationaux de gouvernance urbaine et à mener avec succès les stratégies de développement impulsées localement. Bien que la diaspora camerounaise ait clairement démontré à travers des actions (les transferts de fonds en direction du Cameroun, l'initiation des projets de développement au profit de leur ville ou village d'origine) qu'elle représente une force motrice dans le développement du pays, les décideurs publics

---

[7] « Promouvoir l'économie circulaire par la valorisation multifilière des déchets solides ménagers à Douala (Cameroun) ».

[8] DONDJANG NJANDJA Falonne « Stratégie de co-développement pour la mise en place de la ville durable dans la commune d'arrondissement de Douala 3e ».

peinent encore à mettre en place les mécanismes et/ou stratégies pour la mobiliser. L'étude propose donc l'élaboration d'un plan d'action communal de mobilisation de la diaspora pour optimiser la collaboration entre la diaspora camerounaise et la Commune de Douala 3e. Elle explore la mise en œuvre du cadre légal de gestion de la diaspora, la cartographie de ses compétences et les mécanismes de partenariat visant à promouvoir son engagement durable dans le développement local. Suivant cette même logique d'identification des atouts des territoires en vue d'en faire des leviers de développement endogène, le texte de DANG À GOUFAN[9] s'intéresse au Lamidat de Rey Bouba dans le nord-Cameroun. À l'inverse des communes précédemment étudiées, cette chefferie traditionnelle très réputée est encore marquée par une forte ruralité qui constitue son principal atout. Le lamidat peine à trouver la solution pour transformer son potentiel touristique pourtant immense en levier efficace pour propulser son développement. La mise en place de cadres touristiques institutionnels de promotion de la destination du Lamidat à l'échelle locale permet d'envisager un avenir prometteur. Toutefois, cette politique étatique doit allier soutien financier et incitation à un usage ingénieux des outils de la coopération décentralisée pour permettre à la commune de donner la pleine mesure de son potentiel insuffisamment valorisé.

Nadeige Laure Ngo Nlend, (MC),

Université de Douala, Cameroun.

[9] « Les atouts touristiques dans le Lamidat de Rey Bouba (Nord-Cameroun) : état des lieux et perspectives à l'aune des nouveaux outils de la décentralisation ».

PREMIÈRE PARTIE

ÉTAT SUR L'IMPLÉMENTATION DES MESURES FAVORABLES À L'HABITATION DURABLE DES VILLES CAMEROUNAISES

La mise en pratique de l'éco-comportement pour une transition écologique à l'intérieur des villes : contexte d'évaluation de la 'Ville-Propre' dans la commune d'arrondissement de Douala 3e (Cameroun)

Laure SIBENOU

Doctorante au département de Psychologie à l'Université de Douala. Chercheuse en psychologie sociale du travail et des organisations, notamment en psychologie de l'environnement, en ergonomie, en gestion des risques, et en management des projets.
sibenoulaurefelixlaure@gmail.com

Résumé

La métropolisation fait subir à la ville de Douala des altérations perpétuelles par des nuisances et la pollution écologique. Celle-ci est perçue à travers des attitudes et des comportements inadaptés des populations par rapport à la conservation du milieu. En effet, la ville de Douala en général et la commune d'arrondissement de Douala 3e en particulier font face aux problèmes de pollution environnementale qui sont visibles à travers la persistance de l'insalubrité vis-à-vis de l'équilibre écologique. La mise en pratique de l'éco-comportement peut-elle influencer l'évolution vers la transition écologique dans l'arrondissement de Douala 3e ? Cette étude a pour but de modifier le comportement anti-écologique des populations en vue de converger vers une transition écologique, à partir du programme 'ville propre' implémenté quotidiennement au sein de l'arrondissement. La méthodologie a consisté en une collecte des données au moyen d'un questionnaire, collecte suivie d'une analyse descriptive corrélationnelle. L'étude a mobilisé un échantillon de 230 habitants des quartiers de la commune d'arrondissement de Douala 3e. L'analyse effectuée sur la base des hypothèses présente une corrélation significative au niveau 0,01 et 0,05 bilatéral. Les principaux résultats suggèrent que l'insalubrité environnementale consolidée par les actions écoresponsables influe significativement sur la transition écologique dans la ville.

Mots clés : Éco-comportement, transition écologique, environnement, résilience écologique, autonomie locale.

Abstract

Metropolization makes the city of Douala undergo perpetual alteration through ecological annoyances and pollution. It is perceived by attitude and behaviors of population unsuited to the conservation of the environment. Indeed, the city of Douala in general and the district council of Douala 3rd in particular face the problems of environmental pollution, which are characterised by the healthiness and ecological imbalance. However, to what extent can eco-behavior influence the ecological transition? The purpose of this study is to converge to the ecological resilience in view of eradicating anti-ecological behavior. Thus, we have collected data by means of questionnaire completed by a correlative and descriptive analysis. The study has mobilised a sample of 230 participants around the Douala 3rd Council. Analyses of results focused on ecological consciousness, involvement in solving environmental problems, planning ecological transition, show a significant correlation at the 0, 01 and 0, 02 bilateral level. The main results suggest that the environmental insalubrity consolidated by eco-responsible action influence on the ecological transition of the city.

Keywords: *Eco-behavior, Ecological transition, Environment, Ecological resilience, Local autonomy*

Introduction

L'éco-comportement se définit comme l'ensemble des gestes adoptés conduisant à l'entretien et à la préservation de la nature ou de l'environnement. La transition écologique quant à elle est définie comme l'évolution vers un nouveau modèle économique et social qui apporte une solution globale et pérenne aux grands enjeux environnementaux et aux menaces qui pèsent sur la planète Terre. Elle vise à mettre en place un modèle de développement résilient et durable des façons de consommer, de produire, de travailler et de vivre ensemble. Appréhendés ainsi, ces deux processus constituent une approche holistique du changement comportemental nécessaire pour faire face aujourd'hui aux désastres de l'action humaine sur l'équilibre écologique planétaire. Ces éléments sont d'autant plus importants qu'ils vont contribuer à l'adoption d'un nouveau schéma comportemental pour répondre aux problèmes de l'environnement individuellement ou collectivement. Au regard des agissements de l'Homme face à la nature et en adoptant cette gamme de comportements en faveur de l'environnement, on convergera vers l'implémentation d'un nouveau modèle de développement économique et social adapté.

Selon le rapport de l'entreprise britannique « The Economist Intelligence Unit » (2019), l'empreinte écologique de l'importante activité humaine est due à plusieurs facteurs parmi lesquels la pollution industrielle et celle des ménages à grande échelle. Cette pollution de l'environnement par les déchets est l'une des tares attribuées à Douala, la capitale économique du Cameroun.

En effet, plus de trois mille (3000) tonnes de déchets sont produites par jour à Douala. 1 000 000 tonnes de déchets produits par an dans la capitale économique, soit exactement 2 739,73 tonnes par jour, 70% des ordures ménagères, environ 1 919 tonnes/jour (Data Cameroon.com, 2021). L'arrondissement de Douala 3e fait partie des communes qui vont générer la majeure partie des déchets ménagers (62%) avec relativement 171 433 tonnes en 2021. Or, les déchets produits dans les communes urbaines, sauf dans la commune de Douala 6e par les ménages, sont projetés à 1 433 136 tonnes en 2040. Une hausse grandissante dans une ère où le fonctionnement de l'écologie planétaire se dégrade chaque jour un peu plus à cause des comportements anti écologiques exercés sur l'environnement et liés à la forte production et à la mauvaise gestion des déchets dès la base. D'après le délégué régional du ministère de l'Environnement, de la Protection de la nature et du Développement durable (MINEPDED) pour le Littoral « tout ce qu'on voit est le fruit de la mauvaise gestion des déchets dans les ménages, il implique : les produits achetés qui sont déjà déclassés nous abandonnons les déchets au bord de la route... »

Dans le cadre de ce travail de recherche, l'éco-comportement des populations de la commune de Douala 3e sera évalué relativement au projet 'ville-propre', notamment sur le processus de production des déchets polluants sur l'environnement. Toutefois, on note que les enjeux environnementaux, tels que la pollution, l'effet de serre et les émissions de dioxyde de carbone (CO_2), les changements climatiques, la rareté de l'eau, les inondations, etc., ont une présence remarquée. À cet effet, les communes d'arrondissement de la ville de Douala ont montré ces dernières années leur volonté politique à lutter pour la protection de l'environnement en s'arrimant au Programme des Nations-Unies pour le Développement durable moyennant des efforts considérables déployés pour les concours 'ville-propre' qui visent à protéger l'environnement, à préserver la nature et à embellir le cadre de vie des citoyens[10].

En dépit des efforts consentis pour répondre aux problèmes relatifs à l'environnement et à la pollution, ceux relatifs aux embouteillages, aux inondations, aux zones défavorables à l'habitation restent comme une gangrène résiliente qui fait de la ville de Douala la « star » des insalubrités. En 2018, le magazine anglais « The Economist » classait Douala à la 9e place des villes les plus invalides du monde.

Douala 3e qui est le plus grand arrondissement de la ville de Douala avec 1 000 000 habitants (Maire de Douala 3e https:// sai-latoil.com), se fait remarquer par la pollution de l'air, de l'eau, etc. En effet, le quartier Soboum de l'arrondissement de Douala 3e vit un véritable calvaire, pour cause une usine de nettoyage de vêtements et de linges manipule les huiles de vidange usées et toxiques pour l'environnement, ce qui révolte la population riveraine. Les pollutions dans les coins de rue, la présence des dépôts d'ordures sauvages qui jonchent les marchés, obstruent les caniveaux, polluent les cours d'eau sont parfois à l'origine des inondations dans la ville. On remarque également que les centres de décharges sont devenus un véritable foyer des odeurs toxiques pour les usagers et ont des impacts indéniables tels que la pollution de l'eau, de l'air, etc.

Toutefois, compte tenu de la définition des termes généraux de cette recherche à savoir l'éco-comportement et la transition écologique ainsi que des observations faites, il se pose ici le problème du comportement anti-écologique et du déséquilibre écologique ; d'où les questions de recherche suivantes.

Dans quelles mesures la mise en pratique de l'éco-comportement peut-elle influer sur la transition écologique de la ville de Douala en général et sur l'arrondissement de Douala 3e en particulier ? Autrement dit, existe- t- il un lien significatif entre la prise de conscience écologique, l'implication pour les

---

[10] Source : Maire de Douala 3e https:// sai-latoil.com

questions environnementales, la planification des comportements écologiques et la transition écologique ? Le but de cette recherche est de promouvoir les pratiques de l'éco-comportement pour les populations de la ville de Douala aux fins d'atteindre la transition écologique. Il s'agit de présenter l'impact d'une dynamique éco-comportementale, par le programme 'ville propre', sur la préservation du capital écologique dans la ville de Douala et particulièrement dans la commune d'arrondissement de Douala 3e.

1. Définition d'un modèle d'approche éco-comportementale

Les recherches d'Imed et al (2005) sur le comportement écologique du consommateur ont défini un cadre conceptuel du changement comportemental relatif au développement durable et au processus du fonctionnement d'une éventuelle transition écologique (T.E).

Cette recherche propose un modèle intégrateur des composantes éco-comportementales à adopter pour passer vers un monde écologique, sur la base des recherches menées par Green-Demes et Béland (1997 ; Imed, (2005) ; Pellettier et Brûlé (2015). En effet, envisager la transition écologique, c'est répondre aux enjeux écologiques par le biais des nouvelles actions sur le plan économique et social qui selon Cacheux (2019), nécessite une politique efficace de gestion de l'environnement : - réduction des polluants dans la ville (liée à l'industrie y compris les élevages intensifs, la production chimique dans l'agriculture, les dépenses en énergie qui sont une cause du réchauffement de la planète) ; établir des choix stratégiques sur le marché de consommation et sur l'action des prix. Consommer les produits limitant les impacts sur l'environnement (par exemple les produits biologiques) ou acheter les vêtements fabriqués localement impose un coût. Alors la transition écologique doit aussi être pilotée dans un cadre de politique publique cohérente, c'est-à-dire qui tient compte de la réalité sociale. Par exemple, peut-on imposer à un ménage l'utilisation du gaz domestique qui est moins polluant si celui-ci n'est potentiellement capable de disposer que du bois de chauffage ? Envisager un monde écologique tient compte de la réalité sociale qui dépend de la résilience locale (micro) où la diversité, la connexion entre les personnes et la solidarité sont des facteurs explicatifs de la résilience et de la vulnérabilité des communautés locales face aux chocs ; les villes doivent être autonomes sur certains piliers, notamment énergie, alimentaire, intellectuel, etc., pour être résilientes.

L'autonomie étant de pouvoir exercer un contrôle sur sa production et son organisation, Bordino (2021) affirme que l'autonomie favorise l'économie des producteurs locaux et évite d'importantes empreintes de carbone causées par la consommation d'aliments provenant d'autres régions ainsi que la nécessité de les réfrigérer. Selon Latour cité par Cerdd (2021), il est important de faire coïncider « le territoire où l'on vit avec le territoire de substance ancré dans la terre et qui fait sens pour celles et ceux qui l'habitent ». Donc à travers l'autonomie, les actions cohérentes sont menées sur le territoire renforçant ainsi les liens sociaux et par conséquent une résilience qui peut augmenter en favorisant la réappropriation du savoir local, la participation à des actions publiques locales qui sont définies par la production et l'achat des produits locaux et de saison, caractéristiques d'intentions et d'attitudes engageantes dans des actions raisonnées.

Selon les théories de l'action raisonnée et du comportement planifié, le comportement est prédit par l'intention comportementale (les attitudes, les valeurs, les normes subjectives, le contrôle comportemental) (Ajzen et Fischebein, 1991 ; Ajzen, 1988). L'intention elle est facilement mesurable parce que déterminée par les éléments sus – cités qui constituent les facteurs déterminants pour mettre en place ou planifier un comportement (comportement planifié) de manière intentionnelle. Néanmoins, la protection de l'environnement se doit d'être accompagnée par des dispositions économiques, notamment l'action des prix, le pouvoir d'achat (des ménages) pour une nouvelle façon de produire et de consommer ; et des dispositions sociales, notamment une nouvelle façon de vivre (la communication, l'information, la sensibilisation, etc.).

Si le comportement est réalisé de façon intentionnelle, l'ensemble de ces éléments dispositionnels développe des comportements pro-sociaux bénéfiques pour l'ensemble de la société Laere (2020). Il convient donc de prendre connaissance ou de se rendre compte de la situation, de se décider de faire quelque chose de positif, de se motiver, de s'engager et de poser les actes responsables à partir de la connaissance de l'existence du problème et de ses conséquences. Pour cela, il faut établir une subjectivité autour des normes sur la connaissance et la culture des problèmes écologiques moyennant les mesures adoptées sur la sensibilisation, l'information, la communication, la médiatisation des enjeux écologiques, etc., à partir de laquelle les attitudes et les intentions d'agir comme le suggèrent Ajzen et Fischebein (1991) vont nécessairement conduire, à travers engagement et responsabilité, à l'implication dans la résolution des problèmes environnementaux à travers des actions comme éviter de jeter les ordures dans la rue, réduire les émissions polluantes sur l'environnement, limiter l'utilisation des plastiques en vue de préserver l'environnement et sauvegarder les ressources, éventuellement se prédisposer à acheter les produits écologiques et à payer plus cher (Imed, 2005). Ces derniers sont par ailleurs des actions comportementales tributaires des déterminants socioéconomiques et démographiques (sexe, âge, revenu et statut social, milieu social, lieu de résidence).

Cependant, l'adoption des grandes actions comportementales (changer son alimentation, se faire former en environnement et en développement durable, opter pour la meilleure gestion des déchets, etc.) donne la possibilité de contrôler la qualité des produits, mais permet aussi d'avoir des connaissances dont la mise en œuvre contribue à la protection de la nature et de l'environnement par la gestion des déchets domestiques et industriels. L'adoption de ce comportement éco – responsable conduira nécessairement à une transition écologique qui va permettre d'apporter des solutions aux risques qui pèsent sur l'environnement et sur nos vies et éventuellement établir une résilience écologique (capacité d'adaptation et de reconstruction permettant d'atteindre un nouvel équilibre grâce aux ressources). Toutefois, pour aboutir à cette transition écologique, il faudra revoir nos façons de consommer, de produire, de cohabiter afin d'apporter une solution efficace et durable aux enjeux environnementaux. Cela passe nécessairement par la diminution de la pollution et de la consommation des ressources à travers la modification de la façon de produire, de celle de consommer, et éventuellement par une production et une consommation locales résilientes.

Toutefois, instaurer un comportement éco – responsable ou la pratique de l'éco-comportement dans la ville de Douala en général et dans la commune d'arrondissement de Douala 3e, peut se faire sous trois angles. Premièrement, sous l'angle d'une prise de conscience écologique des populations où il faut informer et former les individus pour permettre au « Moi » d'être capable de développer les comportements nécessaires pour fonctionner comme une partie de l'écosystème afin de maintenir l'environnement dans des conditions favorables à la vie à travers les actions de recyclage (opter pour les matériaux ou récipients réutilisables, -récupérer et réutiliser les eaux usées et pluviales, - composter les déchets organiques; sensibiliser sur les attitudes dévalorisantes à l'égard de l'environnement et son utilisation comme -déposer les ordures dans la rue, -verser les ordures dans les cours d'eau). Deuxièmement, sur l'implication des populations dans la résolution des problèmes environnementaux à travers la réalisation des actions pro-environnementales (-trier ses déchets, économiser l'eau et l'énergie, utiliser les produits non jetables, -éviter l'utilisation des sacs plastiques en se munissant d'un sac de courses lors des achats, - faire des achats en vrac afin de générer peu de déchets, - procéder à un tri des déchets à la source et collecte, -prendre les transports en commun, -se déplacer à vélo). Troisièmement, sous l'angle de la planification des comportements écologiques des populations par les actions pro-sociales (-offrir des choses qu'on n'utilise plus au lieu de les jeter, -partager nos aliments de trop, -faire des dons, -participer à des manifestations écologiques, -soutenir des associations écologiques).

En prenant en considération ces différents types de variables et d'indicateurs, de même que les relations entre-elles, nous avons schématisé le modèle d'éco-comportement ci-après.

Figure 1 : Modélisation dynamique de l'éco-comportement

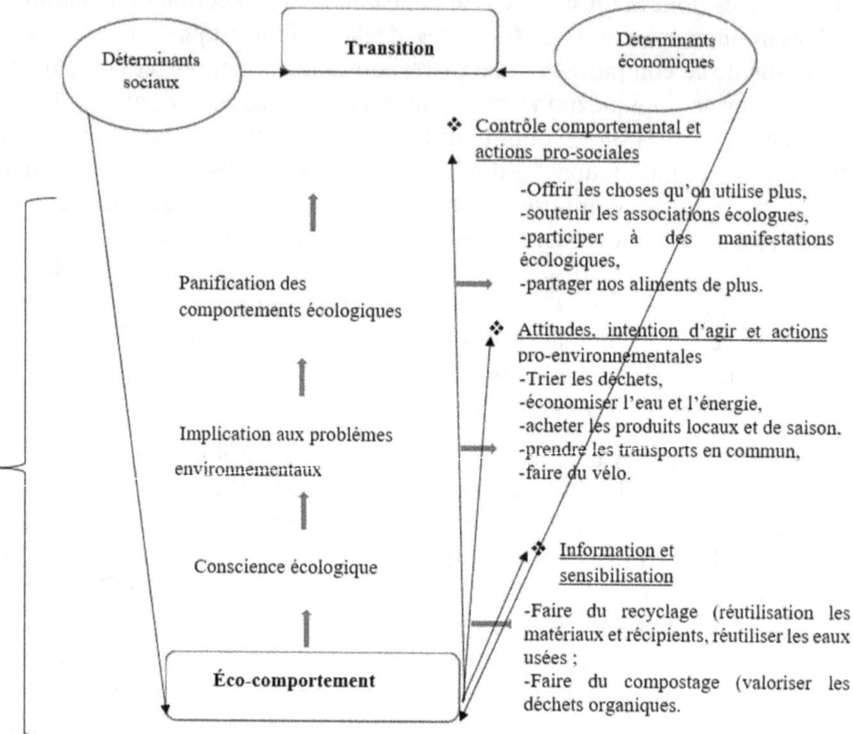

Source : Sibenou Laure, 2022

2. Présentation de la zone d'étude

La commune d'arrondissement de Douala 3ᵉ (CAD3) est située entre le 4° 02'36'' de latitude Nord et le 9° 44' 33'' de longitude Est et s'étend au Sud-Ouest de la Communauté urbaine de Douala (voir carte). Elle est limitée au Sud et à l'Ouest par le fleuve Dibamba. Elle est limitrophe de quatre communes d'arrondissement de Douala (la Commune de Douala I, Douala II, Douala V et Douala VI) et de deux Communes de la Sanaga-Maritime à l'ouest (la Dibamba et Dizangué).

Figure 2 : Localisation de la CAD3 et de la mairie

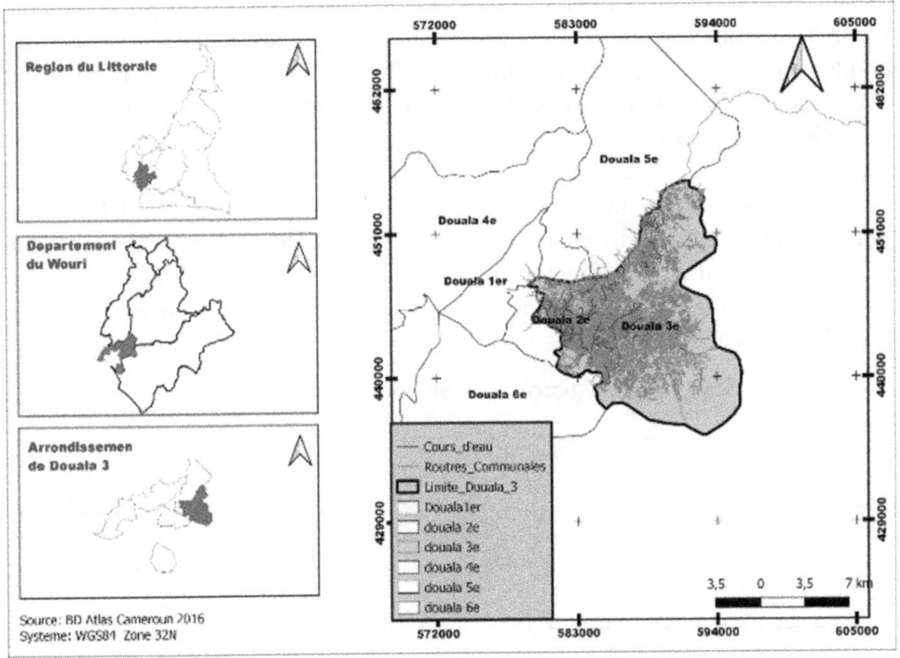

Source : BD Atlas Cameroun, 2016
Système : WGS84 Zone 32N

I. Méthodologie

1. Collecte, analyse et traitement des données

La ville de Douala a montré ces dernières années sa volonté politique de protéger l'environnement à travers le concept « Ville-Propre » qui vise à protéger l'environnement, à préserver les ressources et à embellir les villes et le cadre de vie des citoyens. Inscrire les valeurs environnementales dans l'esprit des populations, dans leur comportement quotidien ainsi que l'ancrage d'une culture écologique dans la sphère de la préservation des diversités biologiques passe nécessairement par un certain degré de conscience écologique, d'implication des populations vis-à-vis des problèmes environnementaux et l'adoption d'une planification des comportements écologiques.

Pour ce faire et pour réaliser l'évaluation de la ville-propre, le présent travail met en évidence une description de la mise en pratique de l'éco-comportement par les populations de Douala 3e et son influence sur la transition écologique. À cet effet, une méthodologie de recueil et d'analyse quantitative des données est appliquée. Il s'agit d'explorer en profondeur l'attitude du public cible : sentiment, représentation, perception par le questionnaire afin d'évaluer l'impact de la pratique de l'éco-comportement sur la transition écologique. Le questionnaire intègre les données issues d'une enquête quantitative effectuée auprès de 230 ménages. Pour le faire, nous avons posé les trois (3) hypothèses de recherche suivantes : HR1 : Il existe un lien significatif entre la prise de conscience écologique et la transition écologique ; HR2 : Il existe un lien positif entre l'implication vis-à-vis des problèmes environnementaux et la transition écologique ; HR3 : La planification des comportements écologiques a une influence significative sur la transition écologique. Pour évaluer ces hypothèses, nous avons mené une étude auprès d'un échantillon dont les caractéristiques sont présentées dans les tableaux descriptifs ci-dessous.

Tableau 1. 1 : Descriptif du genre des répondants

		Fréquence	Pourcentage	Pourcentage valide	Pourcentage cumulé
Valide	Masculin	70	30,4	30,4	30,4
	Féminin	160	69,6	69,6	100,0
	Total	230	100,0	100,0	

Tableau 1. 2 : Description de l'âge des répondants

		Fréquence	Pourcentage	Pourcentage valide	Pourcentage cumulé
Valide	18-28 ans	17	7,4	7,4	7,4
	29-38 ans	70	30,4	30,4	37,8
	39-48	48	20,9	20,9	58,7
	49-58 ans	31	13,5	13,5	72,2
	59-68 ans	64	27,8	27,8	100,0
	Total	230	100,0	100,0	

Tableau 1.3 : Description de la situation socioprofessionnelle des répondants

		Fréquence	Pourcentage	Pourcentage valide	Pourcentage cumulé
Valide	Élève	9	3,9	3,9	3,9
	Étudiant	24	10,4	10,4	14,3
	Travailleur	21	9,1	9,1	23,5
	Ménagère	89	38,7	38,7	62,2
	Autre	87	37,8	37,8	100,0
	Total	230	100,0	100,0	

Tableau 1.4: Présentation des quartiers des répondants

		Fréquence	Pourcentage	Pourcentage valide	Pourcentage cumulé
Valide	Soboum	77	33,5	33,5	33,5
	Madagascar	153	66,5	66,5	100,0
	Total	230	100,0	100,0	

En plus des facteurs socioéconomiques et démographiques de notre questionnaire, nous avons utilisé les variables constituées des données. Lesdites données ayant servi de cadre pour tester nos hypothèses de travail et répondre à l'objectif de l'étude ont été collectées par le biais des outils ci-dessus présentés sur la base des composantes de la figure ci-dessous.

Figure 3 : Schéma de l'opérationnalisation de la mise en pratique de l'éco-comportement et de la transition écologique.

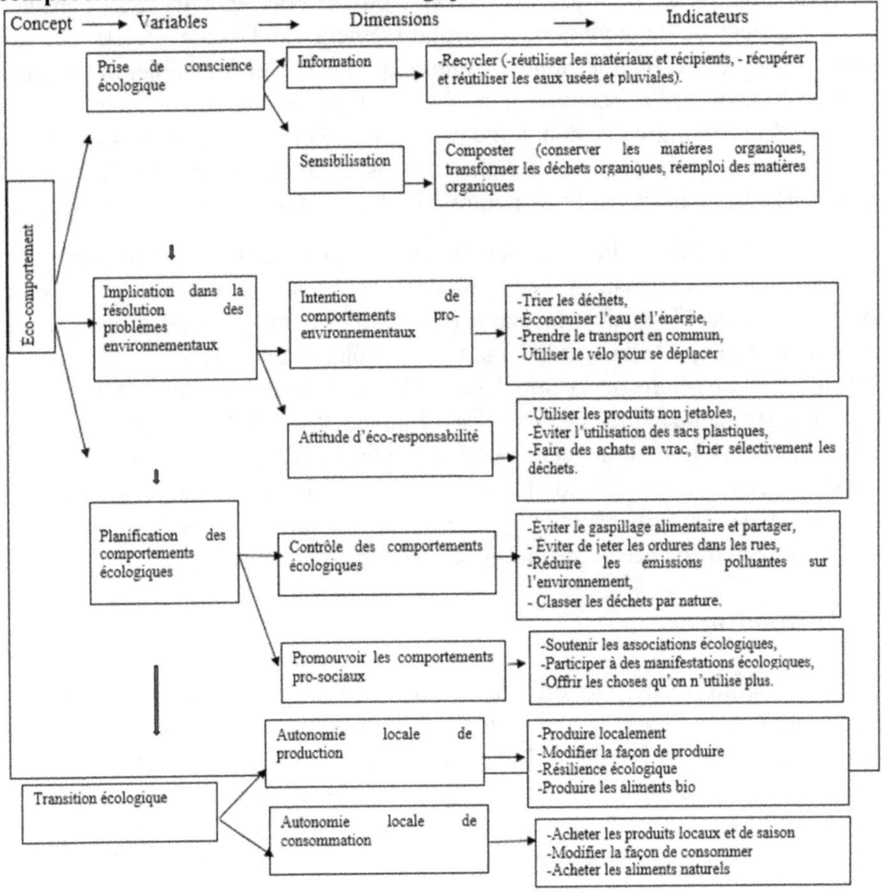

Source : Sibenou Laure, 2022

2. Participants et recueil des données

Sur la base des composantes du tableau n. 2.1, le questionnaire élaboré a été administré face-à-face à domicile et dans les lieux de travail, auprès d'un échantillon des résidents de deux grands quartiers (Madagascar et Soboum) de la commune d'arrondissement de Douala 3e. Les participants de cette étude ont été retenus à travers la technique d'échantillonnage aléatoire systématique.

Le choix de cette technique se justifie par le fait que certains participants ne pouvaient pas être disponibles et disposés à participer à l'étude. Le seul critère d'exclusion était de ne pas savoir parler, lire ou écrire le français ou l'anglais. L'échantillon était composé de 230 individus ; ces participants étant du genre masculin (70) soit 30,4 % de sexe féminin (160) soit 6,9 %, ayant des statuts socioprofessionnels différents : élèves (6, soit 3,9%), étudiants (24, soit 10,49%), travailleurs (21, soit 9,1%), ménagères (87, soit 38,7%) et habitants les deux quartiers Madagascar (153) soit 66,5% et Soboum (77) soit 33,5%. Avec les âges qui varient de 18 ans pour les plus jeunes à 64 ans pour les plus âgés, dans ces deux quartiers de la commune d'arrondissement de Douala 3e. Ils ont été interrogés à l'aide d'un questionnaire auto-expliqué en version papier qu'il fallait remplir et retourner à l'enquêteur après s'être positionné sur un dispositif de réponse. Soit 230 individus dont l'âge varie entre 18 et 68 ans, pour évaluer l'éco-comportement à travers une échelle de Likert à 05 points (totalement en désaccord =1 ; en désaccord =2 ; neutre =3 ; d'accord = 4 ; très d'accord =5).

En plus de cette échelle de mesure, nous avons introduit dans le questionnaire les variables à dimensions économiques (statut socioprofessionnel, niveau socioéconomique), sociales (niveau d'instruction), démographiques (âge, sexe). Pour nous assurer de la validité interne de l'étude, nous avons rapproché au maximum la structure de la population cible à celle de la population d'étude sollicitée dans cette recherche en utilisant l'indice *alpha de Cronbach* à travers le logiciel SPSS.26 pour traiter et analyser les données. L'interprétation des résultats et une discussion ont été conduites sur la base de la littérature scientifique permettant de confirmer notre hypothèse de recherche selon laquelle l'éco-comportement influence la transition écologique.

II. Résultats

La présente recherche effectuée sur l'éco-comportement et transition écologique est réalisée dans le contexte d'une évaluation du projet Ville-Propre dans l'arrondissement de Douala 3e. Elle s'est exclusivement tenue à une recherche descriptive faisant recours à une analyse corrélationnelle pour tenter de faire ressortir le lien pouvant exister entre les différentes variables. Toutefois, l'analyse quantitative réalisée pour répondre aux questions de la recherche nous a permis de valider la fiabilité de notre questionnaire à travers le coefficient de consistance interne ou alpha de Cronbach. Ces coefficients sont calculés à partir de l'échantillon obtenu à la suite de la collecte des données sur la base de 21 éléments (items) que constitue le questionnaire utilisé à cet effet.

Tableau 2.1 : Tableau des statistiques de fiabilité des variables observées

Statistiques de fiabilité	
Alpha de Cronbach	Nombre d'éléments
,0913	21

Étant donné la fiabilité et la validité de nos variables acceptables à 0.79 de sa cohérence interne, nous avons effectué une analyse corrélationnelle entre les variables de chaque hypothèse afin d'évaluer le lien qui existe entre ces différentes variables. Ainsi, nous avons pour nos différentes hypothèses, fait une analyse des résultats obtenus afin d'établir l'existence ou pas des liens entre ces hypothèses de recherche.

- Tableaux de la corrélation des variables de l'hypothèse de recherche 1 axée sur la prise de conscience écologique et la transition écologique. La première sous-question formulée autour de cette hypothèse de recherche est intitulée : « Existe-t-il un lien significatif entre la prise de conscience écologique et la transition écologique ? » L'objectif de cette question vise à vérifier s'il existe une corrélation entre les éléments des différentes variables de cette question, notamment la réutilisation des matériaux et des récipients, la récupération et la réutilisation des eaux usées et pluviales, la conservation et le réemploi des matières organiques, la transformation des déchets organiques et la résilience écologique.

Tableau 2.2 : Tableau relatif à la corrélation des facteurs de réutilisation des matériaux et des récipients, récupération et réutilisation des eaux usées et pluviales et résilience écologique.

			Réutiliser les matériaux et les récipients	Récupérer et réutiliser les eaux usées et pluviales	résilience écologique
Rho de Spearman	Réutilisation des matériaux et des récipients	Coefficient de corrélation	1,000	-,993**	,760*
		Sig. (bilatéral)	.	,000	,015
		N	230	230	230
	Récupération et réutilisation des eaux usées et pluviales	Coefficient de corrélation	-,993**	1,000	,841
		Sig. (bilatéral)	,000	.	, 002
		N	230	230	230
	Résilience écologique	Coefficient de corrélation	,760*	,841	1,000
		Sig. (bilatéral)	,015	,002	.
		N	230	230	230

**. La corrélation est significative au niveau 0.01 (bilatéral).

*. La corrélation est significative au niveau 0.05 (bilatéral).

Le tableau 3.2 permet de constater qu'il existe un lien entre la résilience écologique et la réutilisation des matériaux et récipients déjà utilisés. Ces dernières présentent un coefficient de corrélation qui se situe à 0,760* avec une P-Value de 0,015 qui est inférieure au seuil de 5%. On observe également que la récupération et réutilisation des eaux usées et pluviales qui affiche une P-value de 0,002 a un lien avec la résilience écologique. De manière générale, cette matrice présente une corrélation significative au niveau 0.01 bilatéral et une corrélation significative au niveau 0.05 bilatéral. On peut donc dire sur la base de ces résultats observés que la prise de conscience écologique peut conduire à la transition écologique si les populations adoptent pour le recyclage.

Tableau 2.3 : Tableau relatif à la corrélation des facteurs : conservation et réemploi des matières organiques, transformation des déchets organiques et résilience écologique.

			Conserver et réemployer les matières organiques	Transformer les déchets organiques	Résilience écologique
Rho de Spearman	Conserver et réemployer les matières organiques	Coefficient de corrélation	1,000	-,866	,971**
		Sig. (bilatéral)	.	,003	,000
		N	230	230	230
	Transformer les déchets organiques	Coefficient de corrélation	-,866	1,000	-,731
		Sig. (bilatéral)	,003	.	,002
		N	230	230	230
	Résilience écologique	Coefficient de corrélation	,971**	-,731	1,000
		Sig. (bilatéral)	,000	,002	.
		N	230	230	230
**. La corrélation est significative au niveau 0.01 (bilatéral).					

La matrice de la corrélation sur les éléments conservation et réemploi des matières organiques, transformation des déchets organiques et résilience écologique indique qu'il y a une corrélation très forte entre la conservation et le réemploi des matières organiques et la transition écologique, car on observe un coefficient de corrélation qui est de 0,971**et une P-value qui de 0,000 largement en dessous de 0,005. Par contre, on remarque une corrélation forte, mais négative entre la transformation des matières organiques et la résilience écologique, corrélée à -0,731 avec une P-value de 0,002 également inférieure à 5%. Ce qui signifie que la transformation des matières organiques et la résilience écologique sont parfaitement corrélées, mais en sens inverse. On peut donc conclure que la prise de conscience conduit à une transition écologique.

-Tableaux de la corrélation des variables de l'hypothèse de recherche 2 dont la formulation de la question de recherche est intitulée : « existe-t-il un lien significatif entre l'implication dans la résolution des problèmes écologiques et la transition écologique ? » l'objectif de cette deuxième question de recherche étant de décrire l'implication dans la résolution des problèmes environnementaux pour faire face à la transition écologique. L'analyse corrélationnelle est effectuée sur les énoncés de ces deux variables.

Tableau 2.4 : Tableau relatif à la corrélation des énoncés -économiser l'eau et l'énergie, -prendre le transport en commun, - résilience écologique.

			Économiser l'eau et l'énergie	Prendre le transport en commun	Résilience écologique
Rho de Spearman	Économiser l'eau et l'énergie	Coefficient de corrélation	1,000	,144*	,908**
		Sig. (bilatéral)	.	,029	,000
		N	230	230	230
	Prendre le transport en commun	Coefficient de corrélation	,144*	1,000	,887**
		Sig. (bilatéral)	,029	.	,001
		N	230	230	230
	Résilience écologique	Coefficient de corrélation	,908**	,887**	1,000
		Sig. (bilatéral)	,000	,001	.
		N	230	230	230
*. La corrélation est significative au niveau 0.05 (bilatéral).					
**. La corrélation est significative au niveau 0.01 (bilatéral).					

Le tableau 2.4 montre que certains énoncés de cette variable sont parfaitement corrélés entre eux avec des corrélations significatives au niveau 0.05 bilatéral et au niveau 0.01 bilatéral. À l'issue de cette matrice de corrélation, on peut constater que l'énoncé « résilience écologique » et l'énoncé « économiser l'eau et l'énergie » sont fortement corrélés avec un coefficient de corrélation qui est évalué à ,908** avec une plus-value de ,000 qui est très inférieure de 5%. On observe aussi une corrélation de ,887** entre les énoncés « prendre le transport en commun » et « résilience écologique ». Ceci signifie qu'il existe un lien entre ces variables. Alors, plus les individus sont responsables et s'impliquent dans la résolution des problèmes environnementaux, plus il y aura une résilience écologique.

Tableau 2.5: Tableau de corrélation des énoncés -éviter d'utiliser et de jeter les plastiques sur l'environnement, faire des achats en vrac et résilience écologique.

			Éviter d'utiliser et de jeter les plastiques sur l'environnement	Faire des achats en vrac	Résilience écologique
Rho de Spearman	éviter d'utiliser et de jeter les plastiques sur l'environnement	Coefficient de corrélation	1,000	,837*	,760*
		Sig. (bilatéral)	.	,038	,003
		N	230	230	230
	Faire des achats en vrac	Coefficient de corrélation	,837*	1,000	-,051
		Sig. (bilatéral)	,038	.	,446
		N	230	230	230
	Résilience écologique	Coefficient de corrélation	,760*	-,051	1,000
		Sig. (bilatéral)	,003	,446	.
		N	230	230	230

*. La corrélation est significative au niveau 0.05 (bilatéral).

La matrice de corrélations sur les énoncés des variables « implication dans la résolution des problèmes environnementaux » et « transition écologique » montre une corrélation significative au niveau ,005. En effet, ce tableau montre une corrélation entre les énoncés – « éviter les plastiques sur l'environnement » et « résilience écologique » avec un coefficient de corrélation qui est de ,760* et une Plus-value qui est de ,003 ; ce qui signifie qu'il existe un lien entre ces deux énoncés. Par contre, on va observer dans ce tableau une corrélation négative et faible de -,051, avec une P-value de 0,446 entre les énoncés « faire des achats en vrac » et « résilience écologique ». Cette corrélation est faible, mais elle existe quand même. Cela signifie que faire des achats en vrac n'est pas nécessairement le meilleur moyen de promouvoir la résilience écologique.

-Tableau de la corrélation des variables de l'hypothèse de recherche 3 intitulée « il existe un lien significatif entre la planification des comportements écologiques et la transition écologique ». L'objectif de la troisième question de recherche posée autour de cette hypothèse de recherche étant de vérifier l'existence d'un lien entre la planification des comportements écologiques et la transition écologique, nous avons effectué une analyse corrélationnelle entre les énoncés de ces deux variables.

Tableau 2.6 : Corrélation des énoncés « éviter de déposer les ordures dans la rue, réduire les émissions polluantes, classer les déchets par nature, résilience de l'équilibre écologique »

			Éviter de déposer les ordures dans la rue, réduire les émissions polluantes.	Classer les déchets par nature	Résilience écologique
Rho de Spearman	Éviter de déposer les ordures sur la rue, réduire les émissions polluantes.	Coefficient de corrélation	1,000	,890**	,903**
		Sig. (bilatéral)	.	,000	,000
		N	230	230	230
	Classer les déchets par nature	Coefficient de corrélation	,890**	1,000	,749*
		Sig. (bilatéral)	,000	.	,004
		N	230	230	230
	Résilience de l'équilibre écologique	Coefficient de corrélation	,903**	,749*	1,000
		Sig. (bilatéral)	,000	,004	.
		N	230	230	230

**. La corrélation est significative au niveau 0.01 (bilatéral).
*. La corrélation est significative au niveau 0.05 (bilatéral).

Les observations faites à partir du tableau 2.6 entre les énoncés « Classer les déchets par nature » et « résilience écologique » laissent entrevoir un lien entre ces deux variables, car la signification est de 0,004. Ce qui signifie que classer les déchets par nature impacte la transition écologique dans la mesure où cette action contribue à la gestion des déchets, mais aussi réduit la décomposition de celles-ci. On observe un lien significatif très fort entre les énoncés « Éviter de déposer les ordures dans la rue, réduire les émissions polluantes sur l'environnement » et « résilience écologique » avec un coefficient de corrélation qui est de ,903** et une Plus-value de 0,000 largement inférieure au seuil de 5%. À l'issue des significativités observées sur ces éléments, on peut dire que la planification des comportements écologiques est un moyen pour promouvoir la transition écologique.

Tableau 2.7 corrélation des énoncés « soutenir les associations à caractère écologique », « participer à des manifestations écologiques », et « transition écologique »

			soutenir les associations à caractère écologique	participer à des manifestations écologiques	résilience de l'équilibre écologique
Rho de Spearman	soutenir les associations écologiques	Coefficient de corrélation	1,000	,073	,808**
		Sig. (bilatéral)	.	,272	,000
		N	230	230	230
	participer à des manifestations écologiques	Coefficient de corrélation	,073	1,000	,995**
		Sig. (bilatéral)	,272	.	,000
		N	230	230	230
	Résilience de l'équilibre écologique	Coefficient de corrélation	,808**	,995**	1,000
		Sig. (bilatéral)	,000	,000	.
		N	230	230	230

*. La corrélation est significative au niveau 0.05 (bilatéral).
**. La corrélation est significative au niveau 0.01 (bilatéral).

Le tableau 2.7 ci-dessus montre que les énoncés : « soutenir les associations à caractère écologique », « participer à des manifestations écologiques » et « résilience écologique » sont fortement corrélés avec une significativité au niveau 0.01 soit un coefficient de corrélation qui est de ,808** avec une Plus-value de ,000 entre les énoncés « soutenir les associations écologiques » et « résilience écologique ». On observe également une corrélation forte entre ce dernier énoncé « participer à des manifestations écologiques » et la « résilience écologique » qui présente un coefficient de corrélation qui est de ,995** et une plus-value qui est de ,000 fortement corrélés. On peut conclure que la planification des comportements écologiques conduit à la transition écologique des villes.

Tableau 2.8. Corrélation des facteurs socioéconomico-démographiques et la résilience écologique.

Tableau 2. 8. 1. Corrélation de la situation socioprofessionnelle et résilience écologique.

			Résilience l'écologie	Situation socioprofessionnelle
Rho de Spearman	Résilience écologique	Coefficient de corrélation	1,000	-,733*
		Sig. (bilatéral)	.	,044
		N	230	230
	Situation socioprofessionnelle	Coefficient de corrélation	-,733*	1,000
		Sig. (bilatéral)	,044	.
		N	230	230

*. La corrélation est significative au niveau 0.05 (bilatéral).
**. La corrélation est significative au niveau 0.01 (bilatéral.

Le tableau 2.1.8 montre qu'il existe une corrélation négative significative à -,733* : elle est négative, mais elle existe quand même, cela signifie que la résilience écologique n'est pas forcément liée à la situation socioprofessionnelle. Néanmoins, cette dernière a une influence sur la transition écologique.

Tableau 2. 8 2. Corrélation des facteurs quartier des répondants et résilience écologique.

			quartier des répondants		Résilience écologique
Rho de Spearman	quartier des répondants	Coefficient de corrélation	1,000		-,904**
		Sig. (bilatéral)	.		,000
		N	230		230
	Résilience écologique	Coefficient de corrélation	-,904**		1,000
		Sig. (bilatéral)	,000		.
		N	230		230

Selon l'observation de ce tableau, il existe un lien significatif entre le quartier et la résilience écologique. Même si la corrélation est négative, elle est très forte et largement supérieure à la P-value qui est de 0,000. On peut dire que la transition écologique a un lien indéniable avec le quartier.

Tableau 2. 8 3. Corrélation des énoncés âges et résilience de l'équilibre écologique.

			Résilience de l'écologie locale	Âge des répondants
Rho de Spearman	Résilience de l'équilibre écologique	Coefficient de corrélation	1,000	,439*
		Sig. (bilatéral)	.	,035
		N	230	230
	Âge des répondants	Coefficient de corrélation	,439*	1,000
		Sig. (bilatéral)	,035	.
		N	230	230
*. La corrélation est significative au niveau 0.05 (bilatéral).				

À l'issue des résultats du tableau 2.8.3, il existe une corrélation entre les énoncés âge et résilience écologique. Même si la corrélation est très faible, la plus-value 0,035 est quand même inférieure à 5%.

III. Discussion

Cette recherche réalisée auprès d'un échantillon de 230 sujets de deux quartiers (Madagascar et Soboum) de la commune d'arrondissement de Douala 3e a eu pour but de promouvoir la mise en pratique de l'éco-comportement et la transition écologique dans ladite commune en particulier et dans la ville de Douala en général. Trois hypothèses ont été émises.

La première postulait que la prise de conscience des problèmes écologiques influence la transition écologique. Les items distribués à l'intérieur des dimensions viennent corroborer la littérature scientifique explorée dans cette réflexion, compte tenu de la validité des hypothèses. Les résultats des analyses corrélationnelles bi-variées ont confirmé cette hypothèse. En effet, l'évaluation des attitudes à travers l'échelle de Lickert présente une corrélation significative au niveau 0.01 sur la sensibilisation et l'information autour des enjeux écologiques en lien avec la transition écologique qui présente un seuil de significativité de 0.05 des items mesurés dans des hypothèses sur les 21 items du questionnaire. Aussi, le test Rho de Spearman utilisé pour évaluer le lien entre les variables de cette hypothèse présente une corrélation significative de 0.05 pour les éléments -réutiliser les matériaux et des récipients, -récupérer et réutiliser les eaux usées et pluviales, - conserver et réemploi des matières organiques, - transformer les déchets organiques et la résilience écologique.

La seconde hypothèse postulait que l'implication dans la résolution des problèmes environnementaux aurait une influence sur la transition écologique. Les résultats de l'analyse corrélationnelle ainsi que l'indice Alpha de Cronbach observé à la suite des croisements des variables confirment également cette hypothèse avec un seuil de significativité de 0,05 pour les items présentés.

Enfin, la troisième hypothèse postulait que la planification des comportements environnementaux influence la transition écologique et présente une validité de construit ainsi qu'une bonne consistance interne. Les résultats des analyses de corrélation et de régression ainsi que l'indice Alpha de Cronbach observés à la suite des croisements de variables confirment cette hypothèse. En effet, la planification des comportements écologiques montre dans quelle mesure la participation à des manifestations écologiques et le soutien des associations à caractère écologiques en tant que comportements pro-sociaux distincts des autres comportements sont importants dans le domaine de l'environnement, car elles contribuent à soutenir les comportements écologiques au-delà d'une contribution qu'apportent les actions qui sont plus générales. Au vu de ces résultats, les hypothèses de cette recherche circonscrivent les changements socio-environnementaux, orientent sur certaines formes de transformations et définissent l'intégration des comportements écologiques dans la société ainsi que ce qui peut être négociable ou pas.

À l'issue des résultats générés, l'étude corrobore les travaux de P. Hamman et al. (2015) et éventuellement les objectifs de l'Union européenne élaborés dans sa feuille de route publiée en 2011 relative à l'engagement des États membres à la réduction de 80% des émissions de dioxyde de carbone d'ici 2050, dont la France a atteint les 23% en 2020 dans la production totale d'énergie renouvelable ; une orientation qui conduit à la transition écologique. Notre troisième hypothèse a un intérêt centré sur le principe de solidarité et d'adoption des démarches citoyennes et collectives pour évidemment construire une réalité holistique des pratiques de l'éco-comportement pour l'assainissement des villes.

À cet effet, nous proposons une implémentation vers la transition écologique à travers la mise en pratique de l'éco-comportement dans l'arrondissement de Douala 3e en particulier et dans la ville de Douala en général à l'heure actuelle où le changement se veut urgent face à la dégradation de l'équilibre écologique planétaire. Cette recherche marque des limites dans ce sens qu'elle n'évalue pas tous les facteurs susceptibles de conduire à la mise en œuvre de l'éco-comportement. Car selon les résultats de l'analyse des données, certains énoncés ont été négativement corrélés, ce qui signifie qu'il est important de les combiner avec certains facteurs pour effectivement définir leur efficacité.

Conclusion

Cette recherche qui traite de la mise en pratique de l'éco-comportement et de la transition écologique avait pour objectif d'éradiquer le comportement anti-écologique des populations de la ville de Douala en vue de promouvoir de manière générale la conservation de la résilience écologique de ladite ville. Une structure conceptuelle axée sur trois variables adéquates (la prise de conscience écologique, l'implication dans la résolution des problèmes environnementaux, la planification des comportements ou des actions écologiques) a permis l'opérationnalisation de l'éco-comportement. Nous avons sur la base de la littérature construit un schéma éco-comportemental recouvrant huit dimensions : l'information, la sensibilisation, les comportements pro-environnementaux, les attitudes d'éco-responsabilité, le contrôle des comportements écologiques, la promotion des comportements pro-sociaux, l'autonomie locale de production et de consommation. Les actions et les indices comportementaux évalués moyennant un questionnaire auprès de 230 participants ont montré certaines limites, mais les résultats obtenus sur la base d'une analyse corrélationnelle descriptive confirment qu'il existe un lien significatif au niveau 0,01 et 0,05 bilatéral entre la prise de conscience écologique et l'implication dans la résolution des problèmes environnementaux d'une part, la planification des comportements écologiques et la résilience écologique d'autre part. Ces résultats corroborent les travaux de Luc G. Pelletier et al. (1997), I. Zaiem, (2005) et P. Van-Laere et al. (2018) qui montrent que la détermination de l'individu envers l'environnement est tributaire de sa motivation intrinsèque, des stimuli externes et de son attitude globale. Cette conceptualisation tridimensionnelle de l'éco-comportement a révélé un intérêt pour l'action écologique et son apport pour une meilleure transition écologique des villes. Au regard des résultats obtenus, cette étude peut servir aux chercheurs et aux autorités chargées des questions environnementales notamment les maires. Elle met en exergue la gestion des responsabilités intégrées pour agir sur les dimensions cognitives ou sur la prise de conscience des problèmes environnementaux. Il y a lieu d'adopter une approche éco-comportementale adaptée dans les cultures et dans les stratégies de gouvernance communale lorsqu'on aborde les problèmes universels comme les problèmes environnementaux, les problèmes de l'écologie planétaire sur des sphères nationales et infranationales. Toutefois, les différents axes d'orientations vers la continuité de ce travail porteraient notamment sur : -l'évaluation des compétences socioéconomiques et culturelles sur la résilience locale, -la gestion intégrée des responsabilités écologiques et la durabilité des villes camerounaises.

Références bibliographiques

Ajzen, I. (1991). "The theory of planned behavior. Organizational behavior and human decision processus," 179-211. https://doi.org in une approche psychologique de la protection de l'environnement : perspective temporelle et distance psychologique.

Ajzen, I., et Fishbein, M. (1980). « Understanding attitudes and predicting social behavior. Englewood cliffs, États-Unis : Prentice Hall.» in une approche psychologique de la protection de l'environnement : perspective temporelle et distance psychologique.

Brûler, J.M. (2015) : *Économie sociale et solidaire des acteurs au cœur de la transition écologique.*

Bordino, J. (2021). *Conscience écologique.* Article https://www.projetécolo.com.

Democracy index 2019: *The Economist Intelligence Unit.* http://www. Elu.com

Laere, V.P. (2018) : *Une approche psychosociale de la protection de l'environnement : perspective temporelle et distance psychologique. Psychologie.* Université Sorbonne, Paris.

Latourte, J .C et al (2019) : *comportements pro-environnementaux et exposition à la nature : une étude expérimentale* : https//www.cain.info/ revue économique. P 1139.

Pelletier, L. G., Green-Demers, I., et Béland, A. (1997) : *Pourquoi adopter-vous les comportements écologiques ? Validation en langue française de l'échelle de motivation vis-à-vis des comportements écologiques.* Canadian journal of behavioural science, 145-156. Https:// doi.org.

Weiss, K. (2018) : *Psychologie sociale appliquée à l'environnement. Social psychology applied to the environment,* Paris : Dunod 17 (3), pp .213-218.

Zaiem, I. (2005) : *Le comportement écologique du consommateur, modalisation des relations et déterminants.* Article https://www info revue des sciences de gestion.

Les imaginaires sur la communication des autorités publiques autour des problèmes de mobilité à Douala

Timothée NDONGUE EPANGUE

Docteur en Sciences de l'information et de la communication, spécialité Communication des organisations
Enseignant – chercheur à l'Université de Douala

Introduction

La question de la mobilité dans la ville de Douala est au cœur de cette réflexion. Dans ce travail, elle est définie comme un déplacement motorisé. Selon le rapport présenté par la Solidarité internationale sur les Transports et la Recherche en Afrique subsaharienne (SITRASS), se déplacer dans la ville de Douala est un parcours du combattant. Les propositions de solutions faites par les autorités de la ville sont rejetées par des imaginaires défaitistes venant des usagers. Les imaginaires dont nous parlons ici renvoient aux multiples représentations que les citoyens pourraient se faire de la mobilité dans la ville[11]. En effet, malgré les actions de communication mises en place par les autorités publiques au sujet de ce phénomène, les représentations des citoyens s'enlisent dans un scepticisme profond. Le paradoxe de la situation nous a amené à travailler sur le sujet intitulé « Les imaginaires sur la communication des autorités publiques autour des problèmes de mobilité à Douala ». La perspective envisagée est celle d'un regard anthropologique de la communication. Elle intègre les imaginaires et les dynamiques de réception qui traversent les discours de la mairie au sujet des efforts à faire pour résoudre les problèmes de mobilité à Douala. Ce choix nous place au confluent de plusieurs disciplines, et partant, nous amène à préciser que cette recherche révèle le caractère construit des objets en SIC. Jean Davallon[12] affirmait que les objets scientifiques communicationnels se construisent « à partir d'un ensemble d'objets concrets de statut et de nature différents dont certains sont des objets techniques ». La communication sur la mobilité est un objet communicationnel non seulement parce qu'il relève des activités communicationnelles, mais aussi parce que nous le traiterons sous le mode communicationnel. Ce travail va s'articuler autour de trois questions qui

---

[11] Emilio M. M. G. (2009), Images et imaginaires de la grande ville : variations sur une symphonie urbaine, in Sociétés, N° 103 PP 33-46.

[12] Davallon, J. (2004), « objet concret, objet scientifique, objet de recherche » Revue Hermès n°38. P. 34.

permettent d'interroger le problème décrit ci-dessus. La question centrale est la suivante : quels sont les imaginaires qui traversent les messages diffusés par la mairie de Douala au sujet des problèmes de mobilité des citoyens dans cette ville ? Cette question générale permet de concevoir deux interrogations subsidiaires : quelles sont les actions de communication mises en place par la mairie pour rassurer les citoyens ? Quelles significations émergent de ces choix stratégiques ? Le développement a mis l'accent sur quatre points : 1) une approche théorique et méthodologique de la communication sur la mobilité urbaine ; 2) l'état des lieux des problèmes de mobilité à Douala ; 3) les propositions de solution de la Communauté urbaine de Douala ; 4) la communication sur les problèmes de la mobilité à Douala : entre logiques contre-productives et imaginaires négatifs ; 5) la proposition d'une stratégie de communication efficace.

Des considérations théoriques et méthodologiques de la communication sur la mobilité à Douala

La question des imaginaires sur la communication autour de la mobilité repose sur une armature théorique qui a facilité l'interprétation des résultats de cette recherche. Pour y arriver, deux schèmes d'intelligibilité ont été mobilisés : la théorie des imaginaires et le brutalisme d'Achille Mbembe. La théorie des imaginaires renvoie au fait d'avoir accès aux représentations fictives que les individus se construisent par rapport à une réalité donnée. Il s'agit des archétypes bien installés dans les esprits par rapport à un certain nombre de choses dans la vie. Dans toute société, il y a des discours qui circulent sur le monde. Des propos qui correspondent difficilement à ce qui existe réellement, mais qui agissent comme un moteur de l'action humaine. Selon Gilbert Durand (1960), ces archétypes sont plus ou moins figés et sont difficilement modifiables, quels que soient les faits.

Appliquée à cette étude, la théorie des imaginaires donne la possibilité de fournir une significativité aux discours des Doualais sur la communication faite par la communauté urbaine au sujet des solutions à apporter aux problèmes de mobilité motorisée dans la ville de Douala. Les populations de Douala ont déjà des idées toutes faites sur ce qu'est leur ville, ce qu'elle a été par le passé et ce qui leur est permis d'espérer pour une éventuelle transformation. De ce fait, les nombreuses prises de parole des autorités concernant les solutions aux problèmes de mobilité se heurtent à ces représentations qui semblent immuables.

Le contenu des interventions des Doualais concernant la communication sur les problèmes de mobilité est une destruction complète. Un refus. Une véritable incrédulité. Pour rendre ce rejet plausible, le brutalisme (Mbembe, 2020) est retenu. Selon l'hypothèse centrale de cette recherche, les imaginaires qui traversent les discours des acteurs sur la communication autour de la mobilité à Douala révèlent que les citoyens démolissent symboliquement ce que propose la mairie, car ils n'y croient pas. Ce choix se justifie par le fait que les discours des enquêtés sont de nature à exercer une violence sur les actions annoncées par les autorités publiques pour proposer une architecture de la mobilité dans la ville qui correspond à leurs imaginaires.

Le corpus de l'étude est la ville de Douala, choisie parce qu'elle est une zone de trafic routier intense. La ville est constituée de six arrondissements et d'une population estimée à 4,063 millions d'habitants selon *Population Stat et World Population Review*. Dans ce contexte Doualais, on peut observer une voirie en mauvais état, des transports collectifs, l'onéreux déplacement en ville ou encore le fait de compter sur ses pieds pour se déplacer. Douala est donc présentée comme une ville où les populations sont pauvres, mais ont également une obligation de se déplacer malgré le sérieux problème d'infrastructures routières et un manque de moyens de transport fiables.

Nous avons choisi de faire une recherche qualitative. Il s'agit de comprendre les imaginaires qui traversent la communication de la mairie de Douala au sujet de la mobilité des citoyens. L'hypothèse centrale de la recherche pose que les citoyens de la ville de Douala considèrent que les messages diffusés par la mairie autour des problèmes de mobilité dans la ville sont des effets d'annonce pour calmer les populations. Une telle hypothèse générale nous présente deux grandes variables. La variable dépendante, liée à l'objet de recherche, renvoie à « la communication de la mairie de Douala au sujet de la mobilité urbaine » tandis que la variable indépendante ou explicative réside dans « les effets d'annonce pour calmer les populations ». La variable dépendante étant constante dans une recherche, les deux hypothèses de travail nous proposent deux autres variables indépendantes : « le modèle du top down » et « la communication adressée à la hiérarchie ». Ces différentes variables ont permis de choisir les thèmes qui structurent les outils de collecte de données.

Le choix de la triangulation est celui fait dans cette recherche. Plus précisément, nous nous sommes servi des entretiens, de la recherche documentaire et de l'observation indirecte. Chacun de ces outils a permis de collecter le matériau utile pour la vérification des hypothèses formulées en amont. Le schéma d'entrevue était bâti autour de deux thèmes générés par les variables indépendantes venant des hypothèses de travail : le modèle de communication mis en place (pour la variable modèle du top down) et les rapports entre la mairie de sa hiérarchie (pour la variable communication adressée à la hiérarchie). Pour chacun des thèmes, les questions ouvertes avec relances étaient prévues. À côté des entretiens, nous avons eu recours à une grille d'observation qui a facilité l'examen des mêmes axes retenus par le schéma d'entrevue. Les documents que nous avons consultés – les articles de presse, les rapports d'études et les documents internes de la mairie de Douala – ont été analysés à partir des mêmes entrées.

La constitution d'un échantillon a été nécessaire pour mener l'enquête autour de la communication sur la mobilité urbaine à Douala. Nous avons mené les entretiens avec une trentaine de personnes recrutées parmi les responsables de communication de la mairie de Douala et quelques propriétaires de véhicules (moto-taxi, autobus, voiture personnelle, etc.). En plus des 30 personnes retenues pour l'enquête, nous avons mené une enquête auprès de 50 ménages choisis – selon un échantillonnage par choix raisonné - en tenant compte de la mobilité de leurs membres. Les données ramenées du terrain ont été traitées avant d'être organisées pour produire une réflexion structurée. Nous avons opté pour l'analyse thématique des contenus. En effet, les différents éléments du corpus ont été organisés en thèmes en fonction des tendances lourdes qu'ils ont renvoyées. Au départ, les hypothèses vont permettre de ressortir les concepts clés du travail. Ces différents concepts ont été mis à contribution pour obtenir des dimensions, des indicateurs et enfin des indices. À partir de tous ces éléments, il a été question pour nous de construire une matrice d'analyse des différents corpus évoqués *supra.*

L'état des lieux des problèmes de mobilité à Douala

La mobilité dans la ville de Douala est devenue très difficile malgré les solutions proposées par les motos-taxis, les autobus de la Société camerounaise du Transport urbain (SOCATUR) et les taxis classiques. Il est de plus en plus difficile de partir d'un point à un autre et surtout d'arriver à l'heure. Cela permet de réaliser que le problème de mobilité en crée d'autres. On peut citer les retards au travail et à l'école, les difficultés d'accompagnement des malades à l'hôpital, la fatigue après le travail, etc. Ces différents problèmes s'observent dans toute la ville de Douala, mais il y a des foyers plus touchés que d'autres par ce problème.

Des zones d'embouteillage à Douala

Les entretiens semi-directifs menés auprès des enquêtés, les observations indirectes et la recherche documentaire ont permis d'avoir accès à certaines informations. Il en ressort qu'à Douala, les zones telles que Ndokotti, Rond-point, Marché Mboppi, Marché PK 14, Rail Bonabéri et Ndobo, Feu rouge Bessengue, Village, Marché des fleurs, Nyalla, Bonassama, Vallée Bessengue, sont caractérisés par des embouteillages. Les développements tiendront uniquement compte de quelques zones, car le problème décrit se pose de la même manière presque partout. Un tableau synoptique apporte des précisions sur la question.

Tableau 1. Les zones d'embouteillages à Douala

Zones des embouteillages	Description des zones
Ndokotti	Infrastructures routières, désordre urbain, infrastructures de transport
Rond-point	Infrastructures routières, désordre urbain, infrastructures de transport
Marché Mboppi	Infrastructures routières, désordre urbain, infrastructures de transport
Marché PK14	Infrastructures routières, désordre urbain, infrastructures de transport
Rail Bonabéri	Infrastructures routières, désordre urbain, infrastructures de transport
Marché des fleurs	Infrastructures routières, désordre urbain, infrastructures de transport
Nyalla	Infrastructures routières, désordre urbain, infrastructures de transport
Bonassama	Infrastructures routières, désordre urbain, infrastructures de transport
Vallée Bessengue	Infrastructures routières, désordre urbain, infrastructures de transport
Village	Infrastructures routières, désordre urbain, infrastructures de transport

Source : Enquête de terrain, 2023.

Le carrefour Ndokotti est le premier point « embouteillé » que nous présentons dans ce travail. Ce carrefour est tristement célèbre à cause de nombreux problèmes qui le caractérisent : les accidents de circulation, le vol, l'occupation illégale de la route par les petits commerces. En ce qui concerne les embouteillages, cet endroit est toujours bondé de monde. Véhicules de toutes catégories, piétons, commerçants y sont concentrés, quelle que soit l'heure. On dirait même que ce carrefour en a fait une véritable spécialité. Lors de la descente sur le terrain, l'enquêté N° 7 remarque que :

> Il y a trop d'embouteillage parce que tous les Camerounais sont devenus véhiculés et il y a un nombre infernal de mototaximen. Les commerçants ou vendeurs à la sauvette y sont aussi pour quelque chose, car ils encombrent la chaussée. Quand bien même ils sont déguerpis par les autorités compétentes, ils trouvent toujours un moyen pour revenir à la charge.[13]

On peut remarquer que, selon les enquêtés, le carrefour Ndokotti est un véritable corpus pour la démonstration des difficultés de la mobilité motorisée à Douala. Si pour certains, comme l'enquêté N°7, les embouteillages sont causés par le comportement des usagers de la route et le nombre sans cesse

[13] Extrait du verbatim de l'entretien avec l'enquêté N°7.

croissant d'automobilistes, d'autres pointent du doigt l'État. Selon cette catégorie d'enquêtés, la crise des infrastructures routières est la principale cause des embouteillages à Ndokotti. L'enquêté N°2 affirme :

> Les embouteillages de Ndokotti sont graves parce que les routes sont étroites et il n'existe pas de voies de contournements. Les sociétés de génie civil auxquelles les travaux sont confiés ne sont également pas sérieuses, car leurs ouvrages ne tiennent jamais longtemps. Après une courte période d'utilisation des routes, on revient à la situation de départ.[14]

À en croire les enquêtés, Ndokotti est un espace difficile à cerner. La fluidité de la circulation n'est pas garantie et cela a de nombreuses causes. Le rond-point Deido en tant que coin populeux de la ville de Douala n'est pas dispensé de ce problème. Cette infrastructure routière est au confluent de quatre quartiers de la ville de Douala : Akwa, Akwa-Nord, Bessengue et Bonabéri. En tant que point de rencontre, cet espace est généralement bondé de monde. Ceux qui vont et viennent vers ces différents quartiers passent obligatoirement par le Rond-point Deido. Cette position stratégique de la mobilité urbaine à Douala peut être l'une des raisons qui expliquent les difficultés de la circulation à ce niveau. Selon les enquêtés que nous avons rencontrés, le Rond-point Deido ne connaît pas une seule journée sans embouteillage. L'enquêté N°4 insiste sur le fait que :

> Douala est vraiment difficile. Je travaille à Bonanjo, je vis à Bonassama. Cela signifie que je ne peux pas passer une seule journée dans la semaine sans passer par le Rond-point. Les embouteillages y sont interminables et on ne sait même pas si les autorités en sont conscientes. Si le déplacement est un calvaire, comment alors allons-nous vivre ? Comment nos problèmes quotidiens seront-ils résolus ? Qui est finalement responsable du bien-être du citoyen ? Personnellement, je suis épuisé et je n'ai plus de force pour prendre la parole sur ce genre de sujets. Nous n'avons pas le pouvoir de changer la situation. On va faire comment ?[15]

On peut réaliser à travers ces propos que certains enquêtés sont fatigués de cette situation et ne souhaitent même plus en parler. La mobilité est en mal à Douala et cela n'est plus à démontrer. Sans infrastructures de locomotion de masse dignes de ce nom, c'est la petite débrouillardise qui s'installe et tente de résoudre le problème. Le déficit infrastructurel et la croissance galopante de la population dans les différentes zones citées en amont ne facilitent pas du tout les problèmes de l'embouteillage au lieu-dit « Rond-point Deido ».

Le marché Mboppi est un autre secteur de l'embouteillage à Douala. Plus précisément, il s'agit du tronçon entre le carrefour deux églises et le carrefour

---

[14] Extrait du verbatim de l'enquêté N°2.
[15] Extrait du verbatim de l'entretien N°4.

Agip de Ndogbat. Sur ce chemin se trouve le plus grand marché de l'Afrique centrale. Il est normal que cet espace aussi sollicité soit bondé de monde ; dommage toutefois que les infrastructures routières et de transport ne suivent pas. En général, il s'agit d'une route sur laquelle la circulation est rarement fluide. On peut y rencontrer tous les types de véhicules : taxis, motos-taxis, tricycles, brouettes, pousse-pousse, camions, et bien d'autres. Chacun étant à la recherche du pain quotidien, la pression est intense et crée une sérieuse obstruction de la circulation. Comme cela est également décrié à Ndokotti, les problèmes de l'embouteillage à Mboppi sont aussi imputables aux acteurs du petit commerce, qui brillent par une occupation illégale des emprises du marché, une situation fortement dénoncée et contestée par les autorités. D'un coin à un autre, on remarque que le problème de la circulation est lié aux mêmes facteurs : les infrastructures routières, les infrastructures de transport et l'incivisme des citoyens.

Les propositions de solution de la Communauté urbaine

La situation de la ville de Douala au sujet de la circulation est alarmante. Les infrastructures et le comportement des citoyens sont pointés du doigt. Face à cette situation, des tentatives de solutions sont mises en place. Le Plan d'Urbanisme de Douala à l'horizon 2035 présente un certain nombre de solutions concernant le problème de mobilité. On peut remarquer que la ville de Douala comporte environ 1800 km de voies, mais seulement 26 % sont revêtus.

Pour les déplacements des citadins, la Socatur assure à peine 0,5 % des déplacements en ville tandis que les taxis et motos en assurent les 40 % selon le rapport du SITRASS. Au rang des solutions, la mairie de la ville de Douala annonce la mise en circulation prochaine d'un Tramway et d'un bus rapide. Le plan de mobilité urbaine soutenable (PMUS) est plus précis à cet effet. Il permet d'avoir de façon détaillée, des informations relatives aux solutions concrètes que la Communauté urbaine de Douala propose pour que les multiples problèmes que la mobilité cause soient résolus. Ce document prévoit plusieurs actions qui visent l'amélioration de la mobilité. La présentation d'un tableau récapitulatif est importante pour présenter des informations.

Tableau 2. Les solutions aux problèmes de mobilité

Solutions préconisées	Description de la solution
Aménagement des sites du BRT	Création des voies pour préparer l'arrivée des bus
Restructuration du réseau des bus	Doter Douala des Bus capables de faciliter la circulation des personnes
Aménagement des points de correspondance des bus, taxis et motos-taxis	Création des lieux qui vont servir d'arrêt pour les trajets
Création des traversées piétonnes sur les grands axes	Facilitation de la libération organisée des piétons afin de limiter les embouteillages
Réhabilitation des trottoirs dans les centres secondaires	La facilitation de la fluidité de la circulation dans les voies secondaires

Source : Le plan de mobilité urbaine soutenable de la CUD

La première chose à laquelle la CUD a pensé, selon le PMUS, c'est l'aménagement des sites du Bus[16]. La communauté prévoit de construire des voies de circulation qui vont permettre la circulation des BRT. Il s'agit en réalité des hubs de mobilité considérés comme des réunions de plusieurs solutions de mobilités complémentaires : voitures, vélos, motos-taxis, transports en commun. Il s'agit là de l'élément de base sans lequel les infrastructures de mobilité ne pourraient être opérationnelles. Le Bus Rapid Transit considéré comme une des solutions pourrait donc voit le jour.

Il s'agit d'un moyen de transport en commun qui emprunte une voie qui lui est réservée. Au même titre que le tramway, c'est un moyen de transport collectif. Selon Actu Cameroun[17], ce projet va coûter 261 milliards de francs CFA. Le maire de la ville a fait des efforts qui ont amené la Banque mondiale à se positionner comme bailleur de fonds. Au regard de l'enquête menée par des chercheurs de cette institution bancaire, la mise en place de ce projet est la solution adaptée au problème révélé par leur enquête. Par la suite, le souci de la Communauté urbaine de Douala est de construire des points de correspondances des moyens de transport collectif. Il s'agit de la multiplication des « mini gares routières » qui vont permettre que les transports collectifs n'occupent plus les voies de circulation de façon anarchique. Lorsque les moyens de transport peuvent s'arrêter n'importe où, il y a de fortes chances que cela provoque des embouteillages. Par contre, avec une obligation de réglementation concernant les arrêts, la route sera moins encombrée.

---

[16] Selon le Directeur de la communication de la CUD, ce chantier sera assuré par la régie des transports de la CUD.

[17] Il s'agit d'un organe de presse en ligne au Cameroun. Cette information a été confirmée par le Directeur de la communication de la CUD.

Selon le PMUS, la CUD va également aménager des dispositifs pour faciliter la traversée de la route par les usagers. En effet, le fait d'encadrer la traversée de la route permet que les incompréhensions entre les piétons et les automobilistes soient considérablement réduites. Aussi, verra-t-on que la fluidité de la circulation s'en sortira améliorée. Cela va diminuer l'anarchie dans laquelle vivent les citoyens de Douala actuellement. Si l'on prend l'exemple du marché Mboppi, on se rend compte qu'il y a une véritable lutte pour l'occupation de la route entre les automobilistes et les piétons. L'idée qui repose sur l'organisation de la traversée de la route est bienvenue pour résoudre ce problème précis.

Il faut également dire que les embouteillages sont la conséquence d'une absence de fluidité de la circulation dans plusieurs artères de la ville. Si les routes principales, sur lesquelles on observe plus de trafic, sont plus prises en compte en ce qui concerne la fluidité de la circulation, cela pourrait sembler satisfaisant. Par contre, les routes secondaires sont souvent délaissées. Dans l'optique de résoudre ce problème, le projet de la CUD prévoit de proposer des trottoirs dans les routes secondaires. Cela permettra que le conflit entre piétons et automobilistes se ressente moins.

Ces solutions aux problèmes de mobilité que rencontre la ville de Douala tentent de lui redonner le visage d'un espace social où les gens se croisent, résolvent leurs problèmes et réalisent leurs projets. D'après Bernard Lamizet[18], on ne peut pas se limiter à la notion d'espace quand on parle de la ville. Pour lui, il s'agit d'une question plus complexe, car elle intègre les conflits, les relations sociales, un nœud de réseaux et d'activités. Tout cela crée un environnement crisogène dans lequel les individus sont obligés de multiplier des stratégies pour continuer à exister.

La ville, selon Paul Claval[19], est un milieu malsain au sens propre du terme. Elle brille par la permanence des crises et le renouvellement permanent des conflits. Dans sa réflexion, la théorie des lieux centraux a une place importante.

> La théorie des lieux centraux permet donc de fournir une explication ou une justification logique du modèle à structure concentrique tel qu'il ressort des analyses de Burgess. Si l'espace n'est pas parfaitement isotope, si certaines rues rayonnantes permettent de gagner du temps, la ville cesse d'être parfaitement concentrique. Sa structure laisse apparaître des secteurs, à la manière de Hoyt. L'apparition des moyens modernes de la communication accroît encore les irrégularités dans le dessin général de l'agglomération, en introduisant les différences plus

---

[18] Lamizet, B. (2002), *Le sens de la ville*, Paris, L'Harmattan.

[19] Claval, P. (1968), « La théorie des villes » in revue géographique de l'Est, N° 1-2, Tome VIII, PP 3-56.

grandes entre les itinéraires équipés en moyens de transport rapides, souvent collectifs, et les autres.

Cette acception de la ville est la plus adaptée pour ce travail, car elle ressort les réseaux de relations qui s'y tissent. Puisque nous ne sommes pas pionniers sur la question de la communication sur la mobilité, il est utile de ressortir les grands traits des travaux proposés par les devanciers.

La communication sur les problèmes de mobilité à Douala : entre logiques contre-productives et imaginaires négatifs

La communication est une alliée de la réalisation des politiques publiques. Elle est utilisée pour accompagner les actions et les faire accepter par les populations bénéficiaires. Si les politiques sont élaborées pour satisfaire le citoyen en résolvant les problèmes qu'il rencontre au quotidien, il faudrait que ces actions soient en adéquation avec ses attentes. Pour amener les citoyens de la ville de Douala à réaliser que la CUD les comprend et est prête à prendre des mesures à la hauteur de leurs attentes, une stratégie de communication est pensée pour faciliter la mise en place du PMUS.

L'implication de la CUD dans la production de la ville l'oblige à prendre la parole. Chaque fois qu'il y a une politique qui engage l'État, elle monte au créneau pour se faire entendre. Généralement, pour tenir les populations informées des résolutions prises ou encore à prendre au sujet de la mobilité, la CUD occupe l'espace public par des banderoles, des couvertures médiatiques, des publi-reportages, des interventions médiatiques (interviews, participation à des émissions, etc.). Le tableau ci-après ressort les différentes actions médiatiques que la CUD utilise pour communiquer sur les problèmes de mobilité.

Tableau 3. Les actions de communication ATL sur la mobilité

ACTIONS	MÉDIAS
Diffusion des banderoles	Affichage
Publi-reportage	Télévision- Radio- Presse écrite-Internet
Crawl	Télévision
Interventions médiatiques	Télévision- Radio- Presse écrite-Internet

Source : Enquête de terrain, 2023.

Ce tableau met en avant les moyens déployés par la communauté urbaine pour informer ses populations sur les solutions pour une meilleure mobilité urbaine. Dans le but de vulgariser ses choix pour la résolution des problèmes de mobilité auprès des populations, la CUD fait de la banderole de rue (10X

0.75) un support de communication de grande importance. Chaque fois qu'il y a une information capitale à transmettre, la cellule de communication préfère concevoir et diffuser des banderoles. À travers des messages généralement simples, qui n'excèdent pas trois lignes, elle essaie de faire passer l'information.

On remarque que le choix effectué par les stratèges de la communication est de « déposer » ces messages dans les grands carrefours de la ville, en s'assurant d'avoir couvert les six arrondissements de Douala (de Douala 1er à Douala 6e). La rue devient alors l'espace par excellence utilisé par cette organisation publique pour véhiculer ses messages. Les badauds et les petits commerçants sont ainsi touchés. Mais les véhiculés aussi ne manquent pas l'occasion d'y jeter un coup d'œil, les embouteillages aidant. L'affichage, selon les travaux de Timothée Ndongue Epangue[20], est un médium puissant. Il permet de toucher les nombreuses personnes qui passent, mais aussi tous ceux qui sont maintenus dans un espace par l'embouteillage. Les décideurs de la CUD à travers le choix d'une banderole voudraient donc rendre publiques leurs activités liées à la mobilité urbaine.

Le secteur public connaît une large diffusion d'une vision entrepreneuriale devenue un critère de légitimité. La communication, gage de transparence, doit être intégrée dans cette vision pour permettre une relation entre l'administration et les populations. On réalise que la présence des banderoles dans les carrefours les plus importants de la ville de Douala est une manière pour le maire de la ville de Douala de se rapprocher des populations et de leur demander de « faire leur part » pour que le problème de mobilité soit résolu.

Par ailleurs, le publi-reportage est aussi sollicité pour parler des problèmes de mobilité, c'est un l'infomercial. C'est-à-dire, un type de « papier » qui se trouve entre la publicité classique et un article de presse en bonne et due forme. On peut l'utiliser à la télévision, en radio, en presse écrite et même sur Internet. La communauté urbaine de Douala est consciente des avantages que ce « papier » hybride peut avoir. Il est rédigé pour présenter les programmes de mobilité de la CUD sous un jour favorable, mais peut être perçu par les audiences des différents médias interpellés comme un document objectif qui ne fait que la peinture froide des faits présentés par le terrain. Selon qu'on se trouve à la télévision, en radio, à la presse écrite ou sur Internet, il faut dire que les ressentis sont parfois différents. Selon Marc-François Bernier[21], le publi-reportage fait partie des nouvelles pratiques en communication publique. Selon cet auteur, les dirigeants des organisations publiques utilisent

---

20 Ndongue Epangue, T. (2018), « L'utilisation des formes de proximité langagière dans l'affichage publicitaire au Cameroun : pratiques et enjeux » Thèse de Doctorat / PhD soutenue à l'Université de Douala.

21 Bernier, Marc-François (2005), *Pratiques novatrices en communication publique. Journalisme, relations publiques et publicité*, Québec, Presses de l'Université Laval.

la notion d'agenda setting pour construire ce qui devrait structurer les échanges des citoyens. À tout le moins, cela permet d'insérer des questions liées à la mobilité urbaine au goût du jour.

Comme le démontre Dominique Bessières[22], nous pouvons nous rendre compte que la communication publique est majoritairement à sens unique. Selon cet auteur, il existe une forte dimension de management de la chose publique dans les communications dites publiques. L'État utilise une approche paternaliste pour présenter les actions les plus importantes, selon lui, à mettre en place. Dans ce cas, on peut difficilement parler de communication. Il s'agit en réalité d'un transfert des signaux allant des savants aux ignorants.

L'implication de la population devient nécessaire quand il faut qu'elle soit au courant de la conduite à tenir décidée par les autorités. On remarque que la communication faite sur le terrain par la communauté urbaine au sujet des problèmes de mobilité met en relief les formes que prennent les volontés de l'État sur l'étendue du territoire national. Il faut saisir les outils mis en œuvre sur les objectifs poursuivis par l'État et non sur les discours de relation et mise en commun tenus par le maire à chacune de ses sorties médiatiques. Dominique Bessières ajoute que :

> L'intérêt organisationnel de la communication réside dans son intervention sur les représentations accompagnant des actions, des applications de règles, de procédures, la prise de décision publique. Elle met en forme des obligations d'information de certaines décisions (publicités des délibérations du conseil municipal), promeut des actions de services délivrés, ou fait connaître l'institution par des campagnes ou actions d'intérêt général.[23]

La situation ainsi présentée, il est assez difficile de penser que l'État va associer les populations aux décisions les plus discrétionnaires comme l'application du programme de lutte contre les embouteillages. L'État en tant que centre du pouvoir et des décisions les plus importantes ne peut se déposséder de son pouvoir pour une raison quelconque. Le caractère univoque des outils de communication ne parvient pas à cacher le désir de la CUD de faire ce qui va à la rencontre des injonctions du gouvernement. Les actions de communication mises en place par les autorités de la ville de Douala ne rencontrent malheureusement pas l'assentiment des bénéficiaires. Selon les citoyens, la communication faite par les autorités ne renseigne en rien sur ce qui va être fait. En général, selon eux, l'État ne se préoccupe pas de ses administrés. La communication du maire Mbassa NDINE serait juste un effet d'annonce pour calmer les ardeurs des populations. Interrogés sur les

---

[22] Bessières, Dominique (2010), « L'évaluation de la communication publique, entre norme gestionnaire et légitimités, des enjeux difficilement conciliables ? » Communication et organisation en ligne N° 38 mis en ligne le 1er décembre 2013, consulté 21 avril 2019 à 16h 28.
[23] *Ibid.* P. 67

messages diffusés par les autorités de la ville de Douala, certains citoyens se sont interrogés :

> Où sont les routes ? Où ces bus vont-ils circuler ? Ont-ils pensé à cet aspect ? À quoi servent nos arrêts de bus si ce n'est aux garages et aux marchés ? C'était plus prudent de dire tout cela au futur très éloigné. On connaît les autorités avec l'habitude des projets foireux qui aboutissent toujours aux détournements.

On remarque que les populations ne trouvent pas réalistes les promesses faites par les autorités. À les entendre, l'image que la ville renvoie est négative. Les imaginaires prennent le dessus sur ce que disent les autorités. Il y a des considérations, voire des croyances locales qui présentent les autorités publiques comme des personnes peu engagées dans la recherche du bien-être des populations. La communication utilisée dans ce projet ne peut donc pas avoir un meilleur accueil parce que des idées préconçues ne le favorisent pas. L'hypothèse générale de cette recherche se vérifie.

La proposition d'une communication plus efficace : quand le *bottom-up* réconcilie les autorités et leurs populations

La communication publique telle qu'elle a été mise en place par la CUD au sujet de la mobilité urbaine met un accent particulier sur la verticalité descendante. En plus, les projets généralement présentés aux usagers sont rarement réalisés. De ce fait, les imaginaires des populations bénéficiaires sont négatifs. Ils ne se reconnaissent pas en ces projets et ne pensent pas que cela puisse se réaliser. Cet échec en matière de communication n'accompagne pas efficacement ce projet. La proposition d'une autre approche pourrait participer à l'amélioration des choses afin que les populations intègrent les réformes de la mobilité.

La communication sur les problèmes de mobilité est une réalité au service d'une politique publique. De ce fait, elle se traduit par la réflexion de la mise en place d'un dispositif capable d'amener les populations bénéficiaires à s'impliquer pour que ce projet soit une réussite. Pour y parvenir, il ne faut pas que les choix se limitent au modèle du Top down comme nous avons pu l'observer pendant l'enquête. La communication publique tient compte de ce que les gens veulent et de ce qu'ils considèrent eux-mêmes comme important. La proposition vise à améliorer ce qui se fait déjà sur le terrain. Elle porte sur 08 points.

La volonté de soutenir la CUD dans son projet de résolution des problèmes de mobilité

La communication, telle que nous la présentons ici, est un soutien au management d'une situation précise. Elle est un instrument de résolution d'un problème bien identifié. Et comme cela a été développé en amont, le but ici est de permettre que les imaginaires des populations bénéficiaires soient de nature à accompagner la CUD dans ce projet. En de pareilles circonstances, la participation des bénéficiaires est primordiale, car ce sont eux, mieux que quiconque, qui peuvent être des relais des informations y relatives. Il faudrait que tous les acteurs de la chaîne tombent d'accord sur ce qu'il faut faire et sur la contribution minimale de chacun. Cela ne revient pas à dire que le travail se fera dans l'anarchie. Mais il faut juste reconnaître que la réalisation de cette communication ne peut être une réussite que si l'on implique tout le monde. Les actes à poser doivent être définis et discutés par tous jusqu'à ce que chaque maillon de la chaîne soit d'accord (et non contraint) sur ce qu'il a à faire.

L'analyse de la politique générale de la CUD

La CUD est une organisation ayant des missions bien connues auprès des populations de la ville de Douala. Cette contrainte amène les responsables à élaborer une politique globale et une stratégie adaptées à cette réalité. Le communicant de la CUD a un rôle qui consiste à accompagner le processus d'amélioration des conditions de mobilité. Il ne fait pas partie de ceux qui choisissent cette politique. Il lui revient néanmoins d'identifier la nature des informations à recueillir et à aller vers ceux qui peuvent les lui fournir. Ces données peuvent se retrouver dans les documents stratégiques de l'organisation, mais les entretiens avec les porteurs du projet sont également indispensables. Si ces derniers se prêtent au jeu, le communicant se retrouve avec les données susceptibles de favoriser de bonnes prises de décision.

Les informations recueillies auprès des différents acteurs montrent que la CUD voudrait résoudre le problème de mobilité à Douala en proposant des solutions concrètes comme nous l'avons montré plus haut. Mais il faudrait aussi voir le rapport que cette action d'utilité publique entretient avec la politique globale de l'État, le volet économique, la dimension socioculturelle dans laquelle on veut réaliser le projet, les conséquences environnementales, et enfin comment tout cela s'articule sur le plan légal. À la suite de ce regard macroscopique, il faut intégrer le niveau organisationnel qui est relatif à la réalité interne de la CUD elle-même. Pour y parvenir, il faut bien isoler les ressources dont elle dispose au niveau des compétences de son personnel, de son matériel et de ses ressources financières. En plus, il faudra également s'intéresser aux aspects externes qui pourraient favoriser ou défavoriser l'implémentation de cette communication au service de la mobilité.

L'analyse de la stratégie de communication N-1

L'un des principes fondamentaux de la stratégie de communication c'est la continuité. La communication est généralement un enchaînement d'interactions. On ne peut pas imaginer la suite d'une conversation sans la prise en compte des flux antérieurs. C'est donc la raison pour laquelle il est important de relever les actions de communication menées par la communauté pour accompagner la résolution du problème de mobilité dont souffre la ville de Douala. Plus haut, il est constaté que les actions de communication mobilisées antérieurement pour ce problème sont très verticales. La CUD se charge de sensibiliser les populations pour la résolution d'un problème qui touche toute la ville. Même si les intentions sont bonnes, elles ne peuvent pas porter des fruits parce qu'aucun membre bénéficiaire des mesures prises n'est intégré dans l'énonciation des messages. Pourtant, il faut retenir qu' « on ne développe pas les gens. Ils se développent eux-mêmes. » Plus que quiconque, ils savent ce qui est « bon pour eux. » Cette exclusion des populations de la ville dans les stratégies de communication fait partir des éléments à l'origine des imaginaires négatifs sur les mesures correctives annoncées.

La formulation des objectifs

La stratégie de communication de la CUD au sujet de la mobilité urbaine devrait poursuivre un certain nombre d'objectifs. Ceux-ci sont clairement formulés de manière à exprimer ce que l'organisation recherche (l'intention), les personnes que l'on voudrait toucher ainsi que le périmètre d'action (la proportion) et enfin la période pendant laquelle l'action devrait être réalisée (le délai). Il faudrait que cela soit exprimé en fonction de ce qu'on reconnaît à la communication comme compétence. En général, la communication agit sur la perception, la notoriété, les attitudes et le comportement. C'est ce type de chose que l'on pourrait attendre d'elle. En ce qui concerne les problèmes de mobilité à Douala, on pourrait se retrouver avec les objectifs opérationnels ci-après.

- Faire connaître le projet de BRT auprès des publics ciblés dans la ville de Douala dans un délai de 3 mois ;
- Susciter l'approbation des publics de Douala relativement aux solutions à apporter aux problèmes de mobilité dans un délai de 3 mois ;
- Inciter les publics ciblés dans la ville de Douala à adopter les mesures relatives aux solutions à apporter aux problèmes de mobilité dans un délai de 3 mois.

Ces objectifs étant clairement formulés, il faudrait trouver les cibles et expliquer clairement ce qui est attendu de chacune des catégories inventoriées.

Les publics à toucher par la communication

Toute campagne de communication doit définir sa cible. Les messages seront diffusés dans l'espace public, mais ne doivent pas s'adresser à tout le monde. La précision des publics est importante, car elle va influencer la formulation des messages et le choix des actions. Dans cette campagne, nous aurons plusieurs types de publics. Les publics stratégiques : le maire, son staff, les chefs du quartier, les présidents des associations, les chefs religieux, les chefs traditionnels… Dans cette première catégorie de personnes à toucher, nous avons recensé les individus qui ont un pouvoir naturel sur les autres. En agissant dans le sens souhaité par la CUD, d'autres personnes suivront leur exemple.

À la suite des publics stratégiques, nous ciblons le citoyen *lambda* de la ville de Douala. En réalité, c'est lui qui doit être considéré comme le cœur de la campagne de communication. Selon le PDU, Douala compte environ 3, 9 millions d'habitants. Il faudrait trouver des moyens pour travailler sur toute cette population. Des partenariats doivent également être signés pour accompagner le projet de mobilité urbaine de la ville de Douala. On va, dans cette catégorie, faire allusion aux médias et aux blogs qui ont une certaine audience et une considération certaine auprès des citoyens ciblés.

Parmi les publics ciblés, il faut préciser les individus qui ont la légitimité de prendre la parole. Cette précision est nécessaire parce que dans un projet comme celui d'une communication sur les problèmes de mobilité de la ville de Douala, il existe une différence entre l'émetteur du message (la CUD) et sa source (les personnes choisies pour le diffuser). Aussi, peut-on affirmer que la source d'un message est parfois plus importante que le message lui-même. Dans le cadre de cette campagne, nous préconisons que le message soit porté par plusieurs personnes : les chefs traditionnels, les bureaux des associations, les pères de famille, les journalistes, les influenceurs, les blogueurs, les enseignants…

L'idée forte de la campagne et le concept de communication

Dans chaque campagne de communication, il y a une idée que l'on veut faire passer. C'est elle qui traduit concrètement sur le terrain la politique pensée par la hiérarchie en amont. En ce qui concerne les solutions relatives aux problèmes de mobilité que rencontrent les citoyens de la ville de Douala, il faut trouver quelque chose qui amène les citoyens à se défaire d'une perception négative de leur ville. L'idée que nous préconisons ici a pour but de résonner fort dans l'esprit des publics en leur donnant le pouvoir de décider de vivre dans une ville qui leur ressemble. En réalité, le changement de perception sur la ville de Douala ne peut être possible que si on laisse au citoyen la latitude de décider par lui-même de vivre autrement. Si on lui dit qu'en réalité, la solution aux problèmes de mobilité se trouve dans son attitude et plus tard, dans son comportement, alors il poserait les actes attendus. Pour la campagne, nous proposons l'idée suivante : **« Je décide pour ma ville ».**

Cette idée tient en 5 mots. Mais elle peut avoir un impact psychologique important, car la formulation met chaque personne au centre du projet. Le fait de faire dire « **Je** » à tout le monde est un marqueur impliquant. Chacun se place ici comme un co-décideur de l'action mise en place. Il est difficile de se soustraire à une action à laquelle on est considéré comme une partie prenante de choix. En outre, cette idée est intéressante parce qu'elle est facilement déclinable. Elle peut permettre de communiquer sur toutes les actions qui peuvent participer à la résolution des difficultés liées à la mobilité urbaine à Douala. Entre autres, on pourra avoir des slogans déclinés : « Je décide pour le BRT », « Je décide pour la circulation », « Je décide pour les trottoirs », « Je décide pour la traversée des piétons », etc.

Par ailleurs, l'opérationnalisation de cette idée peut se faire grâce aux concepts qui englobent l'expérience quotidienne des citoyens. L'expérience dont nous parlons ici renvoie aux pratiques sociales qui caractérisent la vie de ceux qui sont appelés à changer de comportement. Pour ce faire, nous avons inventorié les activités auxquelles les citoyens de Douala accordent spontanément de l'importance sans que cela leur soit imposé. Nous avons observé entre autres : les tournois de sport, les concerts de musique, les foires, le sport du dimanche, etc. Il est donc possible de faire passer le message à partir d'une activité parmi celles-là. Cela fera en sorte que le message se greffe sur le quotidien. Le message en réalité fonctionne grâce à un concept qui va non seulement amener les citoyens à se déplacer spontanément, mais aussi attirer leur attention. Parmi eux, on donnera la parole aux leaders qui vont certainement impacter le reste du groupe, considérés comme followers.

Ces différentes activités se présentent ici comme de véritables concepts qui sont la matérialisation de l'idée forte. Au centre de cette communication d'acceptabilité des solutions de la mobilité urbaine, nous préconisons une des activités qui caractérisent les citoyens de Douala. Les moyens de communication que nous connaissons seront au service de ce concept. Aussi, utiliserons-nous les réunions, les tracts, les médias sociaux, la radio, les applications mobiles, etc.

La détermination d'un calendrier

Le choix du concept de communication ainsi que des moyens qui le soutiennent devrait être synthétisé. Un tableau pourrait permettre cela.

Tableau 4. Calendrier global de communication

Cible	Type de message	Support	Fréquence	Responsable	Période	Commentaire
Partenaires institutionnels	Précisions sur les solutions	Stratégie déployée	1 fois pour toutes	Secrétaire général et responsable du projet	À déterminer	
Équipe de projet	Tâches à réaliser, soutiens obtenus, résultats obtenus	Réunions de travail, fichiers partagés…	1 fois par semaine	Secrétaire général et responsable du projet	Jusqu'à la fin du projet	
Partenaires financiers	Partenariat gagnant-gagnant	Dossier du projet, relances téléphoniques, rencontres	Au moins 2 fois par semaine	Responsable commercial et responsable du projet	Durant tout le projet	
Les autorités traditionnelles, les présidents des associations, les animateurs des salles de sport…	Invitations à participer au concept	Mails, cartons d'invitations, réunions, relances téléphoniques …	Au moins 1 fois par mois	Responsable de communication, responsable du projet	Durant tout le projet	
Les hommes des médias, les blogueurs et les influenceurs	Couverture médiatique des étapes du projet et relais sur Internet	Lettres d'invitation, dossiers de presse…	Au moins 2 fois par semaine	Responsable de la communication	Avant, pendant et après le projet	
Le grand public	Annonce du concept, explication du concept, monstration de la préparation, etc.	Télévision, radio, presse écrite, Internet, affichage, Édition…	Au moins deux fois par semaine	Responsable de la communication	Avant, pendant et après le concept	
Les responsables des sites	Réservation des sites	Lettres de demande des sites	1 fois pour toutes	Secrétaire général, responsable du projet	Au plus tard 3 mois avant le démarrage de la campagne de communication	
Les autorités administratives	Autorisations d'organisation des activités	Demandes d'autorisation	1 fois pour toutes	Responsable de communication, secrétaire général	Avant la campagne de communication	

Source : Nos soins

Le calendrier étant établi, les chargés de la communication savent exactement ce qu'il faut dire à chaque catégorie d'acteurs et surtout à travers quel moyen. Mais la communication est une activité très complexe. Pour diminuer les incertitudes qui la caractérisent et se donner les chances d'atteindre les objectifs, il est important de penser à l'évaluation de la campagne à mettre en place.

L'évaluation de la campagne

Il est impossible d'évaluer une campagne de communication si les objectifs n'ont pas été bien formulés au préalable. Il sera question de se servir des indicateurs présents dans les objectifs pour procéder à une évaluation objective. L'évaluation demande la mobilisation des outils tels que : l'observation, les entretiens, l'analyse documentaire, le sondage, etc. Le but est de savoir si les choix stratégiques ont permis que les objectifs soient atteints.

Cependant, il ne faut pas attendre la fin de la campagne pour évaluer. Nous conseillons qu'une évaluation en trois phases soit pensée : avant la campagne, à mi-parcours de la campagne, et à la fin de la campagne. Avant même le lancement de la campagne, nous devons identifier un échantillon de personnes qui rendent compte des caractéristiques des cibles. En les utilisant comme « rats de laboratoire », on peut se rassurer de la capacité des choix stratégiques à atteindre les objectifs escomptés. Deuxièmement, une autre évaluation sera faite pendant la campagne pour voir comment les choses évoluent. Cela pourra permettre des réajustements en pleine campagne au cas où cela s'avèrerait utile. À l'issue de la campagne, une autre évaluation sera mise en place.

Conclusion : La communication *bottom-up* au service de la résolution des problèmes de mobilité à Douala

Les imaginaires sur la communication des autorités publiques autour des problèmes de mobilité à Douala étaient au centre de cette réflexion. Une méthodologie qui repose sur la triangulation nous a permis de comprendre que les imaginaires qui traversent la communication des autorités publiques sont négatifs. Les populations bénéficiaires ne prennent pas ces propos au sérieux. On peut y percevoir un véritable brutalisme – au sens d'Achille MBEMBE-, une destruction symbolique des projets pensés par l'État pour résoudre les problèmes de mobilité. Un tel échec se justifie par le choix d'une communication top down qui se présente sous la forme des décisions prises par la hiérarchie sans tenir compte des priorités des bénéficiaires. Aussi, semble-t-il que ces populations vivent mal ce type d'approche. En plus, beaucoup estiment que les autorités publiques n'ont pas l'habitude de réaliser leurs promesses. Il s'agirait ainsi des effets d'annonces pour calmer les ardeurs des citoyens qui vivent mal cette situation d'absence de fluidité de la circulation. Quelle que soit l'authenticité qui se trouve au centre des déclarations des autorités, il existe une véritable crise de confiance entre les citoyens et eux. Face à une telle situation, nous avons pensé qu'une communication bottom-up serait plus indiquée. En effet, la communication doit impliquer les bénéficiaires. Ces derniers doivent vivre les étapes du projet, prendre part aux réunions, être pris en compte dans le choix des concepts qui permettront que l'idée de la campagne ne soit pas vue comme une utopie par les citoyens. L'idée que nous avons proposée amène chaque bénéficiaire à prendre conscience de la responsabilité qui est la sienne dans la réussite des projets relatifs à la résolution des problèmes de mobilité. La communication d'acceptabilité est donc au centre de la proposition et nous estimons qu'elle accompagnerait efficacement cette politique publique de transport.

Références bibliographiques

CEREMA, (2018), Outil pour l'acquisition des systèmes intelligents pour les transports collectifs.

Claval, P. (1968), « La théorie des villes » in revue géographique de l'Est, N° 1-2, Tome VIII, PP 3-56.

Coldefy, J. (2015), Numérique et mobilité : Impacts et synergies

Davallon, J. (2004), « objet concret, objet scientifique, objet de recherche » Revue Hermès n°38. P. 34

Emilio M. M. G. (2009), « Images et imaginaires de la grande ville : variations sur une symphonie urbaine », in Sociétés, N° 103 PP 33-46

Feildel, B. ; Bailleul, H. ; Laffont, G-H (2014), « Les imaginaires de la mobilité. De possibles ressorts pour la mise en durabilité des espaces périurbains ? » inRech. Transp. Secur, PP 143-160

Kaufmann, V. (2021), « Histoire de la notion de mobilité » in Forum vies Mobiles. URL : https://fr.forumviesmobiles.org/reperes/hnotion-mobilite-13605

La Fabrique des mobilités, (2015), https://fr.slideshare.net/FabMob/la-fabrique-des-mobilits-livre-edition-2015

Lamizet, B. (2002), *Le sens de la ville*, Paris, L'harmattan.

Les technologies au service de la mobilité urbaine, l'expérience française en matière de mobilité urbaine. Recueil de bonnes pratiques à destination des villes du Sud

Mainet, G. (1979), « Mobilité résidentielle et dynamique urbaine à Douala, Les Cahiers d'outre-mer, 32-126, PP 139-157.

Masson, D. (2012), Expériences sensibles de la mobilité urbaine, in Les cahiers de la recherche architecturale et urbaine, 26/27, PP 136-143

Mbembe, A. (2020), Brutalisme, Paris, La découverte.

Miroux, F. ; Lefèvre, B. (2012), « Mobilité urbaine et technologies de l'information et de la communication (TIC) : enjeux et perspectives pour le climat.

Ndongue Epangue, T. (2018), *L'utilisation des formes de proximité langagière dans l'affichage publicitaire au Cameroun : pratiques et enjeux,* Thèse de Doctorat / PhD, Université de Douala.

Rapport du SITRASS sur le programme de politique de transport en Afrique subsaharienne.

Vincent-Geslin, V. et Authier, J-Y, (2015) « Les mobilités quotidiennes comme objet sociologique » in *Les nouveaux objets de la sociologie*, Numéro 59-60 PP 79-97.

Les pratiques du recyclage des déchets plastiques dans la ville de Douala : cas de Cœur d'Afrique et Namé recycling

Bernard NDJAMA

Chargé des travaux dirigés au département de sociologie de l'Université de Douala Coordonnateur du Laboratoire de recherche fondamentale et appliquée

Résumé

Le présent travail part du constat selon lequel les entreprises chargées du recyclage des déchets plastiques dans la ville de Douala tardent à émerger pour analyser les stratégies mises sur pied pour recycler les déchets plastiques ; les difficultés auxquelles font face ces acteurs et les avantages résultant du recyclage des déchets. À cet effet, nous partons de l'hypothèse selon laquelle *Les entreprises exerçant dans le domaine du recyclage des déchets plastiques à Douala font face à divers problèmes, ce qui explique leurs difficultés à émerger malgré les opportunités qu'offre cette activité.*

Cette étude a été réalisée grâce aux observations directes et aux entretiens directifs, auprès des acteurs institutionnels et non institutionnels. Cette méthode a permis d'analyser et interpréter des données collectées. Pour mieux saisir la problématique du recyclage des déchets plastiques dans la ville de Douala, l'interactionnisme a été exploré afin de recenser les interactions auxquelles se livrent les acteurs du recyclage des déchets.

Les résultats de cette étude ressortent les différentes stratégies mises sur pied pour recycler les déchets plastiques dans la ville de Douala et qui se heurtent à divers obstacles tels que : le manque de sensibilisation, l'absence de séminaires de formation, les ouvriers non qualifiés et mal traités, le financement insuffisant, le manque de matériel. Par contre, le recyclage des déchets permet non seulement la création d'emplois, mais aussi l'assainissement du cadre de vie par la réduction de la pollution, la limitation des inondations, la prévention des maladies et la préservation de l'environnement.

Mots clés : Recyclage, déchets plastiques, assainissement, Cœur d'Afrique, Namé recycling.

Introduction

Le recyclage des déchets plastiques dans la ville de Douala est relégué au second plan alors qu'il permet d'éviter plusieurs dégâts causés par leur disposition anarchique sur l'environnement urbain et la santé de l'homme. Il nécessite dès lors une attention particulière au même titre que : le transport, l'éclairage public, l'eau, la lutte contre les maladies. Il suffit de parcourir la ville de Douala pour constater les manifestations de ce phénomène dans la nature : amoncellement de déchets, détritus le long des rues, canalisations bloquées, sites d'enfouissement menaçant la santé des populations urbaines. Les immondices non ramassées, les eaux non canalisées et les voiries dégradées sont devenues une menace dans la capitale économique.

Pourtant, il existe plusieurs structures formelles et informelles qui se proposent de revaloriser les déchets plastiques, celles-ci pourraient profiter de cette situation pour améliorer les conditions de vie des populations urbaines, tout en réduisant le taux de déchets plastiques disposés de manière sauvage dans la ville. Ces structures peinent à couvrir toute la ville pour s'approvisionner en matière première, ceci à cause de leurs difficultés d'ordre techniques humaines et financières. Or, ces déchets créent les conditions propices à la prolifération des maladies et rendent le cadre de vie désagréable. Des déchets plastiques sont produits au quotidien et ne subissent aucun processus de transformation. Il devient, dès lors, impératif d'établir un lien entre déchets plastiques et recyclage. Ce lien repose sur les techniques de traitement qui doivent aboutir à des produits facilement utilisables pour la santé avec les risques minimums sur le milieu naturel.

Par ailleurs, le problème du recyclage des déchets plastiques a retenu l'attention d'un grand nombre d'auteurs de divers domaines d'études, sous diverses formulations. Sur le plan académique, des études parallèles à cette thématique ont été menées. C'est le cas dans les départements de sociologie, d'anthropologie et de géographie de l'Université de Douala, les grandes écoles à l'instar de l'ESSEC, l'INJS[24], l'IRIC[25]. Quoi qu'il en soit, ces travaux fournissent un important stock de connaissances non exhaustif toutefois.

CIPRE[26] par exemple montre que l'accumulation des déchets plastiques cause de sérieuses menaces pour l'environnement et la santé. D'où l'encadrement des populations pour les opérations de collecte et de valorisation des déchets, notamment les déchets plastiques. En effet, les

---

[24] INJS : Institut national de la jeunesse et des sports.

[25] IRIC : Institut des relations internationales du Cameroun.

[26] CIPRE, « la promotion du recyclage des ordures plastiques et la récupération des emballages » 2006.

déchets plastiques constituent une véritable source de matières premières, contribuant à la confection d'autres produits.

Gertrude ZOMBRO[27], quant à elle, estime que le problème des déchets repose sur la production et le mode de traitement de ces derniers. Elle met l'accent sur l'environnement socioéconomique et culturel de la production des déchets plastiques, et sur le contexte politique de la récupération et du recyclage de ces déchets. Il attribue le problème de la gestion des déchets à la croissance démographique rapide et au faible taux de récupération et de recyclage des déchets.

Dans les travaux de recherche énumérés, les études menées sur le recyclage des déchets, semblent se réduire aux déchets ménagers, la réduction du taux de déchets produits, en mettant l'accent sur le laissez-faire des autorités compétentes. Ils mettent aussi en exergue les effets néfastes de la prolifération de ces déchets sur la santé, la sécurité des populations et aussi la dégradation de l'environnement.

L'accroissement démographique et le développement de la société de consommation ont multiplié la quantité de ces déchets qui ont doublé en une dizaine d'années. D'où la nécessité pour le gouvernement camerounais de mettre sur pied des stratégies facilitant la valorisation des déchets. Le recyclage est donc primordial dans la mesure où il limite les effets néfastes sur la santé et l'environnement. Dès lors, plusieurs structures formelles et informelles se sont lancées dans le domaine du recyclage des déchets plastiques, celles-ci s'efforcent, chacune à son niveau, à parcourir les quartiers à la recherche de la matière plastique dans le but de la transformer, afin d'obtenir un produit fini. Cependant, ses structures peinent à se démarquer et atteindre un niveau de développement.

Au regard de ce constat, le Cameroun a opté pour l'économie circulaire en incitant les Petites et Moyennes entreprises (PME) et les Startups à se lancer dans le recyclage. D'où cette disposition de la loi cadre : « *toute personne qui produit ou détient les déchets doit en assurer elle-même l'élimination ou le recyclage, ou les faire éliminer ou recycler auprès des installations agréées par l'administration chargée de l'environnement* »[28]. Il ressort de cette disposition que le recyclage des déchets pourra permettre aux populations d'améliorer leur cadre de vie.

Malgré ces incitations par le gouvernement camerounais et les avantages qu'offre le recyclage des déchets plastiques, les structures chargées du

[27] G. ZOMBRE, « Production domestique, récupération et recyclage des déchets plastiques : cas des sachets plastiques à Dakar », Thèse de doctorat en sciences de l'environnement, Université Cheik Anta Diop, Dakar, 1997.

[28] Art 43 (1) de la loi-cadre relative à la gestion de l'environnement. 1996

recyclage tardent toujours à émerger. Ceci nous amène à poser la question principale de recherche suivante :

Comment comprendre la disposition anarchique des déchets plastiques dans la ville de Douala, alors que ces derniers sont un moyen de production des richesses ? À cette question, nous avons formulé l'hypothèse suivante : *les entreprises exerçant dans le domaine du recyclage des déchets plastiques à Douala font face à divers problèmes, ce qui explique leurs difficultés à émerger malgré les opportunités qu'offre cette activité.*

L'objectif de la présente recherche est donc, de rendre compte des obstacles auxquels font face les entreprises de recyclage des déchets plastiques dans la ville de Douala, en se fondant sur les entreprises formelles en général, Cœur d'Afrique et Namé recycling, en particulier, dans une double perspective : il s'agit d'évaluer les stratégies mises sur pied par les acteurs exerçant dans ce domaine afin d'en ressortir les faiblesses d'une part, et de proposer quelques solutions facilitant l'émergence de ces entreprises d'autre part.

Par ailleurs, trois grands axes fondent la structure de cette recherche. Il est indispensable, dans un premier temps, de ressortir le cadre théorique et méthodologique qui a conduit cette recherche, il sera aussi question de nous attarder sur les résultats auxquels nous sommes parvenus, pour enfin proposer quelques pistes de solutions pouvant révolutionner le domaine du recyclage des déchets plastiques dans la capitale économique.

I. Cadre théorique et méthodologique

I.1. Cadre théorique

Pour rendre compte de cette réalité sociale, notre étude s'est appuyée sur l'interactionnisme de l'École de Chicago. L'interactionnisme est un courant de pensée de la sociologie qui analyse la société comme le résultat des interactions entre les individus qui la composent. Pour celle-ci, la société est la résultante des multiples interactions entre les individus et non comme une entité supérieure aux individus qui s'y trouvent. Lorsqu'ils sont en interaction, les individus attribuent une valeur symbolique à leurs conduites et à leurs gestes. Cette approche a permis de ressortir les interactions existantes entre les acteurs exerçant dans le domaine du recyclage des déchets plastiques en milieu urbain camerounais. Par ailleurs, il était question de montrer comment les acteurs intervenant dans ce domaine se mettent ensemble pour promouvoir et mettre sur pied les mécanismes permettant de recycler les déchets plastiques dans la ville de Douala. Cette interaction dans le domaine du recyclage des déchets plastiques passe par la collecte, le tri sélectif jusqu'à l'obtention du produit fini prêt à l'utilisation. Les acteurs de ce secteur doivent donc travailler en harmonie et en interaction pour parvenir aux résultats escomptés.

I.2. Les techniques de collecte des données.

Deux techniques de collecte des données ont été utiles pour réunir les informations nécessaires à la conception de cet article notamment : les observations directes et les entretiens libres.

I.2.1. Les observations

Nous avons d'abord colleté des informations dans des documents des producteurs de déchets plastiques, des ONG présentes dans la ville de Douala qui recyclent les déchets, des structures responsables du recyclage des déchets à Douala et auprès des structures étatiques qui sont chargées de la conception et de la mise en œuvre des politiques et stratégies en lien avec cette pratique de recyclage des déchets plastiques dans la capitale économique. Par la suite, nous avons sollicité l'observation directe qui a permis d'effectuer les visites au sein des structures de recyclage des déchets dans la ville de Douala, celle-ci afin d'observer : les usines de transformation des déchets plastiques ainsi que les méthodes employées pour les éliminer. Cette technique a contribué à appréhender les comportements des acteurs du recyclage des déchets par rapport aux déchets produits.

I.2.3. Les entretiens libres

Nous avons utilisé un *échantillonnage par quota* qui consiste à retenir de façon proportionnée, en rapport avec l'étude, les individus issus des différents domaines d'activités sociales caractérisant la population d'étude.[29] Nos entretiens libres ont été effectués sur une population de trente (30) enquêtés, soit dix (10) acteurs institutionnels répartis comme suit : deux (2) responsables du MINEPDED, deux (2) responsables du MINDUH, six (6) responsables des collectivités territoriales décentralisées et vingt (20) acteurs non institutionnels, notamment : quatre (4) responsables d'HYSACAM, cinq producteurs des déchets et onze (11) responsables en charge du recyclage des déchets plastiques.

II. Présentation des résultats

II.1. État des déchets plastiques dans la ville de Douala

Selon le ministre de l'Environnement, de la Protection de la nature et du Développement durable[30], *"le Cameroun produit 6 millions de tonnes de déchets tous les ans, dont 600.000 tonnes de plastique"*. Leader du marché brassicole qui compte quatre grandes entreprises et plusieurs PME, la SABC

---

[29] *Idem*, p.35.

[30] Bureau B & G, Analyse document Projet kt Wit-fr Bruinngoed (Achtrgrond-document). Rotterdam, 1999.

produit, d'après ses chiffres, quelque 300 millions de bouteilles en plastique par an, servant surtout au conditionnement de boissons gazeuses et de l'eau minérale. Aujourd'hui, à en croire le ministre, *"nous sommes en train d'élaborer une stratégie de gestion des déchets plastiques qui consiste à retirer 40% des déchets plastiques de la circulation, et en recycler 30%.* Au Cameroun, les données collectées sur la production des plastiques à usage unique sont très préoccupantes ; plus d'une trentaine d'entreprises faisant principalement dans la production des denrées de premières nécessités émet dans la société des milliers de kilogrammes de plastiques chaque jour. Lesquels deviennent déchets moins d'un mois après leur production et se retrouvent dans les décharges.

La part des déchets plastiques dans la ville est de 12%. Pour l'année 2016, la Banque mondiale estime que 300 millions de tonnes de déchets plastiques ont été produites dans le monde. Par ailleurs, la part du plastique recyclé dans la ville de Douala reste aujourd'hui très faible : seulement 20% des déchets plastiques produits à Douala sont recyclés, 15% sont incinérés, le reste est accumulé dans la nature. Sur la totalité de ces déchets, le secteur de l'emballage en génère à lui tout seul 50%. La ville de Douala ne s'est pas encore arrimée à la norme internationale en matière de gestion de l'environnement puisque seulement 22% de ses déchets plastiques sont recyclés[31].

Planche photographique 1 : l'exposition anarchique des déchets plastiques dans la ville Douala

Source : NDJAMA B, données de terrain, octobre 2022.

[31]https://www.eea.camer.af/fr/signaux/signaux-2014/gros-plan/des-ordures-dans-nos-oceans

Sur cette photo ressort l'image des acteurs informels qui se livrent au tri des déchets plastiques. Leurs points focaux sont les décharges sauvages, la collecte se fait tous les matins et la revente aux entreprises.

Les autorités camerounaises sont débordées par le volume des déchets en plastique qui jonchent les rues de certaines villes comme Douala. Le recyclage semble être la seule voix de secours, mais les collecteurs et les recycleurs manquent de moyens. À Bilonguè, l'un des quartiers périphériques de Douala, les bouteilles en plastique traînent dans les rues du quartier. Le drain « Kombe », principale voie de canalisation d'eau, s'en trouve souvent bouché. *« Ces ordures ont rétréci le drain. À la moindre pluie, l'eau nous rejoint dans les maisons. Il y a toujours des inondations dans ce quartier »*, indique ANADOLU GAGWI. Le chef du quartier de Bilonguè. D'après la Fondation camerounaise de la terre vivante (Fctv), l'une des principales associations de lutte pour la protection de l'environnement au Cameroun, chaque année, sur les 15.250 tonnes de déchets plastiques produits sur l'ensemble du territoire national, 1500 tonnes de déchets sont déversées à Douala[32]. Ces déchets non biodégradables submergent les rues, polluent l'environnement, bouchent les drains et causent des inondations. Une situation qui préoccupe les autorités camerounaises. « *La production des déchets dans une ville comme Douala est colossale et il faut que leur gestion soit prise en compte avec un sérieux particulier à tous les niveaux »*, indique à B. ANADOLU, le délégué régional de l'Environnement, de la protection de la nature et du développement durable pour le Littoral. S. BARE reconnait cependant la difficulté de cette tâche lorsqu'il affirme qu': *« Il faut développer un partenariat public-privé au niveau local de manière à impliquer directement ceux qui sont concernés par ces déchets. J'appelle les microentreprises, les communes d'arrondissement et tous ceux qui font dans le recyclage au secours »*. Pour le délégué, l'État seul ne peut pas « *débarrasser le Cameroun de ces déchets »*. Parmi les causes des graves inondations survenues dans la ville de Douala dans la nuit du 21 au 22 août 2022, l'encombrement des drains par les bouteilles plastiques a été longuement évoqué par les autorités de la ville de Douala. La plupart des 50 kilomètres de drains primaires et secondaires de la capitale économique sont en effet bouchés par de milliers de ces éléments solides difficilement biodégradables. Les drains Ngongue, Mboppi, Tongo Bassa ou Dinde offrent en effet un spectacle de pollution de bouteilles plastiques produites par des entreprises de la ville.

D'après un rapport de l'Institut national de la Statistique (2010), 60% des déchets contenus dans les eaux sont des déchets plastiques. Parmi ces déchets plastiques, **50%** sont des produits à usage unique tel que des gobelets, des

---

32 TCHUIKOUA, L. B, *Gestion des déchets solides ménagers à Douala au Cameroun : opportunité ou menace pour l'environnement et la population ?* Université de Bordeaux 3. Thèse de doctorat de Géographie, 2010.

pailles, des bouteilles, des tampons, des serviettes hygiéniques[33]... Ces produits sont alors ingérés par la faune marine, en entier ou sous forme de microparticules. On estime que plus de 40% des espèces auraient ingéré des déchets marins. De nombreuses espèces telles que les poissons ou les tortues peuvent se prendre dans les déchets, filets ou lignes de pêche perdues dans les eaux et la plupart en meurent. Ces déchets plastiques ont une chance de passer dans la chaîne alimentaire. D'après une étude publiée en début juin 2020 par WWF, l'Homme ingérerait environ 5 grammes de plastique par semaine, à cause des microparticules contenues dans les bouteilles d'eau minérale, le sel, la bière, l'air ou encore les fruits de mer[34]. On ne connaît pas encore les effets de cette absorption sur notre santé. E. KAMDJO, le directeur des opérations de Namé Recycling[35], indique que la décomposition de ces rejets plastiques intervient au bout de 450 ans. Leur capacité pollutive rend par ailleurs définitivement le sol infertile et impropre à toute culture. D'après E. KAMDJO, une tonne de déchets plastiques correspond à 28.800.000 unités de déchets plastiques[36]. La cartographie de pollution en déchets plastiques indexe les zones suivantes : Bessengue, New-Bell, Bonaberi, Makepe Missoke, Dakar, Rond-point Deido, Bonamoussadi-Maetur, ou encore la zone Village et Logbaba-Bassa, Etc. Au sein des entreprises productrices de la matière plastique, la pollution plastique préoccupe. Le groupe SABC, producteur de gamme de soda et eau minérale dans des contenants plastiques, a signé un accord de partenariat avec l'entreprise Namé Recycling pour la collecte, le traitement et la valorisation de ses déchets plastiques. L'entreprise brassicole et agroalimentaire produit en moyenne 30 millions de bouteilles plastiques, soit près de 1000 tonnes[37].

II.2. Les stratégies mises sur pied par les acteurs du recyclage des déchets plastiques.

II.2.1. Les initiatives de NAME RECYCLING

À la faveur d'un partenariat signé il y a peu avec *Namé Recycling*, une société de recyclage du plastique, une campagne de collecte des bouteilles en plastique vient d'être engagée par la Société anonyme des Brasseries du Cameroun (SABC). Ce partenariat stipule que nous devons collecter 350 tonnes d'emballages en plastique pour leur compte", explique Diane Djaba,[38]

[33] Institut National de la Statistique, 2010 [en ligne]. Disponible sur : http://www. statistics-cameroon.org/news.php? id=100, consulté le 19 mai 2022.
[34] https://www.lefigaro.fr/sciences/plastique-quel-est-le-probleme-20190626 (consulté le 19 mai 2022.)
[35] Interview réalisé le 22 mai 2022.
[36] Interview réalisé le 22 mai 2022.
[37] NGUENDO YONGSI, H.B. et al. "Risques sanitaires liés aux modes d'assainissement des excréta à Yaoundé". *Natures sciences et sociétés*, 2008.
[38] Entretien effectué à Douala le 14 juin 2022.

l'une des responsables de *Namé Recycling*. Pour cela, dit-elle, "*nous encourageons nos ménages à pratiquer le tri en séparant les déchets plastiques des autres ordures. Nous avons développé un système pour récompenser les familles en fonction des bouteilles qu'elles vont apporter*"[39]. Quant à Léonard Ellang Engamba, chef du service de l'environnement à la SABC, il précise que "*Namé Recycling récupère les bouteilles sur le marché, les trie, les nettoie, les broie et obtient du broyat qui est utilisé par rapport à la demande locale ou externe*." Selon son récit, ce broyat sert ensuite de matière première pour la fabrication d'autres objets en plastique. Ce n'est pas la première fois que la SABC engage une telle initiative. En 2012 déjà, elle avait lancé une campagne de collecte des bouteilles en plastique, en partenariat avec Hysacam (Hygiène et salubrité du Cameroun) la société de collecte des ordures ménagères. "*Nous encourageons nos ménages à pratiquer le tri sélectif en séparant les déchets plastiques des autres ordures.*" Déclare Diane DJABA.

Planche photographique 2 : activité de recyclage menée par Namé Recycling

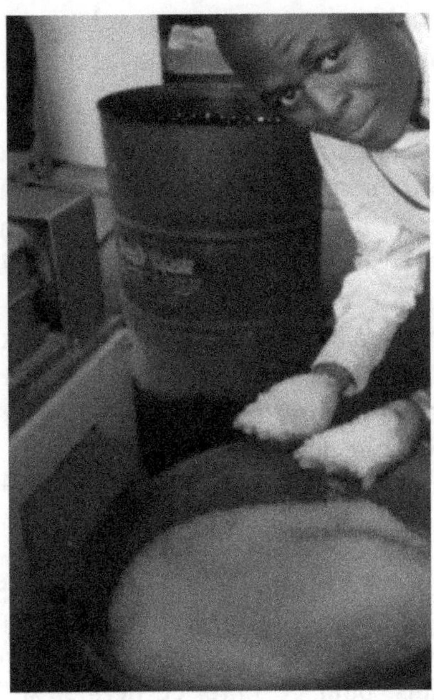

Source : NDJAMA B, données de terrain, octobre 2022. La photo de droite ressort les granulés issus du processus de recyclage des déchets plastiques à Namé recycling, des granulés qui à leur tour sont nécessaires à la production d'autres matières.

Namé Recycling. Baptisée Plastic Récup, l'opération n'avait cependant connu qu'un succès mitigé : "*le projet s'est malheureusement arrêté en cours*

[39] *Idem.*

de chemin, parce qu'il n'avait pas été bien mûri en interne", explique Léonard Ellang Engamba[40]. Parmi les autres actions de même nature, il y a celle de l'organisation *Madiba & Nature,* basée à Bonaberi, dans la ville de Douala. Cette structure s'est distinguée avec la fabrication de pirogues, de lustres et plusieurs autres objets à partir de bouteilles en plastique, ce qui justifie cette affirmation d'un enquêté.

Le partenariat que nous avons démarré le 22 octobre 2019 avec l'université de Douala où nous avons déposé une dizaine de Namibiens va se poursuivre avec toutes les universités du Cameroun avec pour objectif d'offrir aux étudiants un cadre de vie agréable, source d'épanouissement intellectuel et de performances. »[41]

Les écoliers, élèves, étudiants sont une cible importante de ce programme qui vise à sensibiliser tous les acteurs du développement durable autour des enjeux de la protection de l'environnement et de la pollution par les bouteilles plastiques. Ils ont installé des NAMébins - bacs de collecte des bouteilles plastiques - dans les principaux axes des villes de Douala, Yaoundé, Limbe et Bafoussam, pour éviter que les bouteilles plastiques, une fois indésirables, ne finissent leur course dans les drains.

En effet, la loi en vigueur dans le pays impose que chaque fabricant ou distributeur d'emballages non biodégradables mette en place un système de récupération en vue de leur recyclage, valorisation ou élimination. C'est en droite ligne de cette réglementation que la SABC, qui emballe ses boissons gazeuses et ses eaux minérales dans des bouteilles en plastique qu'elle fabrique, a noué un partenariat avec Namé Recycling. À en croire l'entreprise brassicole, ce partenariat a permis de collecter et de recycler 38 millions de bouteilles, soit 1350 tonnes de déchets, entre 2017 et 2018. Pour les huit premiers mois de l'année 2019, près de 1 000 tonnes de déchets plastiques ont été collectées et transformées. *« Ces rebuts ont permis de fabriquer des ustensiles et autres fournitures en plastique, qui sont commercialisés au Cameroun et dans les magasins IKEA à l'étranger* », révèle le brasseur[42].

Selon le DG de la SABC, l'entreprise entend monter progressivement en régime au cours des prochaines années, de manière à pouvoir finalement recycler 80% des déchets en plastique produits dans le cadre de ses activités. Mais, pour ce faire, ce dernier sollicite l'accompagnement des entreprises industrielles par l'État. Lequel accompagnement, va-t-il préciser le 15

---

[40] Entretien effectué à Douala le 14 juin 2022.

[41] *Idem.*

[42] Entretien effectué à Douala le 16 mai 2022.

novembre 2019 au cours de l'inauguration de la nouvelle ligne de production de la Socaver, pourrait prendre la forme « *d'abattements fiscaux* »[43].

II.2.2. Les initiatives de CŒUR D'AFRIQUE

Depuis 2015, le goléador camerounais et Cœur d'Afrique ont monté une usine de production de pavés à base de déchets en plastique récupérés dans les rues de la capitale du pays. Cette unité de production a la particularité d'employer des enfants de la rue, tentant ainsi leur réinsertion sociale. En un peu plus de 2 ans, cette usine qui emploie 20 permanents (plus de 300 emplois indirects dans la chaîne de récupération des déchets), a traité environ 51 tonnes de déchets en plastique, ce qui a permis de produire près de 1300 mètres cubes de pavés écologiques, jugés plus résistants que les pavés fabriqués à base de ciment. L'expérience est d'autant plus intéressante que Roger Milla et son équipe ont ouvert une deuxième usine au cours de cette année à Douala, la capitale économique camerounaise. Il est, en outre, prévu que cette unité de recyclage s'attaque, un peu plus tard, à des marchés extérieurs tels que le Bénin et le Burkina Faso, révèle l'équipe de Cœur d'Afrique. C. TIAM. Ingénieur camerounais en génie des procédés industriels et énergies renouvelables, a créé au Burkina Faso la start-up baptisée Teco2 (Toiture écologique et économique), au sein de laquelle il a mis au point des prototypes de tôles faites à base de déchets en plastique recyclés. « *Fabriqué localement, ce matériau valorise considérablement les déchets plastiques en polyéthylène* »[44]. *Red-Plast* et *Cœur d'Afrique* travaillent dans le domaine de la récupération de matières plastiques, essentiellement pour en faire des pavés nécessaires à la construction et à réhabilitation de routes. Selon le ministre de l'Environnement, de la Protection de la nature et du Développement durable, de telles initiatives sont nécessaires pour l'assainissement du milieu urbain.

---

[43] Interview recueilli au site, *https://www.rtbf.be/info/monde/detail_la-malaisie-va-retourner-a-l-envoyeur-des-centaines-de-tonnes-de-dechets-plastique?id=10232744 (consulté le 19 mai 2022 à 14h25).*

[44] Entretien effectué le 22 mai 2022 à Douala.

Planche photographique 3 : Les déchets plastiques transformés en pavés par la structure cœur d'Afrique

Source : NDJAMA B, données de terrain, octobre 2022.

Leader du marché brassicole qui compte quatre grandes entreprises et plusieurs PME, la SABC produit, d'après ses chiffres, quelque 300 millions de bouteilles en plastique par an, servant surtout au conditionnement de boissons gazeuses et de l'eau minérale.

II.2.3. Les difficultés liées au recyclage des déchets plastiques dans la ville de Douala

Le recyclage des déchets plastiques n'est pas chose aisée dans la mesure où les entreprises exerçant dans ce domaine font face à diverses difficultés au rang desquelles celle d'ordre humain. Raison pour laquelle cette phase de notre travail se chargera d'évaluer les difficultés liées à la ressource humaine et au manque de matériel.

II.2.3.1. Les employés mal formés et mal gérés

C'est un problème courant, la plupart des opérations de recyclage sont tôt ou tard affectées par un personnel de travail mal formé et sous-motivé. Le fait est que beaucoup de ces personnes ne comprennent pas les bases de leur travail. C'est pourquoi un fournisseur réputé d'une équipe de travail doit toujours expliquer les attentes du poste, ce qui explique parfois un taux d'absentéisme élevé, c'est le sens de cette affirmation du dirigeant d'une structure de recyclage des déchets plastiques : « *Vous venez travailler en vous demandant combien d'employés ne se présenteront pas ce jour-là et comment cela affectera finalement votre productivité. Vous avez l'impression de toujours jouer au « rattrapage »*[45]. Pour conserver de bonnes personnes, vous devez revenir à la première place : former et gérer les employés de la bonne façon dès le premier jour. Ils ont également besoin d'espoir, et c'est pourquoi il est avantageux pour vous de promouvoir de l'intérieur. Les structures comme Red plast, Namé, Cœur d'Afrique sont entourées des employés mal formés ne maîtrisant aucune technologie.

Rien ne vaut l'expérience concrète de l'industrie du recyclage des déchets. Cela commence par l'équipement, les responsables des opérations doivent savoir comment les machines fonctionnent et comment les faire fonctionner ce qui n'est pas le cas lorsqu'on parcourt les structures de recyclage des déchets dans la ville de Douala (Red Plast, Namé recycling...). Les compétences relationnelles sont tout aussi importantes. Un solide directeur des opérations doit respecter le personnel et traiter efficacement les personnes confrontées à des défis personnels et professionnels ce qui n'est pas le cas dans les entreprises de recyclage de déchets plastiques dans la ville de Douala. L'autre gros problème de l'industrie du recyclage des déchets plastiques dans la ville de Douala est l'expertise. Sans processus cohérents, l'opération est sous-performante. Recherchez des fournisseurs de main-d'œuvre qui offrent une expertise axée sur les processus qui rationalisent l'embauche, l'intégration, la formation, le développement et la mesure du rendement de chaque employé. Cela permet à l'entreprise de se concentrer sur les problèmes de « vue d'ensemble » qui favoriseront leur réussite.

Outre ce qui précède, nous constatons aussi la flânerie des ouvriers pendant les heures de travail, cela sape la productivité et le moral des employés. C'est pourquoi chaque employé doit être responsable de son temps. Ils doivent être prêts à se mettre au travail lors de la première mise en marche de la machine, et pas seulement à frapper leur carte de pointage. De simples changements de procédure, tels que la réduction des appels téléphoniques prolongés, les longues pauses déjeuner et les absences inexpliquées permettent de gagner les heures de production. Par ailleurs la perte de celles-ci sont imputables à l'ignorance des employés de la conduite à tenir dans le monde professionnel et à l'inexistence de la sensibilisation dans ces entreprises, pourtant tout ceci a un impact négatif sur les objectifs escomptés par nos entreprises[46].

---

[45] Entretien réalisé le 8 juillet 2022 à Douala.

[46] ASSAKO ASSAKO R. J, « Réflexions sur le processus de création et de développement des villes au Cameroun ». *Recherches africaines*. N°1-2001, 2001.

II.2.3.2. Les problèmes culturels

Les fournisseurs de main-d'œuvre intelligente recrutent souvent activement des personnes des deux langues officielles de notre pays. Ils ont parfois besoin des directeurs, des opérateurs qui peuvent parler leur langue. Cependant, cet effort supplémentaire est finalement payant avec les employés qui travaillent dur. Or, les entreprises du recyclage de la ville de Douala, notamment Red Plast, Namé ne tiennent pas assez compte de ce profil.

À Douala, depuis les années 1990, le domaine du recyclage des déchets, notamment des déchets plastiques, s'est développé et structuré autour d'un modèle d'organisation industrielle. Les centres de tri des déchets, au cœur de la chaîne du recyclage, sont des unités socio productives appartenant à des groupes privés. Les déchets plastiques issus de la collecte sélective des ménages y sont réceptionnés, triés en fonction de la nature du plastique, puis conditionnés et stockés. Enfin, ils sont transférés à des recycleurs pour être recyclés. Un emballage recyclable collecté arrive dans le centre de tri en tant que déchet et en ressort en tant que produit utilisable, ayant acquis une valeur marchande et industrielle. Le recyclage des déchets plastiques et les activités des travailleurs et travailleuses qui les collectent sur les chaussées, les trient par matière ou les transforment en vue de leur recyclage sont un exemple emblématique du « sale boulot » et cela pour au moins deux raisons.

Compte tenu de l'objet du travail que sont les déchets plastiques et les représentations qui lui sont associées « *des notions d'infection, de contagion, de contamination, des images de l'impur, de celles de la souillure cadrent avec ce domaine et cela décourage les employés du secteur à s'y mettre* »[47]. Ces métiers du « repoussant », vecteurs de représentations qui les rendent peu attractifs ont pourtant une fonction sociale à l'échelle des territoires puisque le recyclage des déchets est un secteur porteur pour l'insertion et la création d'emplois de proximité dans un contexte de chômage structurel. Ces emplois sont généralement considérés comme peu qualifiés et souvent confiés à des personnes issues des « catégories populaires » ayant peu ou pas de qualification et/ou ayant connu des parcours professionnels morcelés, comportant des périodes de chômage plus ou moins longues[48].

II.2.3.3. Les problèmes de sécurité

Il existe d'importants défis en matière de sécurité pour l'industrie du recyclage des déchets plastiques dans la capitale économique du Cameroun. Ils comprennent l'exposition aux produits chimiques, les explosions de poussières combustibles, les risques liés aux machines et l'exposition à un équipement puissant avec des pièces mobiles. Les leaders de l'industrie du

---

[47] MAINET, G, *Douala, croissance et servitude.* L'Harmattan. Paris,1985.

[48] MEVA'A ABOMO, D, *Étude géographique de l'endémicité du paludisme dans l'interface environnement et santé à Kribi.* Université de Douala, Mémoire de DEA de Géographie, 2006.

recyclage des déchets de la ville de Douala proposent toujours une approche proactive de la sécurité qui commence par un audit intensif de la conformité de la sécurité dans chaque usine et s'étend à une formation rigoureuse en matière de sécurité pour tous les employés afin d'augmenter les niveaux de sécurité là où ils doivent être. Ce qui n'est pas le cas pour des entreprises impliquées dans le recyclage des déchets plastiques dans la ville de Douala.

Le facteur permettant de distinguer les deux systèmes observés précédemment est celui de l'efficacité du recyclage public des déchets. Celui-ci est jugé efficace, lorsqu'il permet de diminuer, voire de faire disparaître les risques sanitaires et environnementaux liés aux déchets plastiques. C'est-à-dire que les déchets doivent être triés dans les zones habitées et traités afin de faciliter le fonctionnement de ce processus. Depuis quelques dizaines d'années, une autre dimension est ajoutée à cette efficacité ; il s'agit de la capacité à valoriser les déchets longtemps oubliés. Lorsque la population et les pouvoirs publics de la ville de Douala, tout comme de la plupart des villes du Cameroun, parlent d'un recyclage efficace des déchets, ils évoquent la revalorisation efficace sur le modèle des standards internationaux, l'objectif étant que les structures privées assument la responsabilité de l'ensemble du recyclage des déchets, même si certaines délèguent parfois cette mission à d'autres prestataires de service.

Le fait d'éloigner les déchets du quotidien des habitants permet dans une certaine mesure de limiter les risques sanitaires. Or, il est aujourd'hui possible de trouver des compromis n'associant pas systématiquement le recyclage des déchets à la propagation de risque. Par ailleurs, l'éloignement du déchet par rapport au cadre de vie quotidien engendre un grand désintérêt pour le devenir de cet objet. C'est-à-dire que les populations se préoccupent désormais simplement de savoir si les déchets sont bien évacués de leur quartier. La division politico-administrative très forte de la ville de Douala fait que si les structures du recyclage de la ville parviennent à faire recycler les déchets plastiques de sa juridiction, la population vantera leurs mérites. Si le recul de l'implication de la population dans le recyclage des déchets apporte un certain confort quotidien, il rend plus difficile une prise en compte de l'ensemble de la chaîne du traitement et limite la possibilité de recyclage, du moins dans un premier temps[49].

Le deuxième système présenté ci-dessus est qualifié « d'autogestion » puisqu'en l'absence des pouvoirs publics dans certains secteurs, différents réseaux d'acteurs se mettent en place afin de pallier le problème lié au recyclage des déchets plastiques. Si ce système correspond en réalité au système de recyclage informel, le terme d'autorecyclage revêt une valeur plus

[49] DZALLA NGANGUE, G. Ch, *Pauvreté et environnement : L'action anthropique dans les écosystèmes du bassin atlantique camerounais (le cas de la mangrove autour de Douala).* Université de Dschang, Mémoire de maîtrise de Géographie, 2000.

positive, mettant en avant le fait que les populations n'ayant pas accès aux réseaux de collecte sont celles qui organisent leurs propres circuits. Cette organisation se fait en réalité de façon spontanée, par une articulation progressive de tous les acteurs identifiés ci-dessus. Les déchets pouvant faire l'objet d'un recyclage de matière sont également recyclés par ces acteurs du circuit informel. Si ces pratiques ont une utilité certaine pour la société urbaine doualaise, elles engendrent de nombreux risques : la santé des travailleurs et l'environnement local sont très fortement affectés par cet autorecyclage[50].

II.2.3.4. Pertes économiques et coûts du recyclage.

Le recyclage des déchets plastiques coûte beaucoup d'argent. La création d'une infrastructure de collecte, de tri et de recyclage coûte cher, mais, une fois installée, elle peut générer des revenus et créer des emplois. La dimension globale des déchets n'est pas non plus à négliger, car elle est liée à nos exportations et importations. Ce que nous consommons et produisons dans la ville de Douala peut générer des déchets ailleurs qui peuvent faire l'objet d'un recyclage. Dans certains cas, ces déchets deviennent en réalité une marchandise qui traverse parfois les frontières, que ce soit de manière légale ou illégale.

Le dernier point concerne les coûts de transport pour apporter les plastiques du centre de dépôt, qui est notre point de repère, vers les usines de transformation du plastique de la ville. Il nous faudra donc estimer le coût de transport pour nous rendre à Bonabéri ou à Japoma. Le dernier point concerne les coûts de transport pour transférer les plastiques du centre de dépôt, qui est notre point de repère, vers les usines de transformation du plastique de la ville. Il nous faudra donc estimer le coût de transport (carburant, location de voiture…) partant des lieux de collecte vers les sites de transformation notamment : Bonabéri et Japoma qui se trouvent dans les zones périphériques de la ville : le constat qui en ressort est que ce procédé est excessif sur le plan financier. Par ailleurs, certaines entreprises n'ayant pas accès au coût de location des véhicules appropriés qui est souvent trop élevé par rapport à leur capacité financière, font souvent recourt au tricycle, mettant ainsi en péril leur propre sécurité[51].

---

[50] https://www.ademe.fr/sites/default/files/assets/documents/dechets-chiffres-cles-2017-010269.pdf (consulté le 19 mai 2022).

[51] https://www.ademe.fr/sites/default/files/assets/documents/dechets-chiffres-cles-2017-010269.pdf (consulté le 19 mai 2022).

III. Les solutions pour améliorer le recyclage des déchets plastiques dans la ville de Douala.

III.1. La subvention des structures du recyclage

Le recyclage de déchets vise à préparer des matières premières de recyclage (MPR). Il présente de multiples atouts : en évitant l'extraction et la transformation inutile de ressources naturelles, il réduit la consommation d'énergie, les émissions de gaz à effet de serre et les autres impacts environnementaux des filières industrielles. Le gouvernement du Cameroun dans son souci de résorber le chômage des jeunes s'était fixé pour objectif d'encourager toutes les initiatives concourant à l'auto-emploi jeune.[52] Cependant, les responsables chargés de la valorisation des déchets plastiques affirment ne pas recevoir cette aide de la part du gouvernement camerounais; or, leur action vise à réduire à la fois le taux de chômage et la disposition anarchique des déchets dans nos villes.

Les initiatives de recyclage des déchets plastiques sont menées dans la ville de Douala, mais se heurtent au manque de moyens, or, le recyclage des déchets demande d'énormes moyens financiers. Les entreprises exerçant dans ce domaine réclament une subvention afin de transformer le plus grand nombre de déchets possible. Par ailleurs, cette transformation pourra non seulement réduire le volume des déchets, mais aussi créer les emplois.

III.2. L'acquisition du matériel adéquat

Le matériel de recyclage des déchets englobe tous les équipements nécessaires au tri et à la collecte des déchets, à leur stockage avant traitement et à leur transport vers les centres de recyclage où ils pourront être revalorisés. Le matériel de recyclage des déchets inclue ainsi également tous les équipements nécessaires à la transformation des déchets plastiques et la fabrication des éléments tels que les pavés ou les granulas, qui sont les formes de valorisation de déchets plastiques dans les structures exerçant dans ce domaine, issus notamment des quartiers de la ville de Douala, des voies de canalisation, de restaurants ou de grandes surfaces. Ainsi, le matériel de recyclage des déchets regroupe tous les broyeurs de déchets plastiques, toutes les sortes de bennes de collecte et de transport, les cuves de stockage, ou encore les séparateurs de déchets[53].

Cependant, les structures spécialisées dans le recyclage des déchets dans la ville de Douala ne disposent pas d'assez de moyens pour se doter d'un tel

---

[52] SMANN E et al, *Plastiques en architectures et en construction*, Walter de Gruyter, janvier 2010.

[53] ONIBOKUN ADEPOJU G., La gestion des déchets urbains. Des solutions pour l'Afrique. CIRDI, Karthala, 2011.

matériel à la pointe de l'innovation. Plus grave, nous constatons que certains déchets plastiques sont acheminés vers les centres de recyclage à l'aide des pousse-pousse ou des tricycles. Par ailleurs, cette manière de faire expose les employés aux risques, tout en constituant un frein au développement de cette activité. Il se pose ainsi un impératif, celui de voir les structures du recyclage des déchets plastiques acquérir le matériel nécessaire à la transformation du plastique, important pour leur émergence.

III.3. La formation du personnel

Comme tout domaine d'activité, le recyclage des déchets plastiques nécessite une main-d'œuvre qualifiée. Pour cela, les entreprises du recyclage des déchets plastiques dans la ville, à défaut de recruter un personnel déjà formé, peuvent opter pour les ateliers de formation des employés sur le recyclage des déchets plastiques. Ces ateliers sont non seulement un début de solution aux problèmes rencontrés par les entreprises du recyclage des déchets plastiques dans la ville de Douala, mais aussi une solution aux problèmes de chômage des jeunes. Cette formation aura pour objectif de renforcer les capacités techniques et opérationnelles des employés pilotes en matière de recyclage des déchets plastiques.[54] Ces derniers pourront, à travers ces ateliers, recycler des déchets plastiques en pavés, briques, briquettes et dallettes afin d'assainir l'environnement et d'améliorer les conditions de vie des populations, favoriser l'insertion écolo économique des jeunes à travers leur imprégnation des techniques de fabrication des pavées, briquettes, briques et dallettes et d'autres produits à partir des matières plastiques, mettre en place un système de communication et d'évaluation des aptitudes des entreprises à assurer un meilleur recyclage des déchets plastiques et se prendre en charge elles-mêmes, développer leurs facultés d'analyse pour une meilleure évaluation de l'état du recyclage du plastique dans la capitale économique Douala et de la salubrité dans les ménages, développer des attitudes citoyennes responsables et actives face au défi de l'insalubrité[55].

III.4. La lutte contre la corruption et le favoritisme

La mobilisation des financements dans le cadre des projets d'assainissement et de valorisation des déchets par les bailleurs de fonds reste le moment idoine pour que les associations de précollecte et de recyclage des déchets plastiques puissent signer dans la transparence des contrats importants et relancer leurs activités. Les investigations menées auprès des responsables des structures ayant une expérience d'au moins sept ans ont permis de révéler une autre réalité. En prenant le cas récent du Projet d'Assainissement de

---

[54] DUVAL C, Matières plastiques et environnement, l'usine nouvelle, Paris, 2004.

[55] SMANN E et al, *Plastiques en architectures et en construction*, Walter de Gruyter, janvier 2010.

Douala clôturé en novembre 2011, certains responsables chargés du volet précollecte/recyclage ont fait créer des associations à leurs proches pour bénéficier de la manne financière et matérielle du projet. Ces actes soutenus par les réseaux de corruption et commis souvent en toute impunité sont lourds de conséquences pour la réussite des objectifs du projet. Ces déviances, comme le confirme une personne-ressource, "asphyxient la précollecte/recyclage à Douala. J'ai vu les gens faire appel à leur connaissance pour monter à la hâte une association et acquérir les financements et le matériel. Nous avons déjà décrié ce problème même lors des séminaires ou réunions de collaboration, ce qui nous a valu notre mise à l'écart. Nos dossiers sont rejetés et l'on voit émerger du jour au lendemain des associations sans aucune expérience dans les projets. La preuve c'est que même avec les subventions reçues, ces associations ont toujours été incapables de mener des activités de précollecte et de recyclage. Je peux le prouver. D'ailleurs, le seul fait que ces associations disparaissent avant même la fin du projet en dit long, car ce qui compte pour la plupart des gens c'est le profit et non la cause que nous combattons, c'est-à-dire assainir et promouvoir la valorisation des déchets plastiques dans la ville de Douala"[56]. Les critères de sélection des partenaires dans des projets de précollecte/recyclage mettaient un accent sur l'expérience et la connaissance du domaine d'activités. Aujourd'hui, la corruption et les comportements opportunistes ont pris le pas sur les compétences. Ces fléaux sociaux engloutissent ainsi près de 60% des subventions destinées à redynamiser la filière précollecte/recyclage dans la ville de Douala.

III.5. Les problèmes de rémunération

L'industrie manufacturière en Afrique, bien que souvent occultée par l'existence d'importantes ressources naturelles, est parfois considérée comme un secteur potentiellement concurrentiel, capable de tirer profit de l'abondance de sa main-d'œuvre peu qualifiée et à bas coûts. Par ailleurs, des études sur l'augmentation des salaires en Chine et dans d'autres pôles manufacturiers d'Asie ont relancé le débat sur l'Afrique en tant que destination privilégiée des multinationales en quête permanente d'une main-d'œuvre bon marché. En s'appuyant sur l'idée d'un avantage lié au coût de la main-d'œuvre, certains avancent que les pays africains peuvent attirer des investissements directs étrangers (IDE) et, par le biais de liens et de retombées, conduire la diversification économique au-delà des produits primaires. Cette vision de la main-d'œuvre est partagée par les structures chargées du recyclage des déchets dans la ville de Douala ; or, ceci ne cadre pas avec leur environnement. Le constat est visible et impacte de manière notoire le rendement de ses structures. Lorsque nous parcourons celle-ci, nous

[56] Entretien réalisé à Douala en octobre 2022.

constatons que les ouvriers se livrent à des actes non productifs, tels que les absences, la flânerie, l'absence de motivations et leur non-implication dans les décisions. Tous ces actes contre-productifs impactent véritablement la production des entreprises telles que « NAME RECYCLING » ou « RED-PLAST ».[57] Par ailleurs, les lacunes perçues dans ces entreprises en matière de compétitivité industrielle sont inhérentes au coût de la main-d'œuvre industrielle et aux faibles taux de productivité, ce qui influence négativement les structures elles-mêmes. Il est donc nécessaire que les responsables des entreprises chargées du recyclage des déchets plastiques prennent au sérieux cet aspect qui joue un grand rôle dans la productivité de leur entreprise.

III.6. Problèmes de sécurisation

Au-delà des actions classiques que l'entreprise peut mettre en œuvre, celle-ci doit étudier les risques en lien avec son activité, ce qui pourra nécessiter d'utiliser des moyens spécifiques. Les industries du recyclage des déchets plastiques dans la capitale économique possèdent des chaînes de production ou des équipements de travail qui peuvent induire des aménagements précis. Le recours à des substances nocives ou des préparations toxiques et chimiques est par exemple des facteurs impliquant la mise en œuvre des moyens de sécurité spécifiques. Dans l'évaluation que doit faire l'entreprise au sujet des risques encourus par son activité, elle devra prendre également en considération la différence entre homme et femme.[58] En France par exemple, il existe un document permettant de limiter les risques, il s'agit du DUERP, ce document liste les résultats de l'évaluation des risques réalisés dans l'entreprise, avec un recensement de tous les dangers par poste de travail, un classement de ceux-ci, et les actions mises en place pour les prévenir[59]. Ce document obligatoire constitue le rapport prouvant la prise en compte par l'entreprise de la problématique de sécurité, celui-ci étant mis à jour annuellement et accessible par tous les salariés, ainsi que par l'inspection du travail et les délégués du personnel. Le lieu de travail doit garantir la sécurité de ses salariés. Sur le plan de la propreté et du respect des conditions d'hygiène, les locaux professionnels se doivent aussi de répondre à certaines normes. Ainsi, toutes les installations en lien avec la sécurité doivent faire l'objet d'un contrôle régulier, à l'instar des extincteurs, les tenues adaptées, les chaussures de sécurité par exemple. Les normes auxquelles doit se conformer l'entreprise concernent aussi l'éclairage, le chauffage, les installations sanitaires ou la présence de matériel de premiers secours ou de lutte contre les incendies. L'absence du respect de ces normes de sécurité

---

[57] SMANN E et al, *Plastiques en architectures et en construction*, Walter de Gruyter, janvier 2010

[58] BAD, Rapport sur le Développement en Afrique, Economica, Paris, 2011.

[59] Ngnikam E., Tanawa E., 2006, Les villes d'Afrique face à leurs déchets, Université de Technologie de Belfort-Montbéliard, 2006.

entraîne, dans ces structures du recyclage des déchets plastiques, un droit de retrait et d'alerte de la part d'un salarié estimant que son poste de travail présente des risques pour sa santé.

III.7. La destruction des barrières culturelles et l'organisation de la collecte

De très nombreux facteurs psychosociaux et culturels ont été identifiés comme susceptibles d'affecter les pratiques du recyclage des déchets plastiques. Parmi ceux-ci, le contrôle perçu est régulièrement désigné comme le plus prédictif. Il rend compte de la capacité que l'individu se reconnait pour réaliser le comportement souhaité. Il dépend lui-même de différents facteurs tels que les connaissances relatives aux modalités de collecte ou aux impacts sociaux, économiques et environnementaux du recyclage, mais également les contraintes de temps, d'espace, physiques ou esthétiques, ou les croyances en l'efficacité du recyclage et de ses propres pratiques[60]. Ces facteurs eux-mêmes ont un impact plus ou moins important sur les comportements des recycleurs des déchets plastiques dans la ville de Douala. Par exemple, plusieurs études ont montré qu'il existait de fortes corrélations entre les comportements de tri et la croyance que le recyclage est efficace et préserve l'environnement. Les connaissances relatives aux consignes du recyclage sont, quant à elles, les connaissances les plus prédictives du tri. Elles permettent la compréhension et l'appropriation de la règle juste. Toutes les études réalisées concluent que les non-trieurs sont mal informés. Enfin, la contrainte perçue rend compte des coûts personnels que l'individu perçoit de la pratique du tri. Ainsi, plus la contrainte perçue est forte et moins l'individu trie[61]. Les contraintes les plus fréquemment mentionnées par les usagers sont les efforts physiques, le temps et l'espace requis et le coût financier. Les études réalisées sur la perception des contraintes montrent que les individus s'arrangent « au mieux » pour limiter les contraintes du système. Les perceptions que les populations doualaises ont des déchets impactent considérablement les opérations du recyclage des déchets plastiques dans cette ville. Or, pour améliorer le rendement des trieurs de déchets, il est important que ce dernier soit perçu comme une matière première et non comme un débris destiné à l'abandon.

Conclusion

En définitive, il était question, tout au long de cet article, d'évaluer l'impact du recyclage des déchets plastiques dans la ville de Douala, d'évaluer les stratégies mises sur pied par les acteurs du recyclage, de ressortir les

---

60 GUITARD É, « Le chef et le tas d'ordures : la gestion des déchets comme arène politique et attribut du pouvoir au Cameroun », Politique africaine, no 127 (3), 2012 p. 155-177.

61 Hilgers Mathieu, 2012, « Contribution à une anthropologie des villes secondaires », Cahiers d'études africaines, Vol. 1, no 205, 2012, p. 29-55.

difficultés auxquelles ils font face. Comme toute recherche scientifique, ce travail ne s'est pas effectué sans difficulté. Il convient donc de rappeler que nous avons fait face à deux ordres de difficulté à savoir : celle liée à la documentation et celle liée à la collecte des données sur le terrain.

- Pour ce qui est de la documentation, il faut reconnaitre que nous avons eu des difficultés à retrouver certains livres spécialisés dans le domaine du recyclage des déchets plastiques dans les villes camerounaises en général, et celle de Douala en particulier. Au regard de cet état des choses, nous étions obligés de recourir à certaines sources webographiques.
- Concernant les données de terrain, notre travail nécessitant la collecte des informations auprès des entreprises, étant donné que nous n'avons pas d'autorisation de recherche, il nous était difficile de pouvoir entrer en possession de toutes les informations nécessaires au point où nous étions parfois obligés de procéder par recoupement pour avoir certaines informations. Toutefois, il faut reconnaitre que de cette recherche nous avons tiré un enseignement.

Sans toutefois prétendre avoir résolu le problème du recyclage des déchets plastiques dans la ville de Douala, notre analyse s'inscrit, à la suite de nombreux travaux de recherche effectués dans le cadre du recyclage des déchets en général et les déchets plastiques en particulier. Ce travail nous a permis de dévoiler : les stratégies mises sur pied par les acteurs pour recycler les déchets plastiques dans la ville de Douala. Ces stratégies consistent en la sensibilisation ; la mise sur pied des mesures incitatives ; l'accompagnement des microprojets ; la signature des accords de partenariat ; l'introduction de la notion de l'environnement dans le programme scolaire ; l'organisation des séminaires ; l'intégration de la population dans les projets ; la promotion de l'éducation environnementale ; la création des microentreprises du recyclage des déchets plastiques.

Cependant, ces stratégies ne sont pas suffisantes; ce qui entraine les difficultés auxquelles font face ces acteurs comme le coût élevé du processus, le manque de sensibilisation, la non-maîtrise de la technologie ; l'absence de financement ; le manque d'école de formation dans le domaine et la main-d'œuvre non qualifiée ; les difficultés d'écoulement des produits ; la réticence des consommateurs ; l'absence d'équipement ; la perception péjorative du métier ; la prudence face aux conséquences négatives et la non-signature des contrats de partenariat avec des entreprises performantes.

Or, il est prouvé qu'une politique de recyclage des déchets plastiques dans la ville de Douala bien ordonnée a les avantages sur le plan socioéconomique, notamment, la préservation de la santé des populations ; la création des emplois ; le développement de l'agriculture ; le développement du tourisme ; la lutte contre le désordre urbain et la pollution visuelle ; la promotion de l'éducation environnementale ; l'amélioration des conditions de vie des populations ; l'augmentation du chiffre d'affaires des éleveurs ; la préservation des ressources naturelles et la réduction de l'extraction des matières premières.

Pour ce qui est de l'utilité sociale de cette recherche sociologique, Jean ZIEGLER affirme que le savoir sociologique permet de fournir les *« armes pour comprendre notre situation et indiquer les voies et les moyens d'action pour sa transformation [...] sa tâche est de relever la société derrière les écrans déformateurs des représentations que les idéologies imposent aux hommes* [62] *»*. Le sociologue n'est pas un médecin de la société. Mais, pour que notre entreprise ne se limite pas à la théorie, il incombe, à ce niveau, de présenter un certain nombre de pistes qui pourraient être envisagées pour améliorer le recyclage des déchets plastiques dans la ville de Douala. C'est dans cette logique que notre analyse conduit à une série de suggestions que nous adressons aux acteurs sociaux intervenant dans le recyclage des déchets plastiques dans la ville de Douala. La sensibilisation de la population, la subvention des initiatives de recyclage des déchets, la formalisation de la précollecte, l'augmentation du budget alloué au recyclage des déchets plastiques et la sensibilisation des producteurs par rapport à l'importance du recyclage des déchets.

Références bibliographiques

B. Ahmed Youssoufa. et D. Christelle Matchinda, « Le secteur informel, un acteur majeur pour une collecte sélective des déchets dans les pays en développement : cas des déchets métalliques à Yaoundé (Cameroun) », *Déchets sciences et techniques* [En ligne], N°78, mis à jour le : 10/12/2018, URL :http://lodel.irevues.inist.fr/dechets-sciences-techniques/index.php?id=3849, https://doi.org/10.4267/dechets-sciences-techniques.3849.

BAD, Rapport sur le Développement en Afrique, Economica, Paris, 2011.

BIT, *Document de stratégie de réduction de la pauvreté*, Bureau international du Travail, Cameroun, 2003, 60 p.

DUVAL, Matières plastiques et environnement, l'usine nouvelle, Paris, 2004.

MEVA'A ABOMO, *Étude géographique de l'endémicité du paludisme dans l'interface environnement et santé à Kribi*. Université de Douala, Mémoire de DEA de Géographie, 2006.

GUITARD, « Le chef et le tas d'ordures : la gestion des déchets comme arène politique et attribut du pouvoir au Cameroun », Politique africaine, no 127 (3), 2012 p. 155-177.

E. DURKHEIM, *Les règles de la méthode sociologique*, Paris, PUF, 1937, P.34.

---

[62] Jean ZIEGLER, *Retournez les fusils* ! *Manuel de sociologie d'opposition*, Paris, Seuil, 1980. P.62.

E. SMANN et al, *Plastiques en architectures et en construction*, Walter de Gruyter, janvier 2010.

E. NGNIKAM, Mise en place des structures de précollecte et de traitement des déchets solides urbains dans une capitale tropicale, Yaoundé (Cameroun). Rapport final, janvier 2003, 186 p

E. NGNIKAM, E. TANAWA, 2006, Les villes d'Afrique face à leurs déchets, Université de Technologie de Belfort-Montbéliard, 2006.

BITAR, *Les mouvements transfrontaliers de déchets dangereux selon la Convention de Bâle. Étude des régimes de responsabilité*, Paris, Pedone, 1997.

F. LEROY, *Les déchets et leur traitement*. P.U.F. que sais-je ? Paris, 1996.

BERTOLINI, « Approche socio-économique des déchets techniques de l'ingénieur », in *Traité de l'environnement,* 2004, p300-317.

G. DZALLA NGANGUE, *Pauvreté et environnement : L'action anthropique dans les écosystèmes du bassin atlantique camerounais (le cas de la mangrove autour de Douala)*. Université de Dschang, Mémoire de maîtrise de Géographie, 2000.

G. MAINET, *Douala, croissance et servitude*. L'Harmattan. Paris,1985.

G. ONIBOKUN ADEPOJU, La gestion des déchets urbains. Des solutions pour l'Afrique. CIRDI, Karthala, 2011.

G. ZOMBRE, « Production domestique, récupération et recyclage des déchets plastiques : cas des sachets plastiques à Dakar », Thèse de doctorat en sciences de l'environnement, Université Cheik Anta Diop, Dakar, 1997.

GAGOA TCHOKO, « Récupération du recyclage des emballages plastiques à Yaoundé : contribution à une anthropologie des stratégies de survie en milieu urbain », Mémoire de maîtrise en anthropologie, Université de Yaoundé, 2006.

J.M. ELA, La Ville en Afrique noire, Paris, Karthala, 1983.

M. HILGERS, « Contribution à une anthropologie des villes secondaires », Cahiers d'études africaines, Vol. 1, no 205, 2012, p. 29-55.

P. VERMANDE, E. NGNIKAM et J. Wethe, Étude de la gestion et des traitements des ordures ménagères de Douala (Cameroun). MFCAC-CUD. *Laboratoire Aménagement urbain de l'ENSP*, avril 1995.

R J. ASSAKO R. J, « Réflexions sur le processus de création et de développement des villes au Cameroun ». *Recherches africaines*. N°1-2001, 2001.

R. GILLET, Traité de gestion des déchets solides et son application aux pays en voie de développement Tomes 1 et 2, OMS et PNUD Copenhague 1985.

Y GRAFMEYER, La coexistence en milieu urbain : échange, conflits, transactions in Recherches sociologiques, Louvain-la-Neuve (Belgique), 1999.

DEUXIÈME PARTIE

LES DÉFIS SECTORIELS DE L'HABITATION DURABLE AU CAMEROUN : CAS DE LA VILLE DE DOUALA

Étalement urbain et accès à l'eau potable dans la commune de Douala 5e (Cameroun)

Carine MAHGUOH

Doctorante en Géographie, Laboratoire Géographie, Territoire et Environnement
Université de Douala,
cmahguoh@gmail.com

Résumé

L'étalement urbain apparaît aujourd'hui comme l'un des problèmes majeurs que connaissent la plupart des villes d'Afrique à l'instar de Douala. Il donne naissance à des quartiers spontanés difficiles à viabiliser. C'est ce qui arrive dans la commune de Douala 5e. L'étalement urbain rapide dans cette zone est porteur d'importantes disparités spatiales et des inégalités d'accès à l'eau potable qui nécessitent d'être étudiées. Cette étude vise à analyser l'étalement urbain et ses effets sur l'accès à l'eau potable. Pour y arriver, l'étalement urbain a été apprécié à travers l'évaluation de la consommation de l'espace au moyen des images satellites de type Landsat des années 1975, 1986, 2015 et 2022. L'accès à l'eau quant à lui est évalué sur la base d'un questionnaire administré à un échantillon de 150 ménages choisis dans trois quartiers, Bépanda, Kotto et Lendi. Les résultats obtenus pour l'étalement urbain montrent qu'entre 1975 et 2022, le taux de consommation de l'espace par le bâti a évolué, passant de 2% en 1975 à 36% en 2022. Quatre stratégies d'accès à l'eau ont été identifiées : le réseau de la Camerounaise des Eaux (CDE), les puits, les forages privés et les forages à accès libre. En l'absence d'adduction d'eau de la Camerounaise des eaux (CDE), les ménages font recours à des sources alternatives d'accès à l'eau potable parmi lesquelles les plus utilisées sont les forages à accès libre et ceux à accès privés. Ces résultats soutiennent l'existence de disparités spatiales réelles existant entre les trois quartiers en termes de stratégies d'accès à l'eau. Bien que ces stratégies alternatives concourent à satisfaire quantitativement les besoins des ménages en eau de consommation, il conviendrait de s'interroger également sur leur innocuité.

Mots clés : Étalement urbain ; accès à l'eau potable ; ménages ; commune de Douala 5e ; Cameroun

Abstract

Urban sprawl is one of the major problems facing most African cities, such as Douala. This phenomenon leads to the emergence of spontaneous neighbourhoods that are difficult to develop. This is the situation in Douala 5th municipality, where rapid urban sprawl is creating major spatial disparities and inequalities in access to drinking water that need to be studied. The aim of this study is to analyse urban sprawl and its effects on access to drinking water. To achieve this, urban sprawl was assessed by measuring land consumption using Landsat satellite images from 1975, 1986, 2015 and 2022. Access to water was assessed on the basis of a questionnaire administered to a sample of 150 households chosen from three neighbourhoods: Bépanda, Kotto and Lendi. The results obtained show that between 1975 and 2022, the rate of land consumption by the built-up areas increased from 2% in 1975 to 36% in 2022. Four water access strategies have been identified: la Camerounaise des Eaux (CDE) network, wells, and boreholes (of private and public access). In the absence of water supply services by CDE, households turn to alternative sources of drinking water, among which boreholes of public and private access were the most frequently used. These results provide evidence of real spatial disparities among neighbourhoods in terms of strategies to access drinking water. Although these strategies contribute at least quantitatively to household needs, their safety deserves further attention.

Keywords: *urban sprawl; access to drinking water; household; Douala 5 municipality; Cameroon*

Introduction

En Afrique subsaharienne, la question de l'étalement urbain est une préoccupation majeure, qui agrège des contraintes à la fois socioéconomiques, environnementales et même politiques (Dziwonou, 2009). L'étalement urbain se traduit par une extension spatiale de la ville qui, dans la plupart des cas, ne s'accompagne pas d'un développement des infrastructures urbaines à sa mesure. C'est le cas des infrastructures d'approvisionnement en eau potable. Ce phénomène se pose comme une contrainte au développement durable. Plusieurs villes africaines à l'instar d'Abidjan (Kouakou et al ,2010), Lomé, Cotonou, Abuja, Niamey (Olvera et al. 2002) et Dakar (Ndiaye, 2015) sont concernées, entre autres. Certains auteurs considèrent ce phénomène comme néfaste pour l'environnement et la cohésion sociale, nécessitant d'être encadré par des politiques adaptées. En effet, les travaux de Kailou Djibo et al. (2021) et Mamadou et al. (2016) portant sur la ville de Zinder au Niger montrent par exemple comment le service conventionnel d'alimentation en eau n'a pas pu suivre le rythme accéléré de l'étalement de la ville, entraînant des inégalités d'accès à l'eau.

Au Cameroun, certaines grandes villes connaissent des situations identiques. Il en est ainsi de la ville de Yaoundé (Tchindjang, et al. 2006 ; Nkwemoh et Tchindjang, 2018 ; Ndock Ndock, 2013), et notamment de l'arrondissement de Yaoundé 3e où Nimpa et al. (2022) révèle que seuls 34,33 % des ménages sont approvisionnés par la Cameroon Water Utilities Corporation (CAMWATER) ; de la ville de Maroua dans laquelle Eloundou Messi et Baska Toussias (2011) dénoncent l'insalubrité, l'absence d'eau potable à l'origine de multiples maladies, consécutives à l'extension et à la naissance de nouveaux quartiers populeux (notamment le cas de Doualaré).

La ville de Douala qui fait l'objet de cette étude est la première métropole du Cameroun. Plusieurs études ont mis en évidence le phénomène d'extension de cette ville, bien que les chiffres varient d'une étude à l'autre. Amanejieu (2018) montre que de 1986 à 2017, la ville de Douala est passée de 98 à 196 quartiers et sa superficie de 10 708,5 ha à 24 726,6 ha. Selon une étude récente menée par Mbaha et Tchounga (2020), la trame urbaine est passée de 2 478 ha en 1975 à environ 18 614 ha en 2018. Cette tendance est tout récemment confirmée par les travaux de Mbevo (2022). Aussi, sa population a progressivement augmenté dans le temps. En 1916, on y dénombrait environ 15 255 habitants (Mainet, 1983). Au premier recensement (1976), la population de Douala est passée à 400 000 habitants, devenant de facto une métropole (Hatcheu, 2003). Actuellement, suivant les statistiques du BUCREP (2010), Douala abrite plus de 3.5 millions d'habitants et devrait atteindre 4.2 millions en 2030 suivant les projections du même organisme. Selon plusieurs travaux dont ceux de Ba'ana (2017) et Ngo Balepa (2012, 2019), cette ville génère diverses interactions se traduisant par une modification de la morphologie urbaine et l'extension des quartiers précaires où les problèmes d'adduction d'eau et d'accès à d'autres services sociaux de base restent contraignants.

Ainsi, ces études confirment l'ampleur du phénomène d'étalement urbain en cours dans la ville de Douala ces dernières années. Il se manifeste par une tendance à l'expansion dispersée de l'habitat qui nécessite une maîtrise sans laquelle les efforts de modernisation de la ville seront vains et l'atteinte des objectifs de développement durable (ODD) entravée, plus particulièrement l'ODD 6 : « Garantir l'accès de tous à l'eau et à l'assainissement et assurer une gestion durable des ressources en eau ». Cette problématique de l'accès à l'eau dans la ville de Douala ressort clairement des travaux récents de Nantchop Tenkap (2017), Tekam et al. (2018) et Linda et al. (2020).

L'arrondissement de Douala 5e est également confronté à ce problème d'accès à l'eau potable. Ici, les réseaux d'eau potable formels n'arrivent pas dans les zones d'étalement urbain, en l'occurrence dans certains quartiers périphériques comme Lendi et Logbessou. Cette fourniture du service d'eau potable est ainsi diversement appréciée selon les statuts des quartiers, d'où les disparités spatiales qui en résultent, en relation avec l'étalement urbain. Il y a lieu de s'y attarder, au regard de son caractère multidimensionnel et des défis qu'il pose à la fois aux gestionnaires municipaux et aux ménages. Ainsi, ce travail tente de répondre à la question principale de recherche suivante : comment les stratégies d'accès des ménages à l'eau potable diffèrent- elles lorsqu'on s'éloigne du centre vers la périphérie dans la Commune de Douala 5e ? L'objectif principal visé est d'analyser les stratégies des ménages pour s'approvisionner en eau potable le long d'un gradient d'étalement urbain dans cette municipalité. L'hypothèse principale stipule que l'étalement urbain entraîne des disparités spatiales dans les stratégies d'accès à l'eau potable des ménages de la municipalité de Douala 5e.

I. Clarification conceptuelle

1. Étalement urbain

L'étalement urbain est l'augmentation de la superficie d'une ville, impliquant une extension en direction de sa périphérie, et une diminution de sa densité de population au kilomètre carré. Il est l'une des manifestations spatiales de la périurbanisation. L'étalement urbain se produit sous l'effet d'interactions socioéconomiques avec des contraintes spatiales et environnementales locales. Il s'accélère avec l'amélioration des réseaux de transport et de la mobilité.

Une définition quasi exhaustive est élaborée par Pulliat, (2007), selon qui « *l'étalement urbain caractérise le phénomène de croissance de l'espace urbanisé de façon peu maîtrisée, produisant un tissu urbain très lâche, de plus en plus éloigné du centre de l'aire urbaine dont il est dépendant. Il se traduit donc par une consommation d'espaces importante et supérieure au niveau désiré par les acteurs publics et compatible avec un développement durable du territoire* ». On remarque alors que l'étalement urbain se définit de façon relative, par rapport à un pôle dont il dépend.

En questionnant l'étalement urbain, ou *urban sprawl*, nous aboutissons à son caractère polysémique. Une explicitation des méthodologies employées par la communauté scientifique conduit à identifier un double niveau de lecture, appréhendant l'étalement dans une perspective soit statistique (approche quantitative), soit morphologique et fonctionnelle (approche qualitative) (Nédélec, 2016). Dans cette étude, l'étalement urbain est appréhendé du point de vue statistique, et mesuré en termes de taux de consommation de l'espace.

2. L'accès à l'eau

Il existe dans la littérature une variabilité de définition du concept d'accès à l'eau potable. Le programme commun de surveillance de l'UNICEF et de l'OMS (JMP)[63] définit l'accès aux services d'eau potable comme l'accès à l'eau potable à partir de sources améliorées, disponibles toute l'année, qui ont le potentiel de fournir de l'eau salubre par la nature de leur conception et de leur construction, y compris les captages d'eau protégés, à condition que le temps de collecte ne soit pas supérieur à 30 minutes pour un aller-retour.

Selon l'Organisation mondiale de la Santé (OMS), cette notion se définit en termes de distance et de quantité d'eau disponible par jour et par personne. Cette distance raisonnable est fixée par l'OMS à 200 mètres, et la quantité disponible nécessaire pour la satisfaction des besoins de base est de 20 litres par jour (OMS, 2022). L'accès à l'eau se traduit donc en termes de disponibilité, d'acceptabilité et d'offre. Dans cette étude, l'accès à l'eau est mesuré en rapport avec les types d'infrastructures utilisés ainsi que les proportions de ménages ayant accès à chaque type.

L'accès à l'eau potable est devenu depuis le 28 juillet 2010 un droit de l'Homme. Ce jour-là, l'Assemblée générale de l'ONU a reconnu l'accès à une eau de qualité et à des installations sanitaires comme un droit humain indispensable à la pleine jouissance du droit à la vie.

---

[63] The JMP service ladder for drinking water. Available at https://washdata.org/monitoring/drinking-water. Consulté le 17 août 2023.

II. Méthodologie

1. La zone d'étude

La ville de Douala, chef-lieu du département du Wouri dans la Région du Littoral au Cameroun, s'étend sur une superficie estimée à 886 km^2 par Olinga (2012). La commune d'arrondissement de Douala 5e fait partie des six communes que compte cette ville. Elle est limitée au nord par Yabassi, au sud par Douala 3e, à l'ouest par Bonabéri (Douala 4e) et à l'est par Yabassi (Figure 1). Elle s'étend sur une superficie d'environ 157, 27 km^2 et a une population estimée à 544 919 habitants, soit une densité de population de 4095 hab. /km^2 (Mahguoh, 2020) et a la particularité d'être à la fois urbaine et rurale (60% de zones urbaines et 40% de zone rurale), et répartis dans 58 quartiers. Elle a été créée en 1993 par démembrement de la commune de Douala $3^{e.}$

Figure 1. Localisation de la zone d'étude

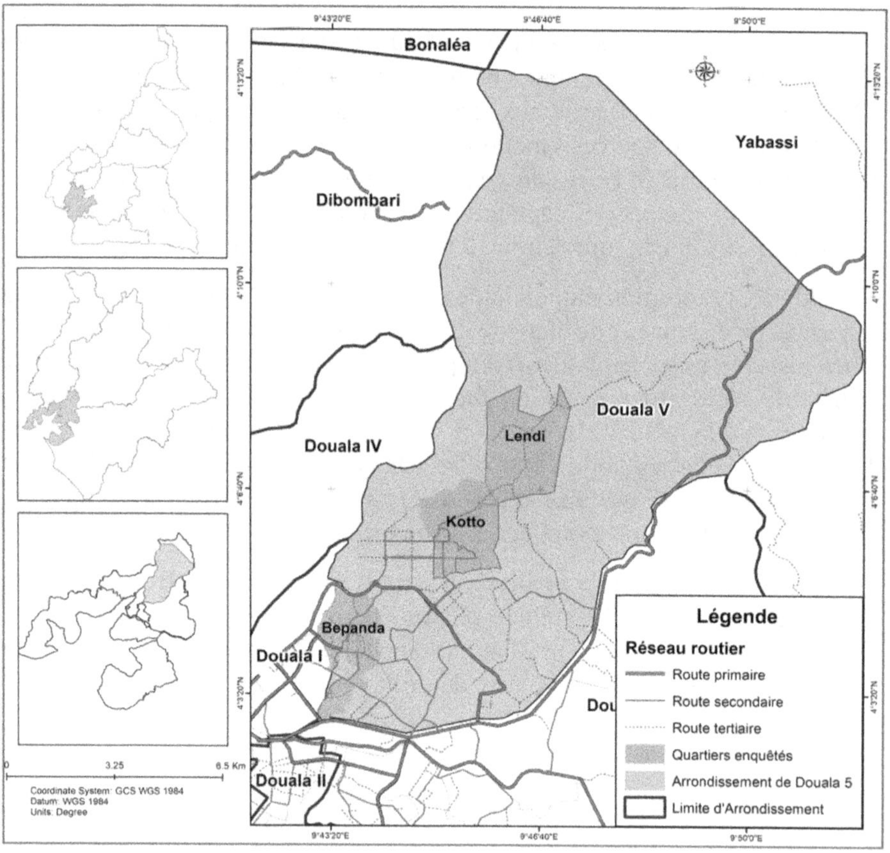

Source : CAD et enquêtes de terrain

Cette commune est constituée de 31 quartiers et 22 villages. L'habitat est caractérisé par une pression de construction des habitations et une localisation hasardeuse de celles-ci. Le climat est de type équatorial chaud et humide à deux saisons : une saison pluvieuse de 9 mois allant de mars à novembre et une saison sèche de 3 mois allant de décembre à février.

La dynamique de l'étalement urbain a été appréciée sur l'ensemble du territoire de la commune de Douala 5e. Pour l'analyse des stratégies d'accès à l'eau potable et des différenciations spatiales qui en découlent, trois quartiers ont été sélectionnés : Bépanda, Kotto et Lendi. Ce choix a pour but d'apprécier la différenciation du centre vers la périphérie en termes de stratégie d'accès à l'eau. Bépanda est l'un des plus anciens quartiers de Douala, il est considéré dans cette étude comme le centre, et Lendi comme la périphérie, en cours d'urbanisation et qui n'a pas encore des services publics et un certain nombre d'infrastructures.

La méthodologie utilisée dans le cadre de cette étude est basée sur l'analyse cartographique, les observations de terrain, les enquêtes auprès des ménages et les entretiens avec des acteurs impliqués dans la fourniture du service d'eau potable dans la municipalité de Douala 5e.

2. Analyse cartographique de l'étalement urbain

Elle s'est appuyée sur les données géospatiales et statistiques multitemporelles. L'évaluation de l'étalement urbain est rendue possible grâce aux images satellites de type Landsat (Dechaicha & Alkama, 2020) des années 1975, 1986, 2015 et 2022. Les données satellitaires utilisées pour cette étude ont été téléchargées gratuitement sur le site Internet Earth Explorer de l'USGS (Web-2). L'étude a fait recours aux images Landsat Thematic Mapper (TM) de 1975, Landsat Enhanced Thematic Mapper (ETM+) de 2004 et Landsat 9 de 2022. Pour minimiser les erreurs dues aux variations temporelles, seules les images de la même période (février-mars) ont été prises en compte dans cette étude (Cabral, 2007). Les images téléchargées au format GeoTIFF ont d'abord été prétraitées et finalement recadrées à l'échelle de la zone d'étude. Le logiciel ERDAS IMAGINE a servi pour toutes les tâches liées au traitement des images et à la dérivation des indices, tandis que les travaux liés à la cartographie et à l'affichage ont été réalisés à l'aide d'ArcGIS.

Ce volet de travail sur la télédétection et le traitement d'images a suivi trois grandes étapes :

➢ **Le prétraitement**

C'est l'ensemble de traitements appliqués aux différentes images avant la classification proprement dite. Il s'agit entre autres des opérations suivantes :

- **Importation des bandes :** elle va consister à ouvrir dans le logiciel Erdas Imagine les différentes bandes monocanales prises en compte lors de la classification (6 bandes). Ces bandes en « Tif » seront ainsi importées en « IMG » en vue d'obtenir une image colorée multi spectrale.
- **Assemblage des bandes et composition colorée :** une fois le téléchargement des images Landsat terminé, on dispose d'un dossier « Zip ». En premier lieu, on procède à une extraction des différentes bandes monocanal qui ont comme extension .TIF. Pour procéder au traitement, ces bandes monocanales ont été assemblées pour ensuite obtenir une seule image multispectrale.
- **Correction radiométrique :** elle s' est appliquée aux images de 2015 et 2022 car, issues des capteurs Landsat 8&9 et codées sur 16 bits. Elle a consisté en l'étalement de la dynamique de 0- 255 valeurs pour ramener leur résolution radiométrique de 16 bits à 8 bits. Cette correction radiométrique conduit aussi à l'amélioration du contraste de l'image, afin d'avoir une meilleure visibilité des informations contenues sur les images et limiter les confusions de pixels pendant la classification.

➢ **Le traitement en question :** encore appelé classification supervisée, il consistait en une suite d'opérations comprenant :

- **La définition des parcelles d'entrainement :** les différentes classes d'occupation du sol ont été définies, en se basant essentiellement sur la valeur des pixels et la signature spectrale des différentes classes. Une photo-interprétation s'est avérée donc nécessaire pour mieux discrétiser les différentes classes d'occupation du sol.
- **La classification de l'image proprement dite :** par définition, la classification est l'attribution de l'ensemble des pixels de l'image à des classes homogènes. L'objectif est la traduction des informations spectrales en classes d'occupation du sol. Les images ont été partitionnées en classes thématiques en identifiant la classe à laquelle appartient chacun des objets contenus dans l'image à classifier. Ainsi, les pixels homogènes ont été regroupés en classe. La classification a été supervisée, avec comme algorithme le maximum de vraisemblance.

➢ **Le post-traitement**

C'est l'ensemble des traitements appliqués à l'image après la classification. Le but de cette opération était d'apporter des corrections et des améliorations à la classification. Les statistiques ont été générées puis analysées pour mieux appréhender la dynamique de l'occupation du sol.

En outre, l'application Google Earth a également été utilisée pour diverses applications liées à l'évaluation de la précision. L'analyse cartographique des images a permis de calculer les superficies des espaces consommés par l'habitat et leur évolution dans le temps et dans l'espace. Elle a aussi permis de circonscrire la trame urbaine, permettant ainsi de discriminer l'espace urbain du rural, comme l'a fait l'étude de Messina Ndzomo et al. (2019) s'agissant de la ville de Kinshasa.

Afin de mettre en évidence les caractéristiques spatio-temporelles du phénomène de l'étalement urbain, deux intervalles de temps (1975-1986 et 2015-2022) sont choisis. Le premier (1975-1986) fournit un aperçu historique de la période en relation avec les principales réformes foncières postcoloniales qui ont influencé la dynamique du bâti. Le second intervalle (2015-2022) offre un aperçu de la période de transition vers la politique de décentralisation, lorsque des pouvoirs importants ont été progressivement transférés aux collectivités territoriales pour la planification et la gestion urbaines.

3. Enquêtes auprès des ménages

Trois principaux quartiers de la municipalité de Douala 5e ont été choisis à savoir Bépanda, Kotto et Lendi. Ces quartiers ont été sélectionnés, conformément à une typologie permettant d'apprécier la différenciation centre-périphérie. Il était question d'appréhender la problématique d'accès à l'eau au niveau urbain et rural. Un échantillon de ménages choisi de manière aléatoire a été constitué dans les trois quartiers. Le principal critère était leur disponibilité à répondre aux questions. Au total, 150 ménages résidants dans les trois quartiers (Tableau 1) ont été interrogés pour recueillir des informations sur les stratégies d'accès à l'eau potable.

Tableau 1. Statistique des personnes interrogées

Quartier	**Nombre de répondants**		
	F	**M**	**Total**
Bépanda	28	14	42
Kotto	30	28	58
Lendi	23	27	50
Total	80	65	150

Source : Enquêtes de terrain, 2023

À Bépanda, les ménages interrogés étaient choisis au hasard dans un échantillon de 10 secteurs à savoir Bépanda Yonyon (04), Bépanda Ambiance (07), Bépanda l'An 2000 (03), Bépanda Boulangerie la paix (03), Bépanda

Axe Lourd (02), Bépanda Petit Marché (04), Bépanda Casmando (07), Bépanda Carrefour Tendon (03), Bépanda Tonnerre (02) et Bépanda Tapis rouge (04). En ce qui concerne Kotto les enquêtes ont été réalisées dans un échantillon de ménages dans 5 secteurs dont Kotto Baden Baden (10), Kotto Village (11), Kotto Immeuble (23), Kotto Chefferie (09) et à Kotto Cour suprême (04). À Lendi, les enquêtes ont concerné les secteurs Marché Lendi (02), Brain School Lendi (04), Cité Fifty (02), Lendi Maison Blanche (12), Lendi Chefferie (15), Lendi Carrière (15). Les données collectées lors des enquêtes ont été dépouillées et analysées à l'aide de l'outil de statistique descriptive Excel.

III. Résultats et discussion

1. Caractéristiques de l'étalement urbain dans la commune de Douala 5e entre 1975 et 2022

L'étalement de la commune de Douala 5e ne peut pas être analysé de manière isolée sans tenir compte des dynamiques globales ayant structuré l'urbanisation de cette ville. En effet, cette dynamique d'urbanisation est à la fois un héritage colonial et un construit des politiques publiques mises en œuvre depuis la période coloniale. Ce processus a débuté depuis 1881 par trois quartiers : Joss, Akwa et Deido qui faisaient partie d'un projet allemand d'aménagement au profit de l'administration coloniale (Haeringer, 1973 ; Noubouwo, 2014). À la faveur du plan Dorian de 1959, la ville de Douala va s'étendre très rapidement à Bassa et du côté de Deido, en partie sous l'impulsion des propriétaires coutumiers concernés par l'implantation des lotissements plus ou moins quadrillés s'articulant avec des parcelles de grande taille et un habitat de type mono familial (Haeringer, 1973 ; Noubouwo, 2014). C'est ainsi que vont se développer les quartiers comme Bépanda. Dans les années 1970, avec le lancement de grands projets d'habitat et d'une reprise en main par l'État du développement de la ville, l'inscription dans les plans quinquennaux de la création de grandes zones d'habitat sur Douala Nord (Bonamoussadi, Makepe, Kotto, etc.). La création de la Mission d'aménagement et d'équipement des terrains urbains et ruraux (MAETUR) en 1977 qui visait à assurer le rôle d'aménageur foncier de l'État s'inscrit également dans cette dynamique. Cette structure va jouer un rôle déterminant dans l'aménagement foncier et dans l'expérimentation de la restructuration de quartiers existants (Haeringer, 1973 ; Noubouwo, 2014). L'année 1975, dans le cadre de cette étude, peut donc être perçue comme faisant partie des années de début de l'occupation du quartier Bépanda qui fait la limite sud de la commune de Douala 5e, à partir de laquelle la dynamique d'étalement de la Commune peut être appréciée. Elle est caractérisée par l'adoption des ordonnances n° 74-1 du 6 juillet 1974 fixant le régime foncier et n°74-2 du 6 juillet 1974 fixant le régime domanial, qui ont permis la libéralisation du marché foncier, la construction et le développement des habitations individuelles. En cette année, la superficie du bâti était d'environ 560 ha, environ 2,7% de la superficie du territoire actuel de la commune.

Pendant la période de 1975 à 1986, l'on remarque que l'étalement urbain progresse, se traduisant par l'augmentation progressive des surfaces du bâti qui se distribue anarchiquement et en tache d'huile sur l'ensemble de la moitié du territoire de la commune comme le montre la figure n°2. Cette forme de dispersion des habitations caractérise un modèle d'étalement par bonds ou à saute-mouton tel que décrit par Ababsa (2016). La superficie du bâti va passer de 559,5 ha en 1975 à 2324,6 ha en 1986, soit une augmentation de 76 % par rapport 1975, ce qui correspond à un taux de consommation de l'espace de 11 %.

La période de 1986 à 2015 est marquée par l'élaboration et la mise en œuvre de divers politiques d'urbanisme. L'on peut citer, entre autres, la loi n°2004/017 du 22 juillet 2004 portant orientation de la décentralisation, la loi n° 2004-003 du 21 avril 2004 régissant l'urbanisme au Cameroun qui a institué différents documents de planification urbaine (Plan directeur d'urbanisme, Plan d'occupation des sols, Plan de secteur, Plan sommaire d'urbanisme), et la Stratégie de développement de la Ville de Douala et de son Aire métropolitaine dont les axes stratégiques étaient l'amélioration des accès dans les quartiers, la réorganisation du système des marchés et l'amélioration de la gestion des espaces publics. Au cours de cette période, l'on remarque que l'étalement urbain progresse considérablement, selon un modèle de développement compact se traduisant par une densification du bâti sur la moitié du territoire de la commune (figure 2). Le calcul de la superficie de l'espace bâti montre qu'elle est passée de 2324,6 ha en 1986 à 5109 ha en 2015, soit une hausse de 54,5 % par rapport à la situation en 1986, traduisant un taux de consommation de l'espace qui passe de 11% en 1986 à 24,3% en 2015.

Figure 2. L'évolution de l'étalement urbain dans la commune de Douala 5e

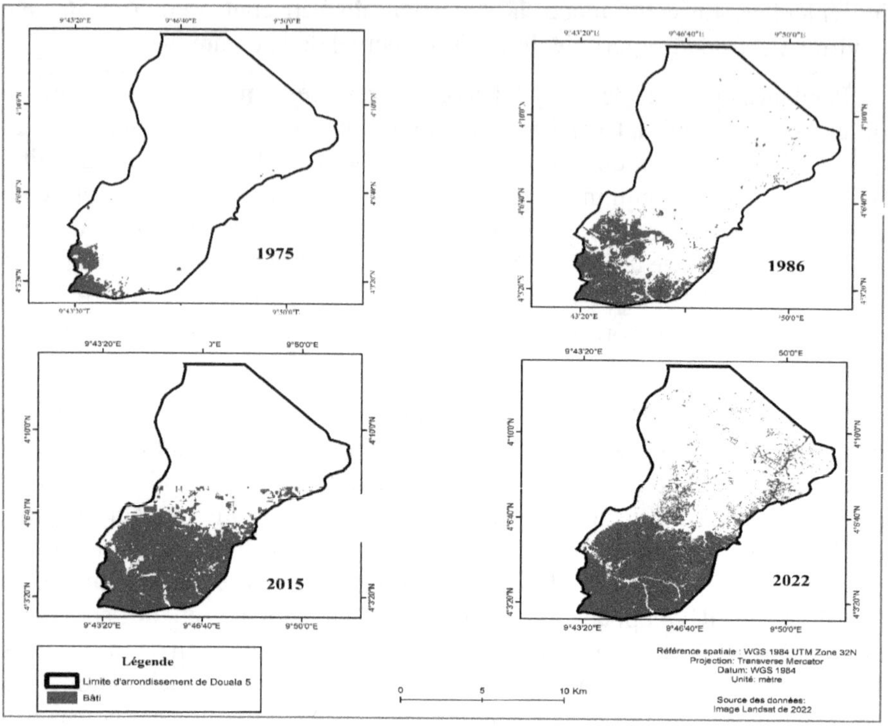

Source : Enquêtes de terrain.

La période de 2015 à 2022 est marquée par une autre dynamique d'étalement par bonds ou à saute-mouton (Figure 2). Le calcul de la superficie de l'espace bâti montre qu'elle est passée de 5109 ha en 2015 à 7567,6 ha en 2022, soit une augmentation de 32,5% par rapport à 2015, et un taux de consommation de l'espace de 36 %.

Globalement, pour la période de 1975 à 2022, selon les statistiques issues de la classification d'images Landsat, l'espace bâti dans la commune de Douala 5e est passé de 559,5 ha à 7567,7 (Figure 3). Dans l'analyse globale de l'étalement de la commune de Douala 5e selon un gradient centre-périphérie, Bépanda est considéré comme le noyau ou le centre. L'observation cartographique du modèle d'expansion de la commune laisse entrevoir une tendance à la densification du bâti au centre et à la dispersion vers la périphérie.

Figure 3. Évolution de la superficie du bâti de 1975 à 2022 dans la commune de Douala 5ème

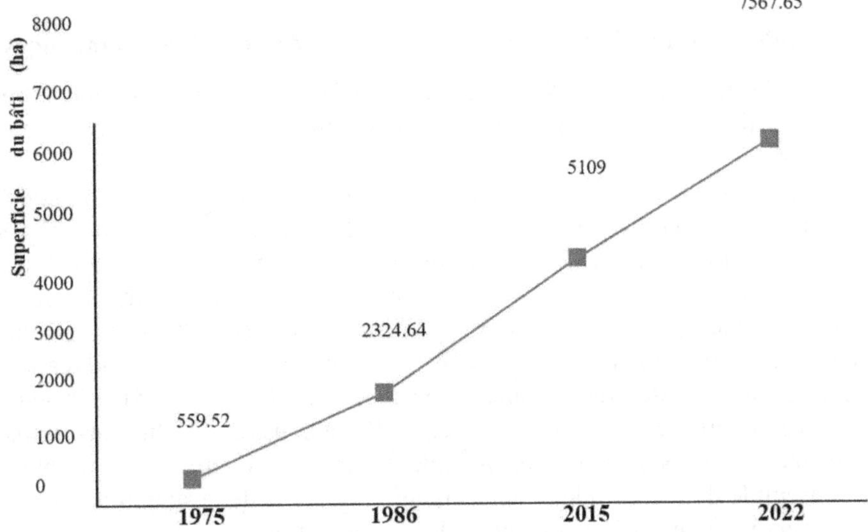

Source : Enquêtes de terrain

Si dans les quartiers plus anciens comme Bépanda, la densification de l'habitat est étroitement liée à une multitude d'habitats précaires, la situation contraste avec le quartier Kotto relativement mieux lotis, où l'habitat collectif et la qualité des habitations individuelles ont un standing relativement plus élevé.

Plusieurs éléments peuvent être considérés comme facteurs explicatifs à ce modèle d'étalement. Il s'agit du développement de l'habitat individuel, la diffusion de l'automobile facilitant les déplacements quotidiens des individus de la périphérie vers le centre, le coût du foncier plus bas en périphérie attirant majoritairement les personnes à revenu intermédiaire. L'évolution démographique et l'attractivité des espaces urbains encouragent l'exode rural, ce qui accélère le processus d'urbanisation de façon spectaculaire et augmente la demande en termes d'habitat.

Ces facteurs concordent avec ceux mentionnés dans divers travaux scientifiques sur l'étalement de la ville de Douala. En effet, le rôle moteur joué par les spéculations foncières et l'accroissement démographique dans l'étalement de cette ville avait déjà été relevé par Nsegbe et al. (2014) et Michelon (2000). Dans la commune de Bordj El Kiffan en Algérie, Ababsa (2016), dans une analyse quantitative de l'étalement urbain, identifie aussi des facteurs similaires à ceux de la ville de Douala. Cet étalement urbain pose plusieurs problèmes, dont l'accès à l'eau. Il devient donc nécessaire d'évaluer cet accès à l'eau dans la commune de Douala 5e afin de mieux cerner ses contours ainsi que la logique des acteurs impliqués.

2. Étalement urbain et stratégies d'accès à l'eau potable des ménages

Dans la commune de Douala 5e, malgré les efforts de l'entreprise La Camerounaise des Eaux (CDE), tous les habitants n'ont pas accès au réseau d'eau formel. Une étude récente menée dans cette commune du 5e arrondissement de Douala, chiffrait à «*plus de 65,55% les ménages consommant de l'eau de forage…environ 53,59% parcouraient entre 1 à 5 km et 49,25% marchaient plus de 15 minutes pour avoir de l'eau*» (Tekam et al., (2018). Les canalisations ne couvrent pas la totalité du territoire de la commune, et les quartiers périphériques qui constituent actuellement les fronts d'étalement, notamment Lendi, ne sont pas desservis. La nécessité de réaliser des extensions et des renforcements de réseau a été relevée par plusieurs personnes interrogées. En effet, le secteur Bonamoussadi et plusieurs autres lotissements à l'instar de Kotto, Makepe, Logpom, une partie d'Akwa Nord et l'ensemble du secteur Pk 14 sont ravitaillés à partir de la station de reprise de Ndogbong dont les équipements et le réseau de transport datent des années 1980. Le renforcement de cette station ainsi que de son réseau de transport permettra d'accroître sa capacité de production, favorisant ainsi l'augmentation du nombre de branchements et d'abonnés et une extension du réseau à Lendi. Ces travaux figurent parmi les priorités de la mise en œuvre du Plan directeur de l'Hydraulique urbaine et périurbaine élaboré par la société Cameroon Water Utilities Corporation (CAMWATER).

Même dans les quartiers desservis par ces canalisations, 64,1 % des personnes interrogées ne sont pas satisfaites de la qualité du service à cause du coût et des coupures fréquentes, avec 53,5% des répondants affirmant connaître des interruptions de service au moins une fois par semaine. Il en résulte que les populations du centre vers la périphérie n'ont pas un accès égal au service d'eau.

Dans les trois quartiers étudiés, quatre modalités d'accès à l'eau ont été identifiées : le réseau public de canalisation de la CDE, les forages de particulier à usage privé, les forages de particulier d'accès libre et les puits. La différence entre les deux (Puits versus forage) tient du fait que, un puits est généralement fait d'un puisatier et ne nécessite pas de creuser plus profond que 20 mètres, alors qu'un forage peut excéder les 80 mètres, il est équipé avec d'autres accessoires comme la pompe, le cubitainer, les robinets, etc. Les forages de particulier à usage privé sont ceux appartenant à des particuliers, et qui sont utilisés exclusivement par leur propriétaire. Les forages qualifiés ici d'accès libre sont des forages aménagés par des particuliers, mais qui sont ouverts gratuitement au public par solidarité comme c'est le cas à Kotto et à

Bépanda, moyennant parfois une contribution mensuelle. Dans le quartier Lendi, cette contribution est en moyenne de 2000 francs CFA.

Les puits et le réseau de la CDE sont les sources les plus fréquentes à Bépanda. À Kotto, les forages privés et le réseau de la CDE sont les plus importants, tandis qu'à Lendi, les forages (privés et à accès libre) sont les moyens les plus fréquents d'accès à l'eau potable (Figure 4).

Figure 4. Fréquences de différentes modalités d'accès à l'eau dans la commune de Douala 5e.

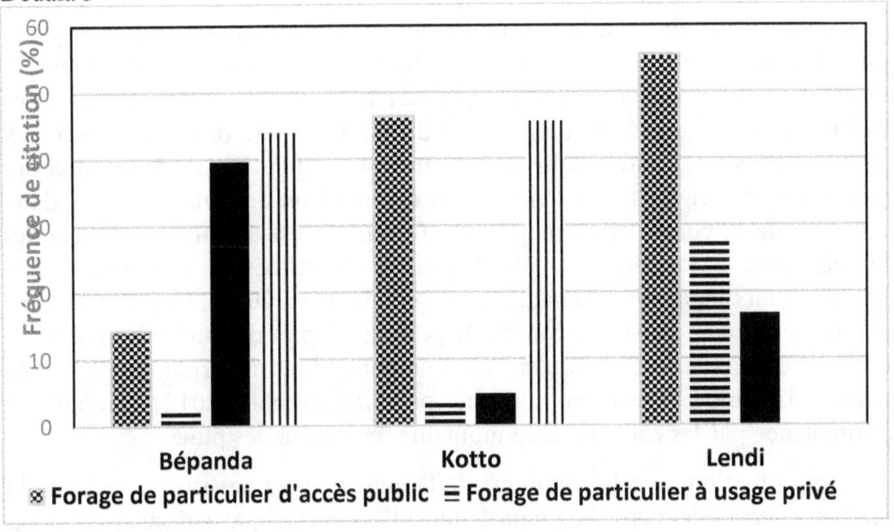

Source : Enquêtes de terrain.

Face aux difficultés d'accès au réseau d'eau public de la CDE, les populations développent des sources d'approvisionnement alternatives (puits et forages). Pour les ménages qui ne possèdent aucune source d'eau potable, l'eau de consommation est aussi achetée auprès de certains propriétaires de forages ou certains abonnés de la CDE. Globalement, pour l'ensemble des quartiers étudiés, 70,1% des ménages en moyenne utilisent le forage et le puits comme source de ravitaillement, contre 29,9% pour la CDE. Du centre vers la périphérie, il apparait clairement une inégalité spatiale quant à l'accès à l'eau potable. L'analyse par quartier montre en effet que le réseau d'eau formel de la CDE est la source d'eau la plus utilisée par les ménages à Bépanda (44 %) et Kotto (45,6% de citations), tandis que les forages sont les plus utilisés à Lendi (83,3 % de citations) et Kotto (49,6% de citations) (Figure 5). Ces résultats concordent avec ceux issus des travaux de Tekam et al. (2018) qui avaient montré, à l'issue d'une enquête auprès de 752 ménages dans 30 quartiers de la commune de Douala 5e, que 65,55% des ménages s'approvisionnent en eau de forage. La taille de l'échantillonnage peut justifier l'écart entre ces deux résultats.

Même dans ces quartiers connectés au réseau de la CDE, il y a une tendance pour les ménages à disposer de plusieurs sources pour pallier les coupures fréquentes de l'approvisionnement en eau de la CDE. Aussi bien dans les zones d'étalement que dans les zones urbanisées, les populations développent des chaînes de solidarité en laissant leur forage accessible à tous.

Si les différences observées entre Lendi et les deux autres quartiers peuvent être associées à l'étalement urbain, les différences entre Kotto (quartier résidentiel avec habitat de haut standing) et Bépanda (quartier résidentiel avec plus d'habitats précaires) ne sont pas forcément le fait de l'étalement et seraient liées au pouvoir économique des ménages. En effet, Bépanda et Kotto présentent une forte dichotomie du point de vue des caractéristiques socioprofessionnelles des habitants. Kotto est un quartier construit au cours des années 80, et considéré aujourd'hui comme l'un des mieux réussis dans l'histoire de la construction moderne à Douala. C'est un quartier résidentiel huppé, avec des habitants majoritairement constitués de personnes bien nanties et aux logements de haut standing (Edjangue, 2015). Or, Bépanda qui est plus ancien et considéré comme le point de départ de l'urbanisation de la commune de Douala 5e, s'illustre par une population majoritairement moins nantie. L'habitat y est en majorité précaire (Yomb, 2012), inondé en permanence par les eaux à marée montante, en saison des pluies.

Cette situation dans la commune de Douala 5e n'est pas isolée et reflète la tendance générale dans la plupart des villes d'Afrique subsaharienne où l'accès à l'eau potable représente un défi majeur pour les citadins (UN-Water/WWAP, 2006). De même dans ces villes, la croissance de la population, l'évolution des modes de vie, l'augmentation des nuisances et l'accélération de l'urbanisation continuent à creuser l'écart entre la demande en eau et l'approvisionnement disponible. Des observations similaires ont été faites par Kailou Djibo et al. (2021) et Mamadou et al. (2016) dans la ville de Zinder au Niger, et par Banza Nsungu. (2004) dans la ville de Yaoundé au Cameroun. MPakam et al. (2006) avaient également relevé l'incapacité du réseau public d'adduction d'eau à répondre aux besoins des populations de la ville de Bafoussam, poussant ces dernières à faire recours à des unités décentralisées telles que les puits, les sources et les cours d'eau pour leurs besoins élémentaires.

3. Perception des résidents sur la disponibilité de l'eau potable

Selon les habitants des différents quartiers, l'eau n'est pas toujours disponible tout au long de l'année. Cette indisponibilité est le fait des ruptures intempestives, et dans la plupart des cas, non annoncées de l'approvisionnement ou encore des pannes du réseau. La fréquence de ces ruptures varie d'un quartier à l'autre. Elle est plus prononcée à Bépanda où plus de 40% des répondants utilisent le réseau de la CDE comme modalité d'accès à l'eau. Environ 50% des répondants de ce quartier ont affirmé subir des ruptures une fois par semaine. À Kotto, 16% des répondants affirment n'avoir jamais vécu de rupture, 50% des répondants déclarent subir des ruptures une fois toutes les deux semaines, et 33% affirment connaître des ruptures une fois par an. À Lendi, 57% des ménages interrogés affirment subir des ruptures une fois toutes les deux semaines, 5% une fois par trimestre et 36% une fois par an (Figure 5). La majorité des ménages ayant affirmé avoir de l'eau disponible toute l'année se retrouve à Lendi (59% des personnes interrogées). Dans ce quartier, les forages sont les sources les plus utilisées par les ménages et sont alimentés par l'énergie électrique. Les délestages de l'alimentation en énergie électrique et les pannes des équipements de pompage sont les principales causes des ruptures.

Figure 5. Proportion des ménages déclarant subir des ruptures dans l'approvisionnement en eau

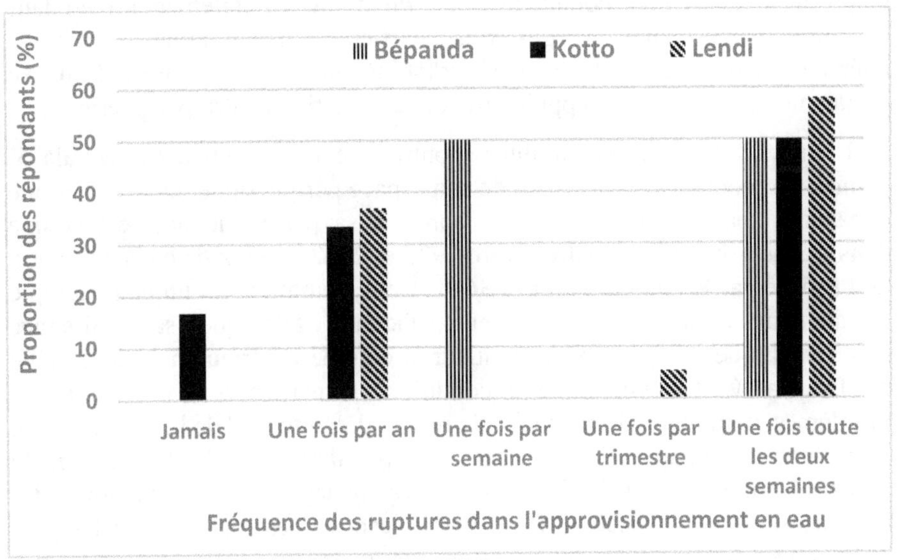

Source : enquête de terrain

Selon les répondants, ces ruptures dans l'approvisionnement en eau varient aussi en fonction des périodes de l'année. Dans les trois quartiers, les pics sont observés durant les mois de novembre, décembre et janvier (Figure 6). Lendi est le quartier où les plus faibles proportions de ménages signalant des ruptures ont été enregistrées.

Figure 6. Variation annuelle dans la perception des ménages sur les ruptures de l'approvisionnement en eau

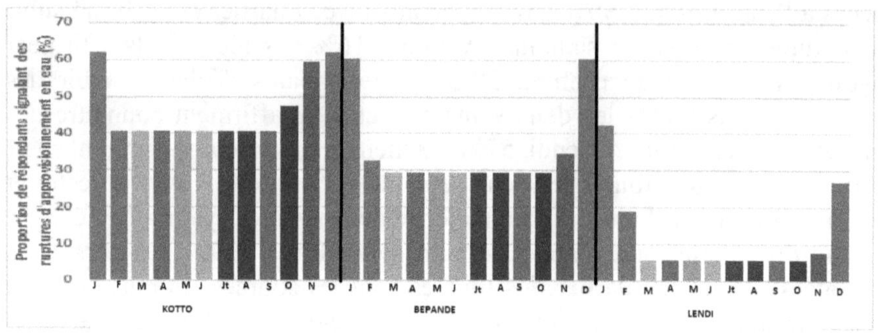

Source : enquête de terrain

Conclusion

Cette étude visait à analyser les stratégies des ménages pour s'approvisionner en eau potable le long d'un gradient d'étalement urbain dans la commune de Douala 5e. Les trois quartiers choisis comme cas d'étude (Bépanda, Kotto et Lendi) sont géographiquement situés le long d'un axe d'étalement, permettant d'apprécier la différenciation centre-périphérie.

L'analyse des images satellites montre que la commune de Douala 5e connaît un processus d'étalement de son espace périphérique, marqué par une expansion spatiale incontrôlée par bonds à sa périphérie nord-est et une densification du bâti au centre. Entre 1975 et 2022, le taux de consommation de l'espace par le bâti est évalué à 36 %. Cette commune est un bon exemple d'étalement urbain dû à plusieurs facteurs tels que sa croissance démographique et son emplacement sur le côté périphérique nord de la ville de Douala. Cette dynamique a conduit à l'émergence de beaucoup de problèmes, notamment l'incapacité du réseau d'eau formel de la CDE à suivre ce rythme d'étalement. Il en résulte des inégalités dans la distribution du service formel d'eau potable poussant les ménages à faire recours à des moyens alternatifs d'accès à l'eau parmi lesquels les forages sont les plus utilisés. Des différences sont observées entre quartiers en termes de stratégies d'accès à l'eau. Dans le front d'étalement comme le quartier Lendi, les forages sont les moyens les plus utilisés, tandis qu'à Kotto et Bépanda, les ménages font recours au réseau d'eau de la CDE et à d'autres alternatives comme les forages et les puits. Ces différences peuvent être associées non seulement à l'étalement urbain, mais aussi au pouvoir économique des ménages.

Même si quantitativement, ces stratégies concourent à satisfaire au moins partiellement les besoins des ménages en eau de consommation, il conviendrait de s'interroger également sur la qualité tant physique, chimique

que microbiologique de ces eaux dans le cadre de recherches futures. Les politiques publiques de planification urbaine, dans leurs efforts pour garantir à tous les citoyens un accès équitable à l'eau, devraient non seulement veiller à ce que l'extension des villes s'accompagne d'une extension concomitante des réseaux d'eau formels, mais également tenir compte des inégalités socioéconomiques entre les quartiers.

Remerciements

La collecte des données dans le cadre de ce travail a été soutenue en partie par l'organisation OKWELIANS à qui va toute notre gratitude.

Nos remerciements vont également à l'endroit de Dr Philippes Mbevo pour son assistance dans le traitement des images et la cartographie, ainsi qu'à M. Zewo Franck Perez pour son aide lors des enquêtes de terrain.

Références bibliographiques

Ababsa, Z. (2016). *Étude quantitative sur le phénomène de l'étalement urbain, Cas de la commune de : Bordj El Kiffan.* Mémoire du projet de fin d'études. Université Larbi Ben Mhidi d'Oum El Bouaghi, Faculté des Sciences de la Terre, et de l'Architecture, Département de Géographie d'Aménagement urbain, Algérie. 121 p.

Adeline, T., (1997). *Alimentation en eau potable en milieu urbain, diagnostic, Yaoundé, Cameroun*, rapport d'étude, 317p

Amanejieu, A. 2018. Analyse temporelle de la représentation du risque d'inondation de 1980 à 2018 à Douala-Cameroun. Mémoire de Master de spécialisation en gestion des risques et catastrophes. Université de Liège. 76p.

Ba'ana, M.L. (éditeur). (2017). *Dynamiques urbaines et transformations socio-spatiales dans les villes du Cameroun : regards croisés entre logiques, stratégies et pratiques d'acteurs*. Édition Cheikh Anta Diop. 435p.

Banza-Nsungu, A, (2004). Environnement urbain et santé, la morbidité diarrhéique des enfants de moins de cinq ans à Yaoundé (Cameroun), Thèse de Doctorat en Géographie de la santé. Université Paris X Nanterre, 381p.

Cabral, P. (2007). Délimitation d'aires urbaines à partir d'une image Landsat ETM : Comparaison de méthodes de classification. Canadian Journal of Remote Sensing, 33(5), 422-430.

Dechaicha, A. & Alkama, D. (2020). Détection du changement de l'étalement urbain au Bas-Sahara algérien : apport de la télédétection spatiale et des SIG. Cas de la ville de Biskra (Algérie). Revue française de Photogrammétrie et de Télédétection (222), 43-51.

Djuikom, E., Temgoua, E., Jugnia, L., Nola, M., & Baane, M. (2009). Pollution bactériologique des puits d'eau utilisés par les populations dans la

Communauté urbaine de Douala-Cameroun. *International Journal of Biological and Chemical Sciences*, *3*(5).

Dziwonou, Y. (2009). « Étalement urbain et les difficultés de mobilité dans les métropoles d'Afrique subsaharienne ». *Revue de Géographie tropicale et d'Environnement* (2).

Edjangue, J. C. (2015). L'esprit de débrouillardise au secours de l'accès des populations à l'eau potable au Cameroun : le cas de la ville de Douala. *Le Cameroun : jardin sacré de la débrouillardise*, 79.

Eloundou Messi (P.B) &Baska Toussias (D.V), 2011, Insalubrité dans les quartiers populeux de Maroua : le cas de Doualaré. Édition PlaGéo. *6*(3), 41; doi:10.3390/resources6030041

Haeringer, P. (1973). « Propriété foncière et politiques urbaines à Douala ».Cahiers d'Études africaines, 1973, pp. 469-496

Hatcheu, E. T. (2003). L'approvisionnement et la distribution alimentaires à Douala (Cameroun) : logiques sociales et pratiques spatiales des acteurs (Doctoral dissertation, Paris 1). 455 p. http://www.cartographie.ird.fr/publi/Hatcheu.pdf

Kailou Djibo, A., Moretto, L. et Zakari, M.M. (2021). « Étalement urbain et service d'eau potable dans la ville de Zinder au Niger ». *African Cities Journal, Vol. 02, ISSUE 02, June 2021.*

Kouakou Yao, E., Brama, K., Bonfoh, B., Kientga Sonwouignandé, M., N'Go Yao, A., Savane, I., &Cissé, G. (2010). L'étalement urbain au péril des activités agro-pastorales à Abidjan.

Linda, S. D. B., Yemmafouo, A., &Charly, D. N. G. (2020). Problématique de l'approvisionnement en eau potable dans la « mangroville » au sud de Douala, Cameroun. European Scientific Journal, 16(2), 11-29.

Mainet, G. (1985). Douala : croissance et servitudes. *Éditions L'Harmattan.*

Mamadou, I., Malam Abdou, M., Moussa Issaka, A., Bahari Ibrahim, M., Idi, M., Issaley, N.A., Abba, R., Abdourhamane Toure, A. Illo, S., MatoWaziri, M., Bouzou MoussaI. et DESCROIX, L. (2016). « Difficultés d'accès à l'eau potable dans la ville de Zinder, Niger : causes, conséquences et perspectives ». *Afrique Science 12 (4)* (2016) 99 – 112.

Mbaha, J.P. et Tchounga, G.B. (2020). « Caractérisation de l'urbanisation dans les zones littorales des pays tropicaux. Exemple du Wouri ». *Revue Espace géographique et Société marocaine* (33-3) : 215-226.

Mbevo Fendoung, P. (2022). Aléas naturels, dégradation de l'environnement et vulnérabilité des populations littorales camerounaises. Doctoral thesis, Université de Liège, Liège, Belgium, 375p. https://hdl.handle.net/2268/266608

Mbevo Fendoung, P., Tchindjang, M., & Voundi, E. (2017). Les villes sahéliennes face aux défis des changements climatiques : analyse par télédétection de la dynamique de l'occupation du sol et les stratégies locales d'adaptation dans la ville de Maroua (Extrême-Nord Cameroun). In La deuxième Conférence internationale sur l'urbanisation durable au Canada, en Chine et en Afrique.

Messina Ndzomo, J. P., Sambieni, K. R., Mbevo Fendoung, P., MATE MWERU, J. P., Bogaert, J., & Halleux, J. M. (2019). La croissance de l'urbanisation morphologique à Kinshasa entre 1979 et 2015 : analyse densimétrique et de la fragmentation du bâti. *Bulletin de la Société Géographique de Liège, 73*.

Michelon, B. (2007). *Le quotidien à Douala* (No. ARTICLE, pp. 25-30).

Mpakam, H.g., Kamgang Kabeyne, B.V., Kouam Kenmogne, G.-R., Tamo Tatietse et Ekodeck, G.E. (2006). « L'accès à l'eau potable et à l'assainissement dans les villes des paysans développement : cas de Bafoussam (Cameroun) », *VertigO, la revue électronique en sciences de l'environnement* [En ligne], Volume 7, Numéro2 | Septembre 2006, DOI : https://doi.org/10.4000/vertigo.2377.

Msongaleli, B., Nnko, H.J., Kalista, H.P&Mubako, S. (2022). "Characterizing the relationship between urban sprawl and water demand in Dodoma Urban District, Tanzania: 1992–2029", *Urban Water Journal,* DOI: 10.1080/1573062X.2022.2050266

Nantchop Tenkap, V. (2017). Politiques publiques de l'eau et gouvernance urbaine : acteurs et enjeux de l'accès à l'eau potable des populations à Douala (Cameroun) (Doctoral dissertation, Paris 1).

Ndiaye, I. (2015). « Étalement urbain et différenciation sociospatiale à Dakar (Sénégal) ». *Cahiers de géographie du Québec, 59* (166), 47-69.

Ndock, (2013). Métropolisation de Yaoundé et développement des villes satellites : Cas de Soa. Thèse de Doctorat PhD, Université de Yaoundé 1, Cameroun. 522 p.

Nédélec, P. (2016). Saisir l'étalement urbain dans un contexte états-unien : réflexions méthodologiques. *Cybergeo: European Journal of Geography.*

Ngo Balepa, A.S.S. (2012a). "Industrial dynamics and urban spatial structuring in Douala". *African Journal of Social Sciences, A multidisciplinary journal of social sciences, Faculty of Social and Management Sciences, University of Buea, Volume 3, Number 3, September 2012, p. 43-57.*

Ngo Balepa, A.S.S. (2012b) « Rejets industriels polluants et effets environnementaux à Minkwèlé, (Douala, IVᵉ arrondissement) ». *Dynamiques environnementales, 29,2012,* Presses universitaires de Bordeaux (PUB), LGPA-Editions, Université de Bordeaux 3, pp. 135-143.

Ngo Balepa, A.S.S. (2019). Industrialisation et développement. Dynamiques, effets induits et perspectives au Cameroun. Éditions CLÉ, Yaoundé, Cameroun. 219 p.

Nimpa FozongT.D., Ojuku, T., Tchakonté, S. (2022). "Potable Water Supply Deficiency in Yaoundé (Centre Cameroon): Challenges and Coping Strategies of the Inhabitants". *Saudi J. Humanities SocSci,* 7(9): 398-410.

Nkwemoh, C. A., &Tchindjang, M. (2018). Urban sprawl and agriculture: A case study of the Yaoundé metropolis (Cameroon). *Revue scientifique et Technique Forêt et Environnement du bassin du Congo-RIFFEAC, 10*, 45-58.

Noubouwo, A. (2014). *Développement urbain et stratégies d'acteurs dans les quartiers précaires de Douala au Cameroun.* Thèse de Doctorat PhD, Université du Québec à Montréal. 327 p.

Nsegbe, A.D.P., Tchiadeu, G. M., Mbaha, J. P., Ngangue, G. C. D., & Olinga, J. M. O. (2014). Douala : une ville d'occupation et d'immigration. *Université de Douala.*

Olvera, L.D., Plat, D. et Pochet, P. (2003). "Transportation conditions and access to services in a context of urban sprawl and deregulation. The case of Dar es Salaam" *Transport Policy* 10 (2003) 287–298

OMS, (2022). Analyse et évaluation mondiales de l'ONU-Eau sur l'assainissement et l'eau potable. Rapport annuel de 2022.

Pulliat, G. (2007). Étalement urbain et action publique. L'exemple de la Seine-et-Marne. Université de Paris.

Rahim Aguejdad. (2011). *Étalement urbain et évaluation de son impact sur la biodiversité, de la reconstitution des trajectoires à la modélisation prospective. Application à une agglomération de taille moyenne : Rennes Métropole.* Thèse de Doctorat Université Rennes 2, Haute-Bretagne. 374p.

Serrano, J. (2011). L'étalement urbain, une analyse à partir de la théorie de la justice de J. Rawls.

Tchindjang M., Atangana P., Bopda A., Eloundou Messi B., Ndjawa Doutat C., Kayo Ngouleu Mbofang J. &Kengne Fodouop, (2006). Administrative and spatial evolution of Yaoundé town from 1898 to 1992. www.cartesia.org/geodoc/icc2005/pdf/poster/TEMA5/MESMIN

Tekam, D. D., Vogue, N., Nkfusai, C. N., Ela, M. E., & Cumber, S. N. (2019). Accès à l'eau potable et à l'assainissement : cas de la commune d'arrondissement de Douala V (Cameroun). *The Pan African Medical Journal, 33.*

UN-WATER/WWAP (2006). Water: a shared responsibility. Section 2: Changing natural systems: The state of the resource. United Nations World Water Development Report 2. United Nations: Paris and New York.

Yomb, J. (2012). Lien social, socioéconomie foncière et habitat en milieu urbain camerounais. *Les cahiers du MECAS*, (8).

La citoyenneté économique des handipreneurs dans la commune urbaine de Douala et dans la commune de Douala 5e

Lydiane Armelle TSAGUE TSAYEM

École supérieure des Sciences et techniques de l'information et de la Communication (ESSTIC), Université de Yaoundé II- Cameroun
Laboratoire de Communications et des Récits Médiatiques (LACREM), Université de Douala, Faculté des Lettres et Sciences humaines, Département de Communication.
Laboratoire des Conjonctures de Communication
International Society for Knowledge Organization (ISKO)
lydianetsayem@esstic.cm /tsayemlydia@yahoo.fr

Résumé

Les politiques d'autonomisation des personnes en situation de handicap (PSH) au Cameroun n'ont pas échappé à la logique néolibérale de la fin des années quatre-vingt-dix. La proximité induite par le processus de décentralisation devait notamment en renforcer l'efficacité, en associant à l'État, les collectivités territoriales décentralisées et la société civile dans l'objectif commun d'« encourage[r] les PSH à créer des entreprises et des coopératives ». La présente recherche se propose de décrire, de comprendre et d'analyser cette politique d'entrepreneurisation à travers les dispositifs de handipreneuriat mis sur pied par la Commune urbaine de Douala et la Commune de Douala 5e. Elle s'appuie pour ce faire sur l'analyse du discours, en vue de mettre en évidence les régimes de sens par lesquels s'institutionnalise la thématique de l'autonomisation des PSH au Cameroun, et la façon dont celle-ci est mise en œuvre, puis acceptée, rejetée ou transformée par ses principaux destinataires. Elle questionne ainsi les discours et dispositifs qui ont contribué à implémenter l'entrepreneurisation comme forme de politique d'autonomisation des PSH, et tente de comprendre la persistance, en dépit de ces mesures, de l'informel dans les activités des PSH. Il en ressort que la politique de promotion de l'auto-emploi des PSH au Cameroun privilégie une approche « Work-first » (CHEVALLIER T., 2023) qui confine la citoyenneté matérielle (GRIFONE BAGLIONI, 2015) des PSH à l'exercice d'activités de survie. Par ailleurs, il apparait que les discours internationaux, locaux et communaux sur l'auto-emploi des PSH au Cameroun sont générateurs de tensions idéologiques, politiques et stratégiques dans la mise en œuvre de cette politique. Enfin, ces tensions renforcent les choix stratégiques des Communes de Douala et de Douala 5e pour une « politique du handicap » plutôt qu'une « politique des handicaps », qui à son tour contribue à perpétuer chez les PSH le choix d'une citoyenneté matérielle dépendante, transitoire et de survie.

Mots-clés : Analyse du discours, entrepreneurisation, Communauté urbaine de Douala, Commune de Douala V, Handipreneuriat, Citoyenneté économique

Introduction

Le 7 novembre 2011, des dizaines de personnes en situation de handicap (PSH)[64] engagent un mouvement de revendication devant les services du Premier ministre. Le 28 juin 2022, mobilisant les mêmes méthodes, une vingtaine de PSH se réclamant d'une organisation dénommée Collectif des aveugles et malvoyants indignés du Cameroun se dirige vers les mêmes services afin d'y effectuer une manifestation, lorsqu'elles sont interpellées par les forces de l'ordre. Le point commun de leurs revendications est une série de recrutements massifs à la fonction publique, dont l'un de 25 000 fonctionnaires pour l'année 2011, et l'autre sur concours en 2021[65], pour lequel trois candidats en situation de handicap au concours de journalisme ont été recalés[66]. Parallèlement à ces revendications, trois requêtes sont formulées par le collectif à savoir, l'institution d'un fonds spécial visant le financement de microprojets, le respect des quotas de 10% prévus par la réglementation en vigueur pour les PSH lors des concours et recrutements de la fonction publique et du privé, et enfin l'instauration d'une pension d'invalidité, toutes mesures dédiées spécifiquement aux PSH[67].

L'État, pour sa part, a répondu à ces différentes revendications par divers dispositifs, à l'instar de « dispositions spéciales » de nature plus ou moins pérenne. Ainsi, les mesures opportunes telles que le lancement en 2005 d'une opération spéciale de recrutement des temporaires handicapés au sein du ministère des Affaires sociales (MINAS), l'instruction par la ministre des Affaires sociales de mesures de facilitation de la délivrance des cartes nationales d'invalidités aux PSH dans le cadre desdits recrutements en 2011, ou encore celles correctives à la suite du recrutement de 2005 (Création d'un comité ad hoc à l'issue duquel 452 PSH ont été recrutées), seront davantage privilégiées, plutôt que des dispositifs durables. En matière de communication sur la question de l'autonomisation des PSH, il semblerait alors que la stratégie de l'État soit davantage reliée à une communication de crise, chargée de « rendre audible et rendre visible [ses] actions vis-à-vis de

[64] Nous désignerons par l'abréviation « PSH », les Personnes en situation de handicap.

[65] Il s'agit des décrets n° 040/CAB/PM du 18 février 2011 et de l'arrêté n° 77005771/MINFOPRA du 11 juin 2021 portant ouverture d'un concours direct pour le recrutement de dix (10) journalistes, session 2021.

[66] https://www.camerounweb.com/CameroonHomePage/NewsArchive/Injustice-sociale-les-aveugles-crivent-une-longue-lettre-au-premier-ministre-633952, consulté le 20 septembre 2023 à 10h54

[67] Communiqué de presse relatif à l'enquête de la Commission des droits de l'homme du Cameroun pour donner suite aux allégations d'arrestation et de garde à vue d'un groupe de déficients visuels au Commissariat central n° 1 de la ville de Yaoundé, 25 juillet 2022, consulté sur http://cdhc.cm/admin/fichiers/Communiques2022-07-2715-32-41.pdf, le 20 septembre 2023 à 11h00.

bailleurs plus précautionneux, et de populations de plus en plus exigeantes » (ATENGA, 2012, p. 1).

Ces dernières années, les mairies semblent également s'être investies dans des solutions privilégiant davantage la proximité avec leurs administrés.

La Communauté urbaine de Douala est une collectivité territoriale décentralisée. C'est une personne morale de droit public jouissant de la personnalité juridique et de l'autonomie financière. Elle est constituée par au moins deux (2) Communes d'arrondissement. Elle est constituée de six communes d'arrondissement, associées à leurs sièges : Douala 1er (Bonanjo), Douala 2e (New-Bell), Douala 3e (Logbaba), Douala 4e (Bonassama), Douala 5e (Kotto), et enfin Douala 6e (Manoka). Dans la région du Littoral, employeurs et indépendants représentent respectivement 0,7% et 51,4% des effectifs de la population des PSH. Ces indicateurs sont révélateurs, à la fois, de la prévalence du secteur primaire dans les choix économiques des PSH, mais aussi de l'informalisation de leurs activités entrepreneuriales dans la région du Littoral.

La ville de Douala est placée sous la tutelle de l'État représenté par le ministre des Collectivités territoriales décentralisées (MINCTD), conformément à la Loi d'orientation de la décentralisation n° 2004-17 du 22 juillet 2004. Elle est placée ensuite sous l'autorité d'un maire de la ville qui prend des décisions réglementaires et individuelles qu'il transmet à postériori au préfet, représentant administratif du MINCTD. Depuis le 4 mars 2020, cette fonction est remplie par M. Roger Mbassa Dine, le Maire de ville.

La Mairie de Douala 5e pour sa part, est située dans le département du Wouri, et est issue du démembrement en 1993 de la Commune de Douala 3e. Elle comprend en son sein des quartiers tels que Bépanda, Bonamoussadi, Makepe, et d'autres situés en périphérie (PK 15, 16, 17, 21, ou Sobikago, Sodikombo), ce qui en fait à la fois, une commune urbaine et rurale. Le maire Richard MFEUNGWANG occupe cette charge depuis février 2020.

Les lois n°2010/002 du 13 avril et le décret d'application n° 2018/6233 du 26 juillet 2018 ont renforcé les prérogatives de ces entités, notamment en matière de protection et de promotion des PSH. Dans la ville de Douala, les communes ont accru leur action en matière d'accessibilité (construction de rampes afin de faciliter l'accès à l'hôtel de ville en 2022 à Douala 4e), d'action sociale (Remise de dons aux communes de Douala 1er et 3e en 2019, Douala 2e en 2021…), ou de renforcement de capacités/formation (Organisation par la Commune de Douala 5e d'ateliers de renforcement des capacités des femmes présidentes des organisations de personnes handicapées (OPH).

Malgré tout, les mairies semblent peiner à implémenter ces politiques. L'enquête réalisée en 2023 dans le cadre du projet *Open data for governance in Cameroon* (ODAGOCA), initiée par ADISI-CAMEROUN et avec l'appui financier de *l'International Freedom of Expression Exchange* (IFEX) révèle ainsi qu'elles peinent elles-mêmes à s'imposer les quotas en matière d'intégration des PSH : À Douala 3e, 3 PSH moteurs occupent les postes et fonctions de chef du bureau d'État civil, chef de service social et culturel et agent service d'hygiène, alors qu'à Douala 4e, deux PSH moteurs employés y sont également conseillers municipaux[68].

Si ce double constat interroge l'implémentation de la politique de promotion de l'auto-emploi des PSH au Cameroun, il faut pourtant noter que diverses mesures semblent être garanties par des documents prescriptifs, relatifs à la protection et la promotion des PSH. De fait, le préambule de la constitution révisée du 18 janvier 1996 relève l'égalité des lois pour tout être humain : « *Le peuple camerounais proclame que l'être humain, sans distinction de race, de religion, de sexe, de croyance, possède des droits inaliénables et sacrés* ». La ratification de diverses conventions internationales dont la Déclaration universelle des Droits de l'Homme en 1948, ou la Charte africaine des Droits de l'Homme et des Peuples en 1981 constituent également en filigrane une preuve du souci de l'État camerounais de préserver les minorités atteintes de handicap, de les protéger de toute forme de discrimination et de garantir l'égalité des chances. C'est dans cette perspective qu'en 2009, dans le cadre de la mise en œuvre du Document stratégique pour la croissance et l'emploi (DSCE), le ministère des Affaires sociales (MINAS) signait avec le ministère de l'Emploi et de la Formation professionnelle (MINEFOP), une convention de partenariat, en vue de faciliter l'emploi et la formation professionnelle des personnes handicapées.

Plus spécifiquement, la question de l'autonomisation des PSH a été institutionnalisée par le politique, dans le cadre de l'Économie sociale et solidaire (ESS). Ainsi, depuis 2013, le ministère des Petites et Moyennes Entreprises, de l'Économie sociale et de l'Artisanat (MINPMEESA) organise les Journées nationales de l'économie solidaire (JNES), cadre de promotion des ressources et de la diversité locale au travers de l'ESS. Cette dernière s'inscrit dans l'agenda de mise en œuvre défini dans le DSCE qui mentionne que « *le Gouvernement poursuivra la mise en place des structures spécialisées pour les personnes handicapées et autres personnes vulnérables. Il entend, à travers la mise en œuvre de l'approche vulnérable, améliorer leur accès aux formations dans tous les secteurs, faciliter davantage leur insertion professionnelle, afin de réduire leur dépendance. Des aménagements spéciaux pour leur accès dans les édifices et des appuis financiers pour la promotion de l'auto-emploi feront l'objet d'une attention particulière* » (DSCE, 2009 : 19). Enfin, rédigée en 2020, la Stratégie Nationale de Développement (SND) matérialise cette préoccupation. De fait, l'État

---

68 https://datacameroon.com/emploi-pres-de-80-des-personnes-handicapees-en-chomage-au-cameroun/, consulté le 28 juillet 2023 à 10h14.

réaffirme son souci d'autonomiser les PSH en intensifiant les actions de mise en place des structures d'accueil destinées aux PSH, et de soutenir les actions des groupes associatifs qui œuvrent en faveur de cette cible[69].

En dépit de tous ces efforts, des stéréotypes demeurent, qui créent des barrières supplémentaires en matière d'emploi : inaccessibilité à l'information et à l'environnement physique, y compris celle des transports, du logement, sans compter les problèmes d'accès aux financements qui nuisent à leurs capacités à s'engager dans le travail indépendant. Par ailleurs, il faut noter que les entreprises privées, non subventionnées, ne se plient pas toujours au respect de cette réglementation. Enfin, la politique gouvernementale elle-même est à questionner, dans la mesure où en dépit de cette volonté affichée, une stratégie spécifiquement adaptée aux PSH n'est pas définie dans le SND, les « handicapés » étant une catégorie indéfinie inscrite elle-même dans une stratégie globale destinée à une population désignée comme étant les « personnes socialement vulnérables ». Du point de vue des effets de cette politique, il faut d'ailleurs relever que le 3e Recensement général de la population et de l'habitat[70] indiquait qu'en 2005, la région du Littoral n'était pas privilégiée comme cadre de vie par les PSH, avec un taux de 1,5%, par rapport à la moyenne de répartition des PSH au Cameroun. Ces chiffres interrogent dès lors sur la citoyenneté économique promue par la CUD et la Mairie de Douala 5e, dans la mesure où ces deux espaces ne semblent pas offrir aux PSH des opportunités incitatives susceptibles de favoriser leur insertion socioprofessionnelle. Dans le cadre de cette recherche, ils interrogent spécifiquement les dispositifs incitatifs en matière de création d'entreprise mis sur pied par ces communes, ainsi que leur perception par les principaux destinataires.

La citoyenneté économique est diversement expliquée. Les auteurs la définissent comme la « capacité réelle d'action offerte par le statut de citoyen », ou encore la « capacité de la personne à mettre en pratique ses propres droits et devoirs » (GRIFONE BAGLIONI, 2015) ou d'un groupe de personnes ayant en commun la même situation sociale. Dans ce travail, la citoyenneté économique des PSH au Cameroun que nous désignons comme étant une *citoyenneté matérielle*[71] est garantie par un ensemble de dispositifs

---

[69] SND (2020), section 4.5.3 « Action sociale », 335, p. 82

[70] 3e RGPH, Situation socioéconomique des personnes vivant avec un handicap, Vol 2, Tome 13, BUCREP, novembre 2005, p. 14

[71] Pour Lorenzo Grifone et Jacques Fontaine, la citoyenneté économique se définit dans sa dimension sociologique, en tant que « capacité réelle d'action offerte par le statut de citoyen, autrement dit la capacité de la personne à mettre en pratique ses propres droits et devoirs ». (GRIFONE BAGLIONI L., FONTAINE J., 2015). Ainsi, elle relève non seulement des droits ou devoirs octroyés à l'individu, mais aussi à sa capacité à les mettre en pratique. Elle s'applique également à la communauté et met en exergue les dynamiques de médiation ou de rejet qui se déroulent dans le cadre de l'exercice de ladite citoyenneté.

juridiques. Orientée dans le sens de l'autonomisation des PSH, elle vise l'insertion socioprofessionnelle de cette catégorie de personnes, ainsi que l'incitation à la création d'activités génératrices de revenus.

Dans les faits cependant, l'application de ces textes au Cameroun relève davantage de la gestion de crise pour l'État qui en est pourtant lui-même le garant. Elle rend compte d'une stratégie communicationnelle ponctuelle, dont l'agenda public est principalement dicté par les enjeux d'intégration des PSH dans la fonction publique, et moins par les conditions d'accessibilité matérielles, physiques, au capital et en termes de mobilité nécessaire à l'autonomie des PSH. Elle contribue ainsi en ce sens, à perpétuer l'imaginaire chez les PSH de l'intégration à la fonction publique comme enjeu majeur des combats de la société civile, et principal itinéraire de réussite de cette catégorie de personnes. Dans un contexte de décentralisation[72], l'implémentation de cette politique soulève le problème des discours sur les droits octroyés aux PSH, des dispositifs censés en assurer l'effectivité, et enfin des interactions entre les administrateurs et les populations cibles, auxquelles l'implémentation de cette politique dans les communes donne lieu.

Aussi, cette recherche s'interroge-t-elle sur la façon dont les discours sur l'autonomisation des PSH au Cameroun à travers leurs dispositifs ont été construits, tout en mettant en évidence les formes de médiations produites dans la Commune urbaine de Douala, ainsi que la Commune de Douala 5e. Quels discours sur les plans global et local, participent à faire émerger la question de l'autonomisation des PSH par l'entrepreneurisation ? Quels dispositifs les Communes urbaines de Douala, et de Douala 5e mettent-elles sur pied pour promouvoir l'auto-emploi des PSH, et comment ceux-ci sont-ils perçus par les destinataires ?

Ces interrogations ont permis de vérifier l'hypothèse centrale, à savoir que la politique de promotion de l'auto-emploi des PSH au Cameroun privilégie une approche « Work-first » qui confine la citoyenneté matérielle des PSH à l'exercice d'activités de survie. Par ailleurs, il apparait que les discours internationaux, locaux et communaux sur l'auto-emploi des PSH au Cameroun sont générateurs de tensions idéologiques, politiques et stratégiques dans la mise en œuvre de cette politique. Enfin, ces tensions renforcent les choix stratégiques des Communes de Douala et de Douala 5e pour une « politique du handicap » plutôt qu'une « politique des handicaps », qui à son tour contribue à perpétuer chez les PSH le choix d'une citoyenneté matérielle dépendante, transitoire et de survie.

---

[72] Depuis 1996 le pouvoir des Collectivités territoriales décentralisées (CTD) a été renforcé en matière d'animation économique en général et spécifiquement dans le cadre de la protection et de la promotion des PSH sur le plan local.

Pour TOM Chevalier[73], la citoyenneté économique dépend des stratégies mises sur pied par les états pour faciliter l'accès au marché de l'emploi par l'accès aux compétences. Il distingue ainsi deux figures de la citoyenneté économique des jeunes : une citoyenneté économique inclusive « learn-first » qu'il oppose à une citoyenneté économique sélective « work-first ».

La citoyenneté économique « learn-first » ou « skills for all » privilégie l'éducation et la formation des jeunes de façon inclusive, en instituant des formations complémentaires pour les jeunes en situation de décrochage scolaire ou à faible niveau de qualification. *A contrario*, la citoyenneté économique « work-first » vise à délivrer des compétences en priorité à une élite, et se focalise donc sur les meilleurs profils scolaires et académiques. En conséquence, elle n'offre pas de seconde chance aux profils marginaux dans la mesure où l'action publique n'a pas pour objectif de compenser les défaillances du système éducatif, mais plutôt de leur permettre d'obtenir un emploi. Dans la mesure où la politique de l'emploi privilégie l'accès au travail, l'objectif est donc de leur permettre d'obtenir un emploi à bas niveau de qualification, en abaissant notamment le coût du travail. Au-delà de la dimension psychologique du handipreneuriat, nous nous inscrivons dans ce travail, dans une démarche co-constructive des problématiques qui y sont liées.

I. Méthodologie

Initialement prévue pour être menée dans les communes d'arrondissement de Douala 1er et 5e, nous avons finalement mené cette recherche dans la Commune urbaine de Douala et dans la Commune de Douala 5e. Ce choix s'explique d'une part, par la disponibilité des interlocuteurs que nous y avons rencontrés dans le laps de temps dont nous disposions, et d'autre part, du fait que les offices de ces deux CTD possédaient un service dédié aux questions de handicap.

Nous avons mobilisé principalement, dans le cadre du recueil de données, l'observation participante, la recherche documentaire, ainsi que des entretiens avec les émetteurs et les destinataires de cette politique dans les communes urbaines de Douala et de Douala 5e.

Cette démarche s'est par ailleurs nourrie de connaissances préalables acquises au cours d'une expérience antérieure de terrain, rendant ainsi plus aisée la collecte des documents physiques permettant de dresser une cartographie précise de leur situation en général, et de leurs activités

---

73 CHEVALIER T. (2018), Penser la citoyenneté socio-économique des jeunes, in CHEVALIER T. (Dir.), (2018), La jeunesse dans tous ses états, PUF, Paris, pp. 13-46, https://www.cairn.info/la-jeunesse-dans-tous-ses-etats--9782130795407-page-13.htm, consulté le 24 février à 15h33.

entrepreneuriales ou génératrices de revenus[74]. Nous avons ainsi pu nous rapprocher des Centres des affaires sociales (CAS), de la Délégation régionale du MINAS pour le Littoral, du Fonds national de l'emploi, et de plusieurs autres institutions totalement ou partiellement dédiées à l'accompagnement du handipreneuriat ou dépendant des communes urbaines de Douala et de Douala 5e. Une démarche parallèle a consisté en la recherche sur Internet de documents programmatiques (Stratégie nationale de développement, Guide du développement local inclusif…), juridiques et légaux (textes de loi, décrets d'application), les conventions et textes sur les droits humains traitant spécifiquement de l'autonomisation des PSH par l'accès au handipreneuriat, ou encore de rapports, d'études et d'enquêtes. Les prises de parole d'acteurs investis de la charge publique ou traitant de la promotion du handipreneuriat, dans le cadre d'articles, de reportages, ou d'interview dans la presse physique ou en ligne, ont également été prises en compte à ce stade.

Cet ensemble de documents devait permettre à cette recherche qui est de nature compréhensive d'identifier les dispositifs, de décrire les stratégies discursives, informationnelles ou communicationnelles, ainsi que les enjeux thématiques susceptibles de créer de la collaboration, des résistances ou de nouvelles formes de médiation chez les énonciateurs dans le cadre de la politique de promotion de l'auto-emploi des PSH. Cette approche nous semblait d'autant plus pertinente, que les approches computationnelles de l'état du handicap au Cameroun ne permettent pas, au vu de la disparité des dispositifs produits et des stratégies, d'en mesurer la cohérence et l'efficacité du point de vue des données sur l'insertion socioprofessionnelle ou l'auto-emploi des PSH. Il nous semblait donc intéressant de comprendre ces pratiques non seulement du point de vue des dispositifs qui permettent et promeuvent l'exercice du handipreneuriat au Cameroun, mais aussi des interactions entre les PSH et les Communes urbaines de Douala et de Douala 5e.

Aussi, avons-nous procédé par ailleurs à un ensemble d'entretiens semi-directifs avec deux acteurs occupant des fonctions-clés dans des institutions œuvrant spécifiquement sur les questions d'autonomisation des PSH. Nous avons ainsi pu échanger avec la sous-directrice des affaires sociales et de la promotion de la femme/DCTAJS/CUD de la CUD, ainsi que la Cheffe service des affaires sociales et culturelles de Douala 5e. Nous nous sommes également entretenus avec dix handipreneurs se déployant dans la ville de Douala, dont une femme et neuf hommes. Bien que n'étant pas spécifiquement représentatif de la population, cet échantillon nous a permis d'atteindre le

[74] Durant trois ans, nous avons occupé la fonction de chargé de communication pour une association de défense et de promotion des droits des personnes handicapées visuelles et malvoyantes de la ville de Douala, ICI ET LÀ-BAS. Cette expérience nous a permis de nous familiariser avec l'écosystème institutionnel et activiste dédié aux questions du handicap dans la ville de Douala.

critère de saturation, au sens où chaque entretien supplémentaire rendait compte de variables déjà identifiées (MARSHALL et al., 2013). Le guide d'entretien qui leur a été administré était axé autour de trois thématiques, à savoir : leur identité et leur parcours scolaire/académique, professionnel, et/personnel ; les réseaux d'aide qui leur ont permis de mener à bout leur projet d'entrepreneuriat ou les difficultés auxquelles ils ont été confrontés ; enfin, leur perception et leur représentation de l'entrepreneuriat en général et de l'entrepreneuriat dans la CUD et la Commune de Douala 5e en particulier ont été interrogées.

Nous avons enfin réalisé des entretiens informels (BRUNETAUX P., LANZARINI C., 1998) sur les lieux de vie et dans les sièges associatifs de présidents d'associations suivantes : ADEPHAN (Association pour le développement de l'entrepreneuriat des PH), le Centre de recyclage et d'intégration des aveugles du Cameroun (CERIAV), l'Association pour la formation et l'insertion socioprofessionnelle des personnes aveugles (ACFISA). Il a été question à l'issue de ces entretiens de donner la parole aux PSH, afin qu'elles parlent elles-mêmes de leurs expériences : réussites, échecs, doutes, attentes, difficultés rencontrées dans la ville de Douala dans l'auto-emploi, la mise en place d'activités génératrices de revenus, la création d'entreprise et les difficultés inhérentes, les rapports avec l'administration.

Enfin, nous avons, dans le cadre de l'analyse des discours ainsi produits, retenu la méthode de l'analyse thématique, afin de repérer les unités sémantiques chargées de sens (PAILLE P., MUCHIELLI A., 2021). Il s'agit ici de décrire les thèmes récurrents dans les corpus mobilisés, de les inscrire en rapport avec les énonciateurs, les contextes, les enjeux et les stratégies discursives mobilisées. Dans le cadre des discours institutionnels sur l'auto-emploi des PSH, la mise en évidence de ces dernières permettra de faire ressortir les représentations de l'objet, ainsi que les divergences qui à leur tour génèrent des tensions entre les différents acteurs. Relativement aux interactions, cette méthode met en évidence les imaginaires que les uns et les autres ont de la façon dont cette politique s'implémente dans les communes urbaines de Douala et de Douala 5e, à la fois du point des émetteurs et des récepteurs.

II. Revue de la littérature

Depuis Veil (1968), universitaires, travailleurs sociaux, associations, organisations internationales et organisations non gouvernementales (ONG) produisent études et rapports sur l'inclusion des personnes handicapées en Europe en particulier et dans le monde en général. Notre projet de recherche entend prolonger cette réflexion en interrogeant leur citoyenneté économique. Il se situe à la croisée des politiques d'entrepreneurisation internationales et nationales, des dispositifs qui les accompagnent en contexte de décentralisation au Cameroun, et enfin de leur appropriation par les principaux destinataires.

Définie dans un premier temps comme un statut dont jouissent des membres d'une communauté nationale leur permettant d'avoir accès à certaines ressources (MARSHALL T.H., 1950, p. 28-29) ou, dans la perspective du mouvement *consumer activism*, comme « la possibilité de bénéficier des justes revenus de son activité salariale ou entrepreneuriale et celle de dépenser cet argent »[75], ou enfin « [u]n statut qui est conféré à ceux qui sont membres de plein droit d'une communauté », dont jouissent de façon égalitaire tous ceux qui y sont soumis tout autant qu'ils sont censés observer les devoirs s'y référant[76], la citoyenneté économique y est ensuite décrite dans sa complexité sociale. Dans la mesure où elle rend non seulement compte de pratiques, mais aussi de récits s'inscrivant dans l'implémentation de ces politiques, cette perspective dépasse l'étude des effets quantitatifs pour s'intéresser aux cadres, tensions, et stratégies ou parades qui en résultent.

De façon générale, l'intérêt pour la citoyenneté des couches démocratiques marginalisées ou minoritaires a fait l'objet de nombreuses études. Ces travaux s'intéressent notamment aux questions d'immigration (TISSERANT P., 2003 ; PECOUD A., 2004 ; LEVY-TADJINE T., 2006 ; MOCTAR NANA BOUKARY, 2019), ou aux problématiques de genre (FATOU SARR, 1999 ; D'ANDRIA A., GABARRET I., 2016 ; ASSOUMOU MENYE O., GUETSOP SATEU F., 2017 ; BOITIEUX J., 2020). Tout en mobilisant des perspectives managériales, politiques ou sociales, elles mettent en évidence le rôle structurant de l'État dans l'accompagnement des minorités, notamment par l'institution de dispositifs juridiques et administratifs (accès à la nationalité, création par les CTD de services dédiés aux minorités immigrées, transformation des dispositifs juridico-légaux en faveur d'une inflexion des politiques d'accès au droit du sol…), d'enjeux qui les traversent (égalité des salaires, lutte féministe et ouvrière, acceptation sociale par les autres couches de la société et mise en visibilité dans la sphère publique). Elles rendent au final compte de la dimension co-constructive, narrative, psychologique, des politiques d'auto-emploi dans des contextes singuliers, en montrant qu'au-delà de la question de l'accès aux droits, se déterminent dans la perception aussi bien des émetteurs que des destinataires, des représentations, des imaginaires dont il est nécessaire de tenir compte.

---

[75] BOITEUX J. (2020), Citoyenneté économique et citoyenneté politique des femmes aux États-Unis, Ideas (en ligne), 16| 2020, Online since 1 October 2020, connection on 4 March 2023. URL: http://journals.openedition.org/ideas/9618 ; DOI: https://doi.org/10.4000/ideas.9618 .

[76] Marshall, T. H. (1950), *Citizenship and Social Class and Other Essays,* Cambridge University Press, Cambridge, p. 28.

L'état des travaux réalisés rend compte de diverses approches sociales du handipreneuriat. Les premiers s'intéressent au concept de résilience, en tant que capacité d'adaptation des handipreneurs (DANES, LEE, AMARAPURKAR, STAFFORD et BREWTON, 2009 ; HAYWARD, FORSTER, SARASVATHY et FREDRICKSON, 2010 ; BERNARD M-J., SAULO DUBARD BARBOSA, 2016 ; REFNOUF J., 2022). C'est dans cette perspective que s'inscrit Nga Nkouma Tsanga, pour qui l'entrepreneuriat des femmes handicapées constitue un acte de résilience et de structuration de l'identité. L'auteure aborde une démarche analytique et compréhensive des récits de vie produits par celles-ci, afin de saisir leurs motivations et les difficultés rencontrées dans le processus d'entrepreneuriat. Elle évoque ainsi la question de la légitimité identitaire, en tant que la « perception, l'évaluation et l'appropriation subjectivement signifiantes qu'un individu a de sa valeur en lien avec ses activités et, entendue comme condition de son estime de soi»[77]. L'entrepreneuriat se révèle ainsi être pour ces couches, un moyen de subsistance, un tremplin de résilience, et enfin une opportunité de dépasser la condition de femme en gagnant en autonomie. Les craintes, quant à elles, concernent la durabilité de leur entreprise dans la mesure où l'accès aux financements leur est limité, leur faible niveau de formation et l'inadaptabilité des aides qu'elles reçoivent dans ce sens de la part de l'État, et enfin, leur manque de confiance en soi[78].

Une seconde approche, managériale, s'intéresse à la transition entrepreneuriale des PSH (MOERANI RAFFIN, 2018), aux motivations, stratégies, difficultés des handipreneurs (PAGANRODRIGUEZ, 2012 ; HALABISKY et al. 2014 ; PAGAN, 2015 ; EIDE et MUNTHALI, 2018 ; MAZHOUDI L., 2022), ou des constructions identitaires et récits de vie y sont associés (KYUNGU TCHIKALA D., CORNET A., 2021 ; BILLION J., 2022 ; LEJEALLE C., BILLION J., 2023).

Néanmoins, ces travaux n'abordent pas la question de l'entrepreneurisation des PSH dans une perspective systémique. Privilégiant des perspectives psychologiques, managériales ou des récits de vie, ils n'interrogent pas la citoyenneté de cette catégorie. Ce à quoi tente de pallier cette recherche, à la fois du point de vue des dispositifs qui rendent le handipreneuriat possible, et aussi des imaginaires qui rendent possibles l'appropriation de ces politiques.

Dans une perspective communicationnelle, ce travail se différencie ainsi des précédents sur un plan heuristique, en inscrivant les politiques d'entrepreneurisation des PSH comme un objet de communication publique. Elle montre que si l'entrepreneurisation relève en amont de la performativité

[77] NGA NKOUMA TSANGA R. C. (2020), Quand une femme en situation de handicap s'invite dans les affaires… une analyse par les récits de vie des handipreneures camerounaises, revue Vie et Science de l'entreprise (En ligne), 2020/2 N° 210, pp. 43-73, p. 49.
[78] *Ibid.*, pp. 60- 64.

des discours de l'État, elle rend compte en aval de médiations qu'il est nécessaire de décrire. Aussi bien les personnes chargées de l'implémentation de ces politiques que les bénéficiaires de celles-ci sont porteuses de représentations, d'imaginaires, qui rendent compte de l'acceptation, du rejet ou de la transformation de ces politiques. Elle envisage l'entrepreneurisation des PSH comme un acte de communication, du fait des arbitrages auxquels ces populations doivent faire face en matière de mobilité, d'accès à l'éducation ou à la formation, de mobilisation de liens sociaux ou familiaux (LAMIZET, 2002). Le handipreneuriat constitue de fait un dispositif (Foucault, 1971), en tant qu'il rend compte de la capacité de « *créer des normes techniques et cognitives, des modèles et des prescriptions de comportements cohérents avec leur identité et leurs intérêts et à les établir comme des standards légitimes* » (Levy et Rival, 2010).

III. Résultats

III.1. Discours sur l'autonomisation des PSH au Cameroun : l'approche work-first comme résultat du décalage entre les dispositifs internationaux prescriptifs, et la bureaucratisation des approches handicap de l'État

Les discours sur l'autonomisation des PSH se caractérisent dans leur institutionnalisation par un dualisme entre les discours internationaux qui sont de nature normative et les discours nationaux marqués par la centralité politique.

Les discours internationaux dessinent un cadre prescriptif et standardisé des politiques publiques d'autonomisation des PSH. Les dispositifs qui les portent thématisent un *idéal commun* (DANBLON E., 2010), et dessinent un cadre fictionnel qui détermine les responsabilités, attribue les cadres opérationnels et en décrit les conditions d'exercice. Ils véhiculent en filigrane l'ordre néolibéral comme condition d'insertion sociale des PSH, tout en prescrivant les modalités de régulation de son institutionnalisation.

A contrario, les discours nationaux thématisent l'assistance des PSH dans l'accès aux droits sociaux. Dans la mesure où celle-ci est garantie par l'administration et donc déterminée par l'agenda politique au Cameroun, on observe une communication de l'État *a posteriori*, dominée par les revendications de la société civile. Cette bureaucratisation des politiques d'autonomisation des PSH conduit l'État camerounais à adapter prioritairement des stratégies d'insertion des PSH par la fonctionnarisation, au détriment d'une réelle politique cohérente, continue et répondant aux problématiques des handipreneurs. Il en résulte que ces politiques privilégient une approche work-first, reposant sur la création de niches d'insertion socioprofessionnelle et non contraignante. Les profils marginaux, c'est-à-dire ceux qui n'ont pas accès à ces niches, n'ont d'autre alternative dès lors que de mettre sur pied des initiatives entrepreneuriales informelles de survie dont la durée de vie est limitée.

III.1.1. Dispositifs internationaux et nationaux de protection du handicap : cadres idéologiques et enjeux politiques

Cette partie se consacre à la description des dispositifs liés à la thématique du handicap, aussi bien sur le plan international qu'au Cameroun spécifiquement. Il y est question d'en identifier les cadres, ainsi que les enjeux dont ils sont porteurs.

Les discours internationaux sont une catégorie regroupant les discours institutionnels (OGER C., OLLIVIER-YANNIV C., 2012) produits par les institutions internationales (Organisation des Nations unies, Union africaine, OMS...). Ce sont des chartes, des conventions, des protocoles, des rapports de session entre états membres, qui définissent des plans d'action et en assurent le suivi. Pour Bourdieu, c'est un genre discursif qui vise la diffusion et la reproduction d'un ordre du monde : « *le discours néolibéral est difficile à combattre parce qu'il a pour lui toutes les forces d'un monde de rapports de forces qu'il contribue à faire tel qu'il est* ». Dans cette perspective, les discours sur le handicap reposent sur un triptyque : l'idéologie, le cadre technique et la dimension symbolique de l'action.

Relativement à sa dimension idéologique, le discours néolibéral se charge d'une supposée neutralité, qui vise la standardisation dans la gestion des thématiques liées au handicap au niveau mondial. Le socle de cette organisation repose sur des textes qui tiennent lieu de *catéchisme* (HIBOU B., 1996)[79] en ce sens qu'ils organisent l'ordre du réel en comportements souhaités ou répréhensibles. Ces textes structurants sur le plan international ont contribué à dessiner les principales thématiques relatives à l'appréhension des questions liées au handicap par les politiques publiques, notamment les problématiques de la promotion des droits civiques, économiques ainsi que la protection des PSH. Le tableau n. 1 en recense quelques-uns.

[79] HIBOU B., 1996, Banque mondiale : Les méfaits du catéchisme économique, in l'Afrique est-elle protectionniste ? Les chemins buissonniers de la libéralisation extérieure, Paris, Karthala, p. 59

Tableau n. 1 : Quelques textes référentiels de la protection et de la promotion des droits des PSH à l'international

DATE	CONTEXTE/CADRE	OBJET
1980	Organisation mondiale de la Santé (OMS)	Classification des déficiences CIH
1981	Charte africaine des droits de l'homme et des peuples, article 18.4	Droit des PSH à des mesures spécifiques de protection en rapport avec leurs besoins physiques et moraux
1982	Programme d'action mondiale concernant les personnes handicapées adopté par l'Assemblée générale avec la résolution 37/52 du 3 décembre.	Égalité de droits et d'accès au développement économique et social
1987	La Réunion internationale d'experts chargés d'examiner l'application du Programme d'action mondial concernant les personnes handicapées à mi-parcours de la Décennie des Nations Unies pour les personnes handicapées à Stockholm	Définition des principes fondamentaux indiquant les priorités d'action fondées sur la reconnaissance des droits des handicapés.
1990	32e session du Conseil économique et social des Nations Unies et vote de la résolution 1990/26 du 24 mai	Décision de la création d'un groupe de travail spécial d'experts gouvernementaux, en collaboration avec les institutions spécialisées, les entités intergouvernementales et les ONG, dédiées entre autres aux questions de handicap
1991	À la suite de la précédente, adoption par la Commission du développement social de la résolution 32/2 du 20 février	Création d'un groupe de travail spécial d'experts gouvernementaux à composition non limitée
1993	Règles des Nations Unies pour l'égalisation des chances des handicapés à l'issue de la résolution A/48/627 du 20 décembre	*Adoption des* règles pour l'égalisation des chances des handicapés et invitation des États membres à se référer à celles-ci en matière d'action publique à destination des PSH
2008	Convention relative aux droits des personnes handicapées	Promouvoir, protéger et assurer la dignité, l'égalité devant la loi, les droits humains et les libertés fondamentales des personnes avec des handicaps en tous genres
2018	Protocole à la charte africaine des droits de l'homme et des peuples relatif aux droits des personnes handicapées en Afrique	Déterminer un cadre normatif et institutionnel substantif contraignant pour assurer la protection et la promotion des droits des PSH

Source : L'auteure

Les discours internationaux sont des cadres prescriptifs de l'action publique dans le domaine des politiques de handicap. Ils établissent le rôle structurant des états dans la protection des droits civils, politiques, économiques et sociaux des PSH[80], s'assurent de leur diffusion à l'échelle locale par divers dispositifs, désignent les acteurs locaux associés à ceux-ci dans l'implémentation de ces politiques afin de favoriser la participativité[81], s'assurent de leur diffusion. Ainsi, ces textes laissent transparaitre une catégorisation/sectorisation des actions à mener, avec pour finalité des catégories standardisées d'action de la politique de promotion et de défense des PSH. Le Protocole à la charte africaine des droits de l'homme et des peuples relatif aux droits des personnes handicapées en Afrique identifie ainsi un ensemble de rubriques : « accessibilité, droit à l'éducation, le droit à la santé, adaptation et réadaptation, droit au travail, droit à un niveau de vie suffisant, droit de participer à la vie politique et publique, droit à la liberté d'expression et d'opinion, accès à l'information et l'autoreprésentation, droit de participer à des activités sportives, récréatives ou culturelles, droit à la famille ». Ces catégories référentielles renvoient pour leur part aux secteurs éducation-formation, citoyenneté et participation politique, accessibilité et mobilité et enfin divertissement. Ces secteurs identifiés comme prioritaires sont donc chargés d'assurer aux PSH une pleine participation à la vie communautaire, ainsi que la jouissance de tous leurs droits civiques. Cette standardisation des prescriptions d'inclusion des PSH n'est pas sans rappeler l'effort du discours néolibéral, dont Bourdieu affirme qu'il gomme les différences gestionnaires et culturelles pour mieux assurer la diffusion et la reproduction de ses poncifs.

La standardisation à ce stade consiste à identifier les cadres d'implémentation de cette politique. En ce sens, la Déclaration universelle des droits de l'homme du 10 décembre 1948, le Pacte international relatif aux droits économiques, sociaux et culturels de 1948, ou le Protocole facultatif se rapportant au Pacte international relatif aux droits économiques identifient les États comme garants des droits des PSH, tout en rappelant l'égalité d'accès aux droits économiques sans discrimination aucune.

Sur le plan symbolique, ces discours promeuvent la participativité comme modalité d'implémentation de ces discours. Ainsi, le protocole à la Charte africaine des droits de l'homme et des peuples relatifs aux droits des personnes handicapées en Afrique identifie les acteurs devant contribuer à la mise en œuvre des politiques du handicap dans un univers sémantique précis: la « commission africaine », la « cour africaine », la « conférence », « l'Union africaine », la «commission de l'Union africaine », « États partie », «

[80] Article 5 de la Convention des Nations unies relatives aux droits des personnes handicapées (CDPH-ONU), 2008.

[81] Point 8.7 des Règles des Nations Unies pour l'égalisation des chances des handicapés, 1993.

organisations de personnes handicapées [...] aux niveaux national, régional et international», « organisations non gouvernementales », « associations ». Les « Experts », « Associations de parents », « Organisations de handicapés », « équipes pluridisciplinaires et spécialistes », « agents des services sociaux », « collectivités territoriales », « personnel médical, paramédical et apparenté ».

Bien que non contraignants en apparence, ces cadres idéologiques, techniques et symboliques laissent transparaitre leur aspect coercitif. Pour Foucault, cette dimension stratégique est consubstantielle d'une part, d'une visée politique et restrictive : *« L'hypothèse que je voudrais avancer [est que] dans toute société la production du discours est à la fois contrôlée, sélectionnée, organisée et redistribuée par un certain nombre de procédures qui ont pour rôle d'en conjurer les pouvoirs et les dangers, d'en maîtriser l'évènement aléatoire, d'en esquiver la lourde, la redoutable matérialité.* » Ainsi, en contexte de polyarchie, le discours a la charge d'assurer l'ordre social ; il est donc balisant, normatif et coercitif, au sens où il restreint l'agir à un cadre clos, par des mécanismes latents et inspirés de l'idéologie néolibérale qui les sous-tend. Pour certains auteurs, l'idéologie néolibérale est porteuse en elle-même d'un projet d'exclusion (ROBIN S., 2022), a une dimension infantilisante (ANDRIEN L., 2022), et représente une utopie globale souvent confrontée au local (SAVIGNAT P., 2009).

De fait, si dans leur mise en œuvre, les dispositifs de protection du handicap au Cameroun s'appuient sur ces prérogatives qui leur sont définies, il apparait ensuite que leur thématisation et leur agenda plutôt que l'autonomisation des PSH, renforcent davantage leur dépendance aux dispositifs administratifs. Ainsi, au niveau de l'État, des ministères, des mairies et des régions, la thématisation de ces politiques est balisée par l'accès aux droits sociaux, qui lui-même s'inspire d'une vision jacobine de l'État. Par ailleurs, l'implémentation disparate de cette politique, l'absence d'indicateurs susceptibles d'en mesurer les effets et la communication a posteriori qui la caractérise contribuent à accentuer l'idée que les PSH se font de la fonction publique comme seule niche d'insertion socioprofessionnelle.

De fait, à la suite du préambule de la constitution révisée du 18 janvier 1996 qui relève l'égalité des lois pour tout être humain, le ministère des Affaires sociales (MINAS)[82] qui a été créé par décret n° 75/467 du 28 juin 1975, est chargé de la protection des couches vulnérables. La circulaire n° 003/CAB/PM du 18 avril 2008 a élargi ses missions dans l'implémentation de

[82] D'abord Direction des Affaires sociales jusqu'en 1975 où il devient Département des Affaires sociales, le MINAS dès sa création est divisé en deux Directions : La Direction de l'Assistance privée et la Direction du Développement social. Les structures délocalisées telles que Délégations régionales et départementales des affaires sociales, les Unités techniques opérationnelles (Centres sociaux et services de l'action sociale) s'assurent de l'implémentation de ces missions.

l'action gouvernementale, notamment dans le cadre du respect des règles régissant l'octroi des marchés publics et de l'établissement de statistiques relatives à l'employabilité des PSH, afin de faciliter leur insertion et leur entrepreneurisation. C'est dans cette perspective qu'en 2009, dans le cadre de la mise en œuvre du Document stratégique pour la croissance et l'emploi (DSCE), le ministère des Affaires sociales (MINAS) signait avec le ministère de l'Emploi et de la Formation professionnelle (MINEFOP), une convention de partenariat facilitant l'emploi et la formation professionnelle des personnes handicapées. D'autres textes structurants accompagnent la mise en œuvre de cette politique, dont le tableau n. 2 rend compte.

Tableau n. 2 : Quelques textes référentiels de la protection et de la promotion des droits des PSH au Cameroun

Date	Contexte/Cadre	Objet
1996	Préambule de la Constitution révisée du 18 janvier 1996	Réaffirmation de l'accès aux droits pour tous les humains sans discrimination
2006	Lettre circulaire conjointe n°282/07/LC/MINESEC/ MINAS du 2 août 2006	Relative à l'admission des enfants handicapés et de ceux nés des parents handicapés indigents dans les établissements publics d'enseignement secondaire
2007	Lettre circulaire conjointe n°282/07/LC/MINESEC/ MINAS du 14 Juillet 2007	Relative à l'identification des enfants handicapés et ceux nés de parents handicapés indigents inscrits dans les établissements publics d'enseignement secondaire et à leur participation aux examens officiels
2007	Lettre circulaire conjointe n°282/07/LC/MINESEC/ MINAS du14 juillet 2007	Relative à l'identification des enfants handicapés et ceux nés des parents handicapés indigents inscrits dans des établissements publics d'enseignement secondaire et à leur participation aux examens officiels
2008	Lettre circulaire conjointe n° 08/0006/LC/MINESUP/ MINAS du 9 juillet 2008	Relative au renforcement de l'amélioration des conditions d'accueil et d'encadrement des étudiants handicapés ou vulnérables dans les universités d'État du Cameroun
	Lettre circulaire conjointe n°08/0006/LC/MINESUP /MINAS du 9 juillet 2008	Relatif au renforcement de l'amélioration des conditions d'accueil et d'encadrement des étudiants handicapés ou vulnérables dans les universités d'État du Cameroun
2010	Loi n° 2010/002 du 13 avril 2010 portant protection et promotion des PH	Prévention du handicap ; la réadaptation et l'intégration psychologique, sociale et économique de la personne handicapée ; promotion de la solidarité nationale à l'endroit des personnes handicapées
2010	Arrêté n° 2010/A/MINAS du 27 août 2010	Portant cahier de charges précisant les conditions et les modalités techniques d'exercice des compétences transférées par

		l'État aux communes en matière d'attribution des aides et des secours aux indigents et aux nécessiteux
2013	Lettre circulaire conjointe n° 002/LC/MINMAP/MINTP/MINDHU/MINAS du 16 juillet 2013	Relative à la facilitation de l'accessibilité des personnes handicapées ou à la mobilité réduite dans l'environnement bâti
	Lettre circulaire conjointe N°002/LC/MINMAP/MINTP/MINHDU/MINAS du 16 juillet 2013	Relative à la facilitation de l'accessibilité des personnes handicapées ou à la mobilité réduite dans l'environnement bâti
2018	Décret n° 2018/6233/PM du 23 juillet 2018	Fixe les modalités d'application portant protection et promotion des personnes handicapées
	Décret n° 2018/6234/PM du 26 juillet 2018	Portant réorganisation du comité national pour la réadaptation et la réinsertion socioéconomique des personnes handicapées
	Décret n° 0001/MINSANTE/MINAS/du 13 août 2018	Fixant les modalités d'établissement et de délivrance du certificat médical spécial
	Arrêté 1011/MINAS du 14 août 2018	Fixe les modalités d'établissement et de délivrance de la carte nationale d'invalidité
2021	Décret n° 2021/250 du 27 avril 2021 portant ratification du traité de Marrakech	Faciliter l'accès des aveugles, des déficients visuels et des personnes ayant d'autres difficultés de lecture des textes imprimés aux œuvres publiées
2022	Arrêté n° 040/PM DU 19 MAI 2022 fixant les modalités d'octroi de la dispense d'âge aux personnes handicapées lors des concours administratifs et des recrutements dans la Fonction publique de l'État.	Assouplit les conditions de recrutement des PSH dans la fonction publique

Source : Recueil des textes juridiques relatifs à la promotion et la protection des droits des personnes handicapées au Cameroun, Association PROMHANDICAM, Yaoundé, 2021.

Ces textes renvoient pour l'essentiel aux questions d'accès aux droits sociaux. Ils tentent de circonscrire des thématiques spécifiques que l'on retrouve également dans les discours internationaux (Droits humains, réductions des inégalités, assistance aux couches vulnérables, accessibilité physique, accessibilité aux droits à l'éducation…) Ils instruisent des institutions spécifiques (MINAS, ministère de l'Enseignement secondaire

(MINESEC), ministère de l'Enseignement supérieur (MINESUP) des orientations en rapport avec leurs attributions, de la politique d'accompagnement des PSH. C'est donc une communication descendante, ayant comme cadre référentiel les prescriptions internationales, qui s'attache davantage à résoudre de façon pérenne des domaines d'intervention de l'action publique en matière d'autonomisation des PSH. Elle est chargée d'une dimension idéologique, qui cherche à en gommer la dimension prescriptive et normative. Par ailleurs, ces domaines concernent davantage les PSH dans leur généralité, que de véritables solutions adaptées aux handicaps en fonction de leur spécificité. Dans les faits, il faut donc relever que l'institutionnalisation de cette idéologie au plan local révèle une double insuffisance. La première étant que les discours qui la sous-tendent ne rendent pas lisible la logique d'entrepreneurisation des politiques publiques au Cameroun. De fait, thématisée autour de la question de l'accès aux droits sociaux, l'entrepreneurisation des PSH devient une politique publique subalterne, ou une stratégie individuelle de survie pour cette catégorie. Ce qui conduit au deuxième échec, qui est lié à l'adoption ou au rejet de ces politiques publiques par les PSH. Face à l'ineffectivité même des droits sociaux qui sont pourtant promus par ces politiques, et face aux conjonctures imposées par leurs environnements, les PSH semblent avoir implémenté des stratégies individuelles, des façons de faire, des arts de vivre, qui participent d'une citoyenneté économique spécifique à leurs lieux de vie. À partir de ces constats, nous pouvons interroger les effets de ces politiques dans le cadre de la décentralisation, du point de vue des représentations, des imaginaires et des formes spécifiques de médiation auxquelles elles donnent lieu.

III.1.2. Des initiatives disparates, des instruments d'évaluation quasi inexistants, et une communication davantage politique que planifiée.

Diverses initiatives en faveur de l'incitation à l'handipreneuriat ont été mises sur pied par des institutions publiques. En août 2006, le MINAS et le Fonds national de l'Emploi (FNE) ont signé une convention de partenariat relative à la mise en œuvre du Programme d'appui à l'insertion et à la réinsertion socioprofessionnelle des personnes vulnérables (PAIRPPEV), dont les PSH. Il s'agissait alors de former à divers métiers les couches dites vulnérables, afin de promouvoir la création de microprojets générateurs de revenus. Depuis 2013, le ministère des Petites et Moyennes Entreprises, de l'Économie sociale et de l'Artisanat (MINPMEESA) organise ainsi les Journées nationales de l'Économie solidaire (JNES), cadre de promotion des ressources et de la diversité locale au travers de l'ESS. Cette dernière s'inscrit dans l'agenda de mise en œuvre défini dans le DSCE qui mentionne que

> « Le Gouvernement poursuivra la mise en place des structures spécialisées pour les personnes handicapées et autres personnes vulnérables. Il entend, à travers la mise en œuvre de l'approche vulnérable, améliorer leur accès

aux formations dans tous les secteurs, faciliter davantage leur insertion professionnelle, afin de réduire leur dépendance. Des aménagements spéciaux pour leur accès dans les édifices et des appuis financiers pour la promotion de l'auto-emploi feront l'objet d'une attention particulière. » (DSCE, 2009 : 19).

En 2021, une convention de partenariat entre le MINPMEESA et le Centre national de réhabilitation des personnes handicapées de Yaoundé (CNRPH) a été signée, afin de promouvoir les plateformes d'échanges d'informations, de sensibilisation et de valorisation de l'orientation et de la formation professionnelle des PSH. À cette occasion, le CNRPH a annoncé avoir facilité l'accès au financement de 33 PSH en deux ans[83].

Certaines de ces initiatives sont également le résultat de situations de crise, à l'issue desquelles l'État se trouve contraint d'adopter des mesures afin de réparer une situation d'injustice, jugée défavorable aux PSH. C'est le cas des mouvements de recrutements massifs à la fonction publique de 2004, 2011 ou 2022, à la suite desquels des dispositifs particuliers ont été mis sur pied. La ministre des Affaires sociales a ainsi publié en 2011 dans le journal officiel *Cameroon Tribune* n° 9830/6031 un communiqué indiquant que des mesures correctives seraient prises, afin de faciliter la délivrance des cartes nationales d'invalidité et la participation aux recrutements lancés. Par ailleurs, il a été tenu un point de presse retransmis à la télévision nationale par le ministre de la Fonction publique, afin de reconnaitre l'erreur de l'administration dans le cadre du recrutement lancé, et annoncer des mesures correctives. Enfin, un communiqué a été publié par la Commission des Droits de l'Homme du Cameroun (CDHC) en 2022, à la suite des manifestations des PSH devant les services du Premier ministre, afin de rassurer l'opinion publique sur les mesures prises pour être à l'écoute des PSH…

Cet ensemble de mesures révèle que les politiques d'autonomisation des PSH thématisent davantage l'insertion par la fonction publique, que l'entrepreneurisation de celles-ci, comme solution aux inégalités existantes. Elle est relayée par les médias qui valorisent les figures de handicap insérées dans la fonction publique et occupant des postes de responsabilité, afin de décrire une « situation d'urgence » d'une part (les restrictions des entreprises à recruter des PSH et de présenter d'autre part des PSH intégrées majoritairement dans la fonction publique, comme figures positives de l'insertion socioprofessionnelle des PSH : « Cameroun : Insertion professionnelle des handicapés : encore du chemin à parcourir »[84] ; « Le

[83] https://www.stopblablacam.com/economie-et-politique/1802-6056-le-centre-des-handicapes-et-le-ministere-des-pme-vont-accompagner-l-insertion-professionnelle-des-personnes-a-mobilite-reduite, consulté le 28 juillet 2023 à 17h48.

[84] https://k-news24.com/societe/cameroun-insertion-professionnelle-des-handicapes-encore-du-chemin-a-parcourir/, consulté le 25 août 2023 à 16Hh08.

Cameroun veut-il des fonctionnaires handicapés ? »[85] ; « Cameroun – Recrutement à la Fonction publique : le calvaire des candidats handicapés »[86] ; «Des handi-candidats aux élections camerounaises »[87].

Cette thématisation indique que l'entrepreneurisation des PSH repose sur des stratégies par à-coups, dictées par les impératifs de crises en cours. L'insertion socioprofessionnelle par le fonctionnariat y est envisagée comme une solution à l'autonomisation des PSH au Cameroun, au détriment d'une véritable stratégie de veille sur le long terme. Ainsi, à l'issue d'une crise en 2021, les responsables du ministère des Affaires sociales (MINAS) tiennent une réunion avec le Collectif des aveugles indignés du Cameroun (CAMIC) le 18 décembre 2021. Au cours de cette réunion, les responsables dudit ministère évoquent comme principal obstacle à l'organisation d'un recrutement spécial des PSH, l'absence d'une base de données permettant d'identifier les PSH demandeuses d'emploi. Après que le CAMIC ait reçu l'instruction par leurs interlocuteurs de procéder au recensement des cibles concernées, celui-ci a publié une lettre ouverte dans laquelle il constate et déplore l'absence de statistiques du MINAS sur l'État de l'insertion socioprofessionnelle des PSH, pourtant inscrite au rang de ses prérogatives comme définies par le décret n° 2005/160 du 25 mai.

III.2. Le handipreneuriat dans la CUD et dans la Commune de Douala 5e : état des lieux, imaginaires, enjeux et stratégies

Les Communes ont la charge institutionnelle d'implémenter des politiques publiques d'autonomisation des PSH au niveau local. Elles se chargent donc dans le cadre des interactions avec leurs administrés de hiérarchiser, créer et diffuser les solutions qu'elles adaptent aux problèmes rencontrés dans le cadre de leurs attributions. L'objet de cette partie est de les identifier dans les Communes urbaines de Douala et de Douala 5e. Il s'agit au préalable d'identifier ces dispositifs, ainsi que la façon dont les acteurs chargés de sa mise en œuvre l'objectivent à travers les représentations qui s'en dégagent. Dans un second temps, il est question de comprendre comment les destinataires de ces dispositifs s'informent, apprécient et acceptent ou rejettent ces solutions, en adaptant parfois de nouvelles stratégies et pratiques de citoyenneté économique. Il en ressort qu'au lieu de choisir une « politique des handicaps » plus à même de tenir compte des spécificités du handicap au Cameroun et de mieux accompagner les PSH, les communes perpétuent une « politique du handicap » uniformisante, davantage informationnelle que

---

[85] https://www.yanous.com/news/focus/focus120316.html, consulté le 25 août 2023 à 16Hh12.
[86] http://odiga.unblog.fr/2011/04/15/cameroun-recrutement-a-la-fonction-publique-le-calvaire-des-candidats-handicapes/comment-page-3/, consulté le 25 août 2023 à 16Hh17.
[87] https://www.yanous.com/espaces/Citoyens/citoyens131004.html, consulté le 25 août 2023 à 16Hh23.

communicationnelle. Enfin, il apparait que cette posture est génératrice de tension, d'où le choix par les PSH de demeurer dans l'informel.

III.2.1. Des dispositifs de promotion du handipreneuriat opportuns et fonctionnels, pour une communication politique des maires

L'histoire de la décentralisation est antérieure aux années d'Indépendance au Cameroun, avec notamment la création le 25 juin 1941 par le Haut-Commissaire français des communes urbaines mixtes de Douala et Yaoundé. Par la suite, elle prend véritablement forme avec les lois N° 74/23 du 05 décembre 1974 et celle du 15 juillet 1987 portant respectivement sur l'organisation des communes et la création des communautés urbaines. La révision à son tour de la constitution par la loi N° 96/06 du 18 janvier 1996 va inscrire la décentralisation à l'ordre du jour de l'action publique au Cameroun. Depuis lors, diverses manifestations de l'action publique sont chargées d'en assurer l'effectivité et la mise en visibilité. On peut notamment évoquer la promulgation de nombreux textes et lois à la suite des précédents, la thématisation (JULLIARD, 2012, p. 10) dans les médias et les assemblées délibératives des modalités et des formes d'implémentation de celles-ci, ou encore la multiplication de cadres de communication publique comme cadres de diffusion et d'information sur l'action publique relative à la décentralisation (AWONO, 2016).

En matière de protection et de promotion en général, et d'autonomisation des PSH en particulier au Cameroun, la Commune urbaine de Douala (CUD) et la Mairie de Douala 5e s'appuient sur l'article 40 de la loi n° 2010/002 du 13 avril. Il indique ainsi leur rôle structurant dans les interactions avec les acteurs de la société civile, ainsi que les coopératives initiées par les PSH. Ledit décret qui a été renforcé depuis 2018 par le décret d'application n° 2018/6233 du 26 juillet, qui prévoit des dispositions pénales relatives aux discriminations commises à l'encontre des PSH, instaure une obligation d'aménagement raisonnable concernant les édifices et les transports publics, et définit une batterie d'accès aux droits sociaux dont les mesures préférentielles associées à la possession de la carte nationale d'invalidité, la gratuité de la scolarité pour les enfants handicapés indigents, et enfin un quota obligatoire dans les recrutements du secteur public et privé.

Les dispositifs d'incitation au handipreneuriat sont de deux ordres, à savoir, juridico-légaux, dans le cadre de leurs attributions et communicationnels. Les cadres communicationnels à leur tour, se subdivisent en deux. D'une part, il s'agit des cadres externes, parce qu'associés à un agenda international. Ils concernent les célébrations annuelles d'évènements mondiaux liés à la thématique du handicap (Journée internationale des personnes handicapées, Journée mondiale de la vue, Journée internationale de sensibilisation à l'albinisme…). D'autre part, nous retrouvons des cadres internes, définis par les communes elles-mêmes, qui peuvent avoir un caractère évènementiel (remise de dons, sensibilisation…) ou restreint (réunions, appels téléphoniques).

Dispositifs juridico-légaux et promotion d'une « politique du handicap », « plutôt qu'une politique des handicaps »

Concernant spécifiquement l'action des collectivités territoriales décentralisées, une première définition de la notion de handicap tend à montrer son ancrage territorial : le handicap y est défini comme « la perte ou la restriction des possibilités de participer à la vie de la collectivité à égalité avec les autres, le mot lui-même désignant implicitement le rapport entre le handicapé et son milieu. On souligne ainsi les inadéquations du milieu physique et des nombreuses activités organisées- information, communication, éducation, etc., qui empêchent les handicapés de participer à la vie de la société dans l'égalité »[88]. Plus loin, le rôle central des collectivités est souligné : « Dans les pays où la sécurité sociale est pour une large part assurée par le secteur privé, l'État devrait inciter les collectivités locales, les organisations de prévoyance sociale et les familles à prendre des mesures d'autonomisation et à promouvoir l'emploi des handicapés ou des activités propres à y contribuer »[89]. Ces approches sont en droite ligne des restructurations engagées par les politiques camerounaises dans le cadre du processus de décentralisation, dont les bases ont été jetées avec la révision constitutionnelle du 18 janvier 1996 qui instituait le principe de décentralisation. Outre le fait que celle-ci établit le transfert de compétences, elle définit les unités qui en seront les bénéficiaires, c'est-à-dire les régions et les communes. Elle sera renforcée par les lois n° 2004-017 du 22 juillet 2004 portant sur l'orientation et la décentralisation, n° 2004-018 fixant les règles applicables aux communes et n° 2004-019 fixant les règles applicables aux régions. Cette nouvelle orientation s'articule à une logique de proximité dictée par l'optimisation et la rationalisation des capacités de production, celle de gestion autour de l'action publique.

Elle intervient après la signature des Programmes d'ajustement structurel (PAS) dès la fin des années quatre-vingt-dix qui a conduit l'État camerounais, d'une part, à se retirer de la sphère entrepreneuriale, et d'autre part, à favoriser l'éclatement de la sphère publique, et notamment l'émergence progressive d'acteurs non étatiques. Il est intéressant dès lors de voir comment, en dépit d'une abondante littérature consacrée aux effets sociaux désastreux des PAS (KAMDOUM A., 1994)[90], la dévolution aux collectivités décentralisées d'un

[88] Règles des NU pour l'égalisation des chances des handicapés, point 18.

[89] *Ibid.*, Règle 8, point 7

[90] L'auteur révèle que ceux-ci ont conduit à la détérioration de l'encadrement et de la qualité des prestations sociales, à leur inaccessibilité désormais à certaines couches sociales, et à la prolifération d'une économie informelle. Là où l'État avait jusque-là joué le rôle de régulateur en pensant des politiques sociales, les modèles importés avaient instauré une logique de marché

objet social, en l'occurrence la protection et la promotion des PSH, s'est organisée.

La Loi n° 2010/002 du 13 avril 2010 aborde les thèmes suivants : accessibilité et droit au logement [article 34] ; éducation et encadrement [article 25, 26] ; sports et loisirs [articles 32 et 36] ; santé et prévention [articles 8, 13, 14, 15, 21]. Le décret n° 2018/6233/PM du 16 juillet 2018, aborde les thèmes liés à la formation et à l'encadrement [article 7] ; à l'emploi [article 16] ; à l'accessibilité [article 18] ; à la vie politique et la représentativité [articles 22 et 23] ; et aux sports et loisirs [articles 24 et 25]. Ces différentes thématiques indiquent que les prérogatives dévolues aux CTD en matière de promotion et de protection du handicap sont de l'ordre de la formation/l'éducation/l'encadrement, de la santé et de la prévention, de l'accessibilité et du droit au logement, de l'accès à l'emploi et enfin des sports et loisirs. Concernant spécifiquement la formation, il est question de formation de formateurs, d'éducation intégrative, et enfin de mise en condition des PSH dans un environnement de travail. L'accessibilité aux droits sociaux des PSH semble alors être au cœur de l'action publique à l'endroit de cette catégorie de la population. Mais cette politique pourrait être interrogée du point de vue de son efficacité sectorielle, dans la mesure où comme le souligne Rosine Ntsama, elle englobe aussi bien « des personnes affectées par des handicaps de façon naturelle ou accidentelle et celles qui auraient transgressé certaines règles ou valeurs sociales » (NTSAMA R., 2012). Elle ne définit donc pas en matière d'entrepreneurisation des PSH, des politiques spécifiquement adaptées aux spécificités induites par les handicaps. Elle repose sur une uniformisation des handicaps, ainsi qu'une indifférenciation des problèmes rencontrés par les PSH en situation de création d'entreprise. Par exemple, les personnes nécessiteuses sont qualifiées à l'article 12, alinéa 2, de « personnes handicapées physiques, mentales, visuelles, phonétiques, et auditives- les personnes présentant à la fois plusieurs types de handicaps encore appelées polyhandicapées- les enfants mineurs de parents handicapés, indigents et/ou nécessiteux… » Elle ne répond pas de fait aux exigences spécifiques des PSH, qui attendent de l'État entre autres l'instauration de pensions retraite, la création de fonds spécial visant à financer les projets des PSH, ou l'allègement fiscal des activités dirigées par cette catégorie[91]. Cette inadéquation entre une politique de suppléance et les attentes des PSH a été résumée par la Directrice exécutive du réseau national des organisations de promotion de l'inclusion des personnes handicapées du Cameroun, tout en reconnaissant les efforts fournis

privilégiant le rendement des institutions, aux missions sociales qui leur avaient été traditionnellement dévolues.

[91] https://www.camerounweb.com/CameroonHomePage/NewsArchive/Injustice-sociale-les-aveugles-crivent-une-longue-lettre-au-premier-ministre-633952, consulté le 25 septembre 2023.

par l'État camerounais : « nous restons dans la perspective d'assistanat qui ne nous aide pas du tout ».[92]

Cette approche non consensuelle est enfin associée à une communication élitiste, de crise et politique, dont rendent compte la nature des dispositifs informationnels/de communicationnels retenus pour en faire la diffusion.

Cadres communicationnels et communication politique

Les cadres externes concernent l'organisation d'évènements thématiques par les Communes, ou en collaboration avec des organismes partenaires appartenant au territoire de circonscription des communes. Ces évènements s'adossent la plupart du temps à une thématique internationale. C'est le cas de la 31e édition de la Journée internationale des personnes handicapées de Douala 5e[93], au cours de laquelle la mairie a procédé à la remise d'appareillages pour handicapés visuels, de matériels pour handicapés moteurs et d'appareillages pour handicapés auditifs[94]. Des institutionnels (Délégué d'arrondissement du MINADER, Chef de centre social de Douala 5e), et des représentations d'associations (ADEPHAN, SODEVIAC, APAN) y sont conviés, ainsi que les PSH de façon générale. Des activités telles que les formations sur la recherche de financements, la formation aux activités génératrices de revenus (horticulture, fabrication de savon, teinture de tissus…), et enfin des causeries éducatives constituent les activités centrales de ces journées.

Les cadres internes sont moins médiatisés, et renvoient à l'organisation d'ateliers, à des réunions de concertation, ou des rencontres, le plus souvent sous l'impulsion des Communes. C'est le cas de l'Atelier de lancement de la mise en place d'un écosystème de développement social dans la ville de Douala organisé par la CUD au Cercle municipal de Bonabéri le mardi 26 avril 2022. Pour la sous-directrice des affaires sociales et de la promotion de la femme/DCTAJS de la CUD, ce type de cadre a pour objectif de « renforcer le dispositif de la collecte de données, renforcer également les capacités des acteurs sociaux par des séminaires, la vulgarisation des textes et tout autre document, le suivi-évaluation véritable plan social communautaire à mettre en place »[95]. Les cadres physiques constituent ainsi des espaces de rencontre entre les Communes et leurs administrés, principalement les leaders ou membres d'Organisations de la Société Civile œuvrant pour les PSH

---

92 https://kamerinfosplus.com/2022/09/13/conrha-2022-plus-de-trois-millions-de-personnes-handicapees-a-proteger-au-cameroun/, consulté le 25 septembre 2023.

93 La Journée internationale du handicap est célébrée chaque année le 3 décembre et instituée depuis 1992 par les Nations Unies.

94 https://mairiedouala5eme.cm/31eme-edition-de-la-journee-internationale-des-personnes-handicapees-de-douala-5/, consulté le 06 mars 2023 à 20h13.

95 Magazine La voix de la cité, Manuel d'information sur les collectivités locales, n° 45 de juin 2022, Entretien, p. 14

(OSCPSH), ce qui leur permet de diffuser des informations tout en mettant en scène les actions des administrateurs en faveur des PSH relevant de leur localité. S'inscrivant dans la même perspective, la Cheffe de service des affaires sociales et culturelles de Douala 5e estime que la capacité des PSH de la Commune d'arrondissement à se rapprocher de l'institution pour avoir la « bonne information », est déjà un premier acte vers le handipreneuriat : « Il faut d'abord avoir la volonté d'arriver ici. Si vous ne faites pas cet effort, ça veut dire que vous n'êtes pas capable de dépasser votre handicap, vous ne pouvez rien entreprendre [...] si vous êtes paresseux, vous ne pouvez pas avoir les informations, vous ne pouvez pas sortir de la maison, et ce sont des choses que nous n'encourageons pas à la mairie »[96]. Ces discours, chargés de capacitisme[97], laissent entrevoir deux figures du handicap par les administrateurs des communes de Douala 5e et de la CUD : d'une part, une charge positive de la « PSH proche de la Mairie », qui considère comme préalable nécessaire à l'acte d'entrepreneuriat, la proximité physique des services de la maire, et une charge négative de la « PSH paresseuse qui reste à la maison », comme principal frein à des opportunités qui seraient disponibles. Cette approche légitime à son tour, des cadres de concertation plus informationnels que communicationnels, bien que la synergie entre les mairies et les associations chargées des PSH en soient l'objet.

Les cadres communicationnels peuvent également servir de prétexte à l'attribution d'éventuels financements, de formations ou aux opportunités de recrutement. C'est dans cet esprit que l'article 38 de la loi n° 2010/002 du 13 avril 2010 portant protection et promotion des personnes handicapées stipule que « *Les personnes handicapées justifiant d'une formation professionnelle ou scolaire bénéficient des mesures préférentielles, notamment la dispense d'âge lors des recrutements aux emplois publics et privés par rapport aux personnes valides, lorsque le poste est compatible avec leur état. À qualification égale, la priorité de recrutement est accordée à la personne handicapée... »*. L'objectif ultime de ces politiques mises sur pied par les communes semble donc, au-delà de mettre en scène l'action des collectivités territoriales en faveur des PSH, de promouvoir leur accès à des niches « d'emplois atypiques dirigés principalement en direction des jeunes, soit par la création directe d'emplois et les subventions à l'emploi, soit par la

[96] Entretien, décembre 2022.

[97] Masson définit la notion de « capacitisme » comme étant une « *structure de différenciation et de hiérarchisation sociale fondée sur la normalisation de certaines formes et fonctionnalités corporelles et sur l'exclusion des corps non conformes et des personnes qui les habitent. Le capacitisme "fait système" au sens où il infuse et structure tous les aspects de la vie en société (subjectivités et identités, relations sociales et arrangements sociaux, institutions, représentations et environnements), et ce, dans toutes les sphères de la vie sociale »* (MASSON, 2013, p. 105)

flexibilisation du marché du travail »[98]. Dans les faits, sont désignés pour évaluer la pertinence de la situation des demandeurs de cette aide, des membres désignés dans le cadre du Comité communal d'attribution des aides et des secours aux indigents et aux nécessiteux (CCAS). Cet organe se réunit au moins une fois par trimestre sur convocation de son président, le maire pouvant prendre des mesures en vue de la prise en charge d'un cas particulier s'il y a urgence.

Rendu à ce stade, il apparait qu'il est moins question de promotion ou d'incitation au handipreneuriat que d'une politique d'accompagnement de PSH en situation de précarité. Pour la responsable du service des affaires sociales et culturelles de Douala 5e, les dispositifs de la Mairie participent d'ailleurs d'un processus de dépassement de soi, et devraient être incitatifs à dépasser leur condition pour les PSH : « Il est question de dépasser les logiques d'assistanat. Lorsque les handicapés arrivent ici, on leur demande ce qu'ils ont à développer, et c'est en fonction de ça, et aussi du type de handicap qu'on leur propose des solutions prévues par la loi »[99]. Dans la mesure où lesdits dispositifs, ainsi qu'il a été mentionné plus haut, concernent essentiellement l'octroi de dons ou d'aides ponctuelles, l'accompagnement prévu par les mairies semble insuffisant à structurer une activité économique spécifiquement tenue par les PSH. C'est ce sentiment que partagent Guy-Hervé et Élie qui, à la suite du lancement de leurs activités, se sont rapprochés de leurs mairies d'arrondissement. Ils déplorent ainsi la faiblesse des aides qui leur ont été octroyées, et déplorent l'absence de dispositifs d'aide à la création d'entreprise spécifiquement adaptés à leur condition de personnes en situation de handicap.

III.2.2. Informalisation du handipreneuriat dans la CUD et à Douala 5e : entre précarité, stratégies de débrouilles

La précarité des PSH vivant dans la CUD et dans la Mairie de Douala 5e est d'abord structurelle. Elle indique une faiblesse du taux d'instruction des PSH, qui crée un plafond de verre contraignant. Les PSH se tournent alors vers les activités génératrices de revenus, moins par stratégie, que par nécessité de survie, ce qui constitue un deuxième frein à l'entrepreneuriat. Enfin, les discours d'assistanat de l'État, et la mise en visibilité de figures dont la réussite a été rendue possible par l'accès à la fonction publique transforment leur propre perception du handipreneuriat. Il en résulte que l'informalisation de leurs activités devient une parade transitoire et de survie.

Précarité structurelle et plafond de verre

---

98 CHEVALIER T. (2018), Penser la citoyenneté socio-économique des jeunes, in CHEVALIER T. (Dir.), (2018), La jeunesse dans tous ses états, PUF, Paris, pp. 13-46, https://www.cairn.info/la-jeunesse-dans-tous-ses-etats--9782130795407-page-13.htm, p. 7.

99 Entretiens, décembre 2022.

Dans la région du Littoral, les statistiques révèlent que les PSH jusqu'au second cycle bénéficient d'un niveau d'instruction proche à de la moyenne nationale qui est de 12%. Au niveau des études supérieures cependant, cette moyenne s'amenuise jusqu'à 8,4%, révélant un plafond de verre en matière d'instruction. Les tendances générales indiquent également une forte proportion de femmes handicapées sans niveau d'instruction, comparativement aux hommes[100]. Cet écart se creuse singulièrement lorsqu'est évoqué le taux d'alphabétisation, avec 90,7% dans le Littoral d'hommes alphabétisés en situation de handicap, contre 14,7% seulement de femmes. Concernant les activités économiques, 42,1% seulement de la population de 15 ans et plus vivant avec un handicap dans la région du Littoral sont qualifiées comme étant « actifs »[101]. 70,4% de la population de 15 ans et plus vivant avec un handicap est ainsi considérée comme étant « indépendante », c'est-à-dire comme « une personne qui travaille pour son propre compte et n'utilise aucune main-d'œuvre salariée. Elle peut utiliser plusieurs aides familiales et/ou des apprentis non rémunérés » ; en revanche, 0,4% seulement d'entrepreneurs sont considérées comme étant « employeurs », c'est-à-dire comme une « personne qui exploite sa propre entreprise économique et qui utilise une main-d'œuvre salariée »[102].

Le graphique suivant indique les activités du secteur informel non agricole dans lesquelles s'insèrent les activités entrepreneuriales des PSH.

Graphique 4.11 : Répartition (%) de la population âgée de 15 ans et plus par sexe selon le secteur informel non agricole

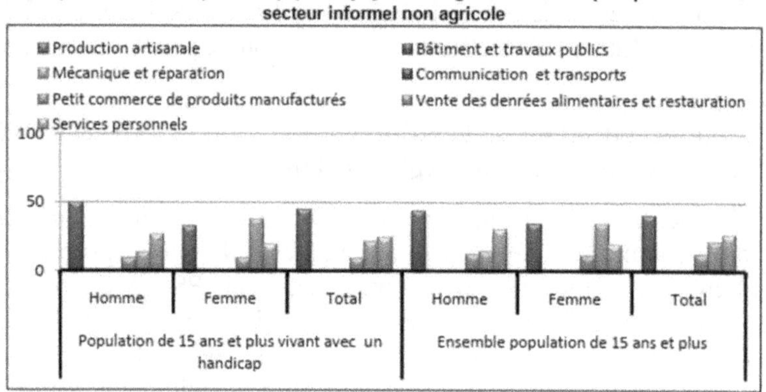

Le pourcentage de PSH hommes exerçant une activité artisanale y est supérieur à la moyenne nationale. Chez les PSH femmes, ce phénomène se produit dans le domaine de la vente des denrées alimentaires et restauration. Globalement, il semble que les niches informelles sont attrayantes aussi bien pour les PSH que pour l'ensemble de la population, dans la mesure où elles

[100] *Ibid.*, p. 27
[101] *Ibid.*, p. 33
[102] *Ibid.*, p. 43

constituent des activités de survie. Cette prévalence des petits métiers dans les choix des handipreneurs indique à la fois une faible capacité de capitalisation, et une préférence pour le secteur informel. De fait, le tableau n. 3 rend compte de la situation entrepreneuriale des handipreneurs interrogés au cours de notre étude.

Tableau n. 3 : Situation entrepreneuriale des handipreneurs interviewés

N°	NOMS	ACTIVITÉ	DURÉE DE L'ACTIVITÉ	Existence légale	Siège	Statut juridique/nature
01	Élie N.	Artisanat et accessoires de mode	> à 10 ans	Numéro de contribuable	Non	Association
02	Raymond N.	Associatif, formation et coaching	> à 05 ans	Récépissé de déclaration	Non	Association
03	Guy Hervé. K.	Services (Vente de fournitures scolaires et Pressing)	> à 05 ans	Numéro de contribuable/Impôt libératoire	Oui	Association
04	Junior N.	Restauration	< à 05 ans	Numéro de contribuable/Impôt libératoire	Oui	Association
05	Christian K.	Secteur associatif : Inclusion et Formation aux NTIC	> à 10 ans	Récépissé de déclaration	Oui	Association
06	Pierre-Marie	Secteur associatif : artisanat, élevage agriculture et formation	> à 10 ans	Numéro de contribuable/Impôt libératoire/Récépissé de déclaration	Oui	Association
07	E.(« Prési »)	Cordonnerie	> à 10 ans	Non	Oui	/
08	Alain R.	Vente d'accessoires de mercerie	> à 10 ans	Numéro de contribuable/Impôt libératoire	Oui	TPE
09	Julienne M.	Vente de vivres frais	< à 05 ans	Non	Oui	/
10	Simon L.	Peinture, art et décoration	< à 05 ans	Numéro de contribuable/Impôt libératoire	Oui	TPE

Source : TSAGUE TSAYEM, Mars-Juillet 2023

Dans ce tableau, trois PSH seulement exercent des activités entrepreneuriales depuis moins de cinq ans. Deux n'ont pas d'existence légale, les autres ayant fait le choix de formes de fiscalités allégées (Impôt libératoire), ou associatives (Récépissé de déclaration). D'après eux, ces deux formes permettent de les protéger des agents des impôts qui effectuent régulièrement des descentes sur le terrain, d'avoir accès à des financements ponctuels d'ONG, de la mairie ou du MINAS, ou enfin à être reconnus dans les instances de délibération de la société civile qui œuvrent en faveur des PSH. Outre leur dimension économique, ces formes légales leur garantissent donc une existence syndicale qui, à son tour, leur permet d'avoir accès à diverses opportunités spécifiquement prévues pour les PSH. Élie reconnait ainsi avoir fait enregistrer son activité à la suite de la formation qu'il a reçue au sein d'une ONG implantée dans la ville de Douala et qui devait déboucher sur le financement de ladite activité.

L'informalisation du handipreneuriat, une parade transitoire et de survie

Singulièrement, le cas d'Élie N. illustre les difficultés traversées par les PSH pour l'accès à un emploi décent. Peintre à l'origine, il a dû diversifier ses activités au gré des opportunités qu'il rencontrait. Son premier local lui est fourni par un jeu de solidarités locales : « Je marchais pour vendre mes œuvres dans les bars, je proposais aux gens qui étaient attablés aux terrasses des bars. Puis, un jour, un grand du quartier qui était voisin de la maison [Maison familiale] m'a vu. Il m'a alors proposé de venir occuper un petit espace à l'aéroport. C'est là que j'ai commencé mon activité »[103]. Mais le récit d'Élie, loin d'être concluant, montre la dépendance et la fragilité des PSH à l'endroit des dispositifs incitatifs, qui sont souvent attribués au gré du bon vouloir des administrateurs. Ainsi, après un malentendu avec l'un des responsables de l'aéroport de Douala, Élie reçoit l'ordre de quitter l'aménagement précaire qu'il occupait. Malgré de nombreuses démarches administratives, il est forcé de mettre fin à une activité qu'il menait depuis plus de sept ans. Il bénéficiera d'autres types d'accompagnement (financier, comptable, marketing, informatique…) offert par des ONG internationales locales, mais qui ne le satisfont pas, dans la mesure où il trouve « tout cela un peu compliqué », à cause de son faible niveau d'études. Depuis, Élie s'est également reconverti dans la vente d'accessoires de mode artisanaux, et travaille depuis son domicile, assisté de son épouse.

Guy-Hervé, pour sa part, a trouvé une parade lui permettant d'avoir accès à la bienveillance des pouvoirs publics dans le cadre de son activité. Ayant investi avec l'aide d'amis rencontrés depuis le secondaire dans une activité de vente de fournitures scolaires, il s'investit également depuis peu dans le lancement d'une laverie automobile. Il affirme avoir eu accès à des exonérations dans la commune de Douala 5e, mais trouve insatisfaisante l'action de celle-ci à l'endroit des PSH : « Le problème, c'est qu'il est vraiment difficile de trouver la bonne information. Au début du projet avec mes partenaires, nous avions eu la possibilité d'avoir accès à des marchés […],

[103] Entretiens, décembre 2022.

mais j'ai marché fatigué à la commune, je n'arrivais pas à avoir la bonne information ». Cordonnier, « Prési » pour sa part estime avoir acquis le droit d'exercer son activité sans être redevable à l'État : « Parfois, ils [les agents des impôts] viennent, et veulent me déranger. Je leur montre mes jambes. Je leur dis : mon frère, si ce n'est pas le petit truc ci que je fais, les enfants vont manger quoi ? En général, ils sont sensibles, ils finissent par me laisser tranquille, même s'il y en a à qui tu dois quand même donner une bière... » Les nombreux témoignages dans ce sens montrent de fait l'émergence d'une nouvelle forme de citoyenneté économique, qui tout en justifiant et en intériorisant dans le cadre formel la dépendance à l'assistanat administratif, s'appuie dans l'informel, sur une négociation avec les agents de la mairie, pour l'inflexion des dispositifs d'imposition de leur activité entrepreneuriale.

Pierre Marie, pour sa part, pratique une double stratégie entrepreneuriale. D'une part, il concentre l'essentiel de ses activités à son domicile (vannerie), ainsi que dans un quartier périphérique de la ville (Ferme). D'autre part, dans la mesure où il est intégré dans plusieurs programmes d'appui à l'artisanat mis sur pied par le MINPMEESA, il reconnait s'être fait aider pour régulariser ses activités. Sur la même lancée, 6 des handipreneurs interrogés indiquent que le statut associatif constitue une sorte de « couverture fiscale et économique » qui leur permet de solliciter l'indulgence des administrateurs des communes dans le jeu des règles administratives, d'avoir accès aux réseaux relationnels qui à leur tour leur permettent d'obtenir les financements lorsqu'ils sont disponibles, et enfin, de décourager les agents des impôts sur le terrain qui seraient tentés de vérifier leur conformité.

Enfin, les itinéraires de réussite peuvent inspirer une volonté de réussite sociale. Guy-Hervé affirme ainsi que son désir d'entreprendre a d'abord été suscité par sa rencontre avec une personnalité du milieu du handicap, Coco Bertin, fondateur du Cercle des jeunes aveugles réhabilités du Cameroun (CJARC) : « Sincèrement, il m'a donné envie de faire quelque chose par moi-même. Il est dynamique, c'est quelqu'un qui sait ce qu'il veut, et c'est pourquoi j'ai voulu lui ressembler. Dieu aidant, j'ai également fait la connaissance de personnes qui m'ont accompagné dans mon projet [104]». Pour Julienne, c'est le désir de s'émanciper qui la pousse à aménager un étal de vente de vivres frais à l'entrée de sa maison : « Je voulais aider mon mari. Je voulais lui montrer que je suis une femme battante, et que ce n'est pas parce que je suis une femme handicapée que je ne peux pas aussi sortir le matin, et

[104] Entretiens, décembre 2022. Il faut relever à ce stade que le CJARC, Organisation associative présidée par M. Coco Bertin, est une figure de réussite populaire parmi les PSH en général, et les personnes déficientes visuelles en particulier. Cette réussite est certes le fruit de son innovation en matière d'éducation inclusive au Cameroun, mais est également due au succès de ses collaborations avec l'État, matérialisée par la bienveillance de l'épouse du Chef de l'État.

rapporter quelque chose à manger [...] Maintenant, toute ma belle-famille qui ne me voulait pas au début me respecte. »[105]

IV. Discussion

Ce travail postulait que la politique de promotion de l'auto-emploi des PSH au Cameroun privilégie une approche « work-first » qui confine la citoyenneté matérielle des PSH à l'exercice d'activités de survie. Cette hypothèse à son tour était structurée autour de deux hypothèses secondaires.

La première étant que les discours internationaux, locaux et communaux sur l'auto-emploi des PSH au Cameroun sont générateurs de tensions idéologiques, politiques et stratégiques dans la mise en œuvre de cette politique. Il apparait à ce stade que l'approche « work-first » est une résultante du décalage entre les dispositifs internationaux prescriptifs, et la bureaucratisation des approches handicap de l'État. Les discours internationaux sont constitués de chartes, conventions, protocoles et rapports de session entre états membres, traitant de thématiques liées au handicap. Ils sont porteurs d'une apparente neutralité qui sert de cadre prescriptif aux États membres en matière d'action publique à l'endroit des PSH. S'ils traitent de thématiques liées aux droits sociaux, à l'autonomisation ou à la protection des PSH, ils n'en établissent pas moins les États membres comme garants de la définition et de la mise en œuvre de ces stratégies. Thématisés au milieu des années 50, ils ont progressivement intégré une dynamique de participativité qui, elle-même, s'adossait à l'agenda international dans le cadre des discours sur la mondialisation. Néanmoins, leur apparente neutralité ne sert qu'à en assurer la reproduction et la diffusion, notamment en établissant une vérité absolue à travers l'expertise scientifique et le caractère technique qu'ils sous-tendent (HIBOU, 1998, LAVAL, 2014, BOISGONTIER, 2023).

A contrario, les discours nationaux sur le handicap sont marqués par une historicité politique et économique singulière. Inscrite dans la Constitution du 18 janvier 1996, l'action publique à l'endroit des PSH n'est véritablement institutionnalisée qu'en 1997 avec la création du ministère des Affaires sociales (MINAS). À ce dernier, est alors assignée la charge d'accompagner l'État en matière d'implémentation des politiques d'accompagnement des PSH. Les discours nationaux s'articulent principalement autour de textes de lois, décrets, circulaires et autres instruments juridiques et légaux qui définissent les axes, les cadres et les formes d'intervention de l'État. S'ils thématisent également l'accès aux droits sociaux des PSH en accord avec les axes définis par les textes internationaux, ils obéissent cependant à des cadres communicationnels particuliers, conformément aux objectifs et aux formes qui leur sont assignés. L'on peut ainsi observer la multiplicité d'interventions

[105] Entretiens, février 2023.

de diverses institutions, dans le champ de la formation, de la réinsertion socioprofessionnelle et de l'accompagnement financier… Cette dynamique se traduit par la présence de partenariats noués entre ces institutions et le MINAS, mais dont l'incidence, les effets et la pérennité ne sont pas mis en visibilité. Par ailleurs, on observe une communication a posteriori de l'État, dont la thématisation en amont par la société civile transforme en aval les instruments juridiques. Cette communication de crise de l'État s'apparente dès lors à une communication politique, visant davantage à promouvoir l'image de l'État-pourvoyeur, renforçant ainsi l'image de l'insertion socioprofessionnelle des PSH par l'accès à la fonction publique.

Ces deux approches, idéologiques pour l'une, et politique pour l'autre, contribuent à leur tour à soulever des tensions dans l'implémentation de la politique d'entrepreneurisation des PSH au Cameroun. C'est dans ce sens que la deuxième hypothèse affirme que ces tensions renforcent les choix stratégiques des Communes de Douala et de Douala 5e pour une « politique du handicap » plutôt qu'une « politique des handicaps », cette dernière à son tour contribuant à perpétuer chez les PSH le choix d'une citoyenneté matérielle dépendante, transitoire et de survie. Nous avons ainsi pu identifier que dans leur forme, les dispositifs promus dans ces communes étaient de deux ordres, à savoir externes et internes. Les premiers sont relatifs à l'organisation d'évènements thématiques au sein des communes, en rapport avec l'agenda des institutions internationales. Ces formes de commémoration ont une visée de reproduction par la force symbolique qu'elles mobilisent, autour des questions liées à l'accès aux droits sociaux des PSH, à leur autonomisation, à leur protection… Les cadres internes sont moins médiatisés, et sont relatifs aux missions des communes. Ils rendent possible la collecte de données à l'échelle locale sur les cibles handicapées, les médiations avec les acteurs impliqués dans les OSC et les ONG relevant de leurs circonscriptions, et mettent en scène la communication gouvernementale en faisant connaître l'action des maires, dans un contexte de décentralisation où la légitimité de ceux-ci est thématisée dans les débats publics. Dans le fond, cependant, ces stratégies se limitent à la création opportune de niches d'insertion socioprofessionnelle des PSH de leurs circonscriptions. Elles éludent le problème du plafond de verre auquel les PSH sont soumises dans le cadre de leur faible instruction et qui les confine selon les statistiques à l'exercice d'activités de survie, plutôt qu'à une véritable vision entrepreneuriale. Au-delà, elles perpétuent la dépendance de cette catégorie à l'État comme principal pourvoyeur, croyance renforcée par les imaginaires et les représentations du handicap portés par les agents de ces communes. Comme forme de médiation inédite enfin, ces tensions mettent en évidence diverses parades mises sur pied par les handipreneurs de ces communes, dont l'informalisation de leurs activités constitue la principale déclinaison.

Cet état de choses nous a fait formuler dans le cadre de cette recherche, quelques pistes de solutions. En ce qui concerne la communication sur les dispositifs de handipreneuriat, nous proposons des campagnes de sensibilisation à trois niveaux : sensibilisation d'une part, des agents de mairies, afin de modifier leur représentation du handicap et leur connaissance des handicaps ; sensibilisation, d'autre part, des familles, des proches et des PSH elles-mêmes à la nécessité de scolariser les PSH, afin d'améliorer leurs chances d'insertion socioprofessionnelle autrement que par la fonctionnarisation ; sensibilisation, enfin, des entreprises publiques et privées des pénalités qu'elles encourent à ne pas respecter les quotas en matière d'insertion des PSH, et veiller à la création de commissions chargées d'en vérifier le respect.

Enfin, afin de modifier les imaginaires des PSH quant aux itinéraires de réussite possibles, il est nécessaire d'organiser des campagnes médiatisées afin de vulgariser des figures de réussite en situation de handicap, qui ne seraient pas seulement recrutées par l'État.

Références bibliographiques

Ouvrages :

BLANC A., AMIRA S., EBERSOLD S., GARDIEN E., LO S-H., VELCHE D., et al. (2009) L'insertion professionnelle des travailleurs handicapés, Grenoble, PUG

BONCLER J. HLADY-RISPAL, (2003) Caractérisation de l'entrepreneuriat en économie solidaire, Paris, ADREG

EBERSOLD S. (1997) L'invention du handicap : la normalisation de l'infirme, CTNERHI, 2e édition.

FOUCAULT M. (1971), L'ordre du discours, Gallimard, Paris

GOFFMAN E. (1996), Stigmates, les usages sociaux des handicaps, Paris, Minuit

HAMMONET C. (2004), Les personnes handicapées, Paris, PUF, Que-sais-je.

KERROUMI B. (2011), Les déficiences du management face aux handicaps : du jeu d'acteur aux réponses managériales, Sarrebruck, EUE

LAMIZET B., (2003), Le sens de la ville, L'Harmattan, Paris

MARSHALL, T. H. (1950), Citizenship and Social Class and Other Essays, Cambridge, Cambridge University Press

MORVAN J.S, PAICHELER H (1990) Représentations et Handicaps : vers une clarification des concepts et méthodes, CTNERHI.

PERNET C., SAVARD D. (2000) Travailleurs handicapés en milieu ordinaire : des outils pour mieux les accompagner, Toulouse, Erès

POPOVIC P., 2008, Imaginaire social et folie littéraire. Le Second Empire de Paulin Gagne. Montréal, Les Presses de l'Université de Montréal, Collection « Socius »

SECA J-M., 2002, Les représentations sociales, Armand Colin/ VUEF, Paris, 2002

STICKER H. J. (1997) Corps infirmes et société, Paris, Dunod.

TAUSSIG G. (1997), Malformations des membres : études et témoignages, CTNERHI.

TISSERANT G., STICKER H.-J., SEGUY A. (2012) Le handicap en entreprise : contrainte ou opportunité ? Vers un management équitable de la singularité, Paris, Pearson

VEIL CLAUDE. (1968), Handicaps et société, Paris, Flammarion

Chapitres d'ouvrage :

ATENGA, T. (2012), « Introduction », pp. 1-6, in ATENGA T., MADIBA G. (dir.), La communication au Cameroun. Les objets, les pratiques, Paris, Archives contemporaines

CHEVALIER T. (2018), Penser la citoyenneté socio-économique des jeunes, in CHEVALLIER T. (Dir.), (2018), La jeunesse dans tous ses états, PUF, Paris, pp. 13-46, https://www.cairn.info/la-jeunesse-dans-tous-ses-etats--9782130795407-page-13.htm,

Articles de revue :

BOITEUX J. (2020), Citoyenneté économique et citoyenneté politique des femmes aux États-Unis, Ideas (En ligne), 16| 2020, Online since 1 October 2020, connection on 4 March 2023. URL: http://journals.openedition.org/ideas/9618

BOUTILLIER S., (2008) « L'entrepreneur social, un entrepreneur socialisé dans une société entrepreneuriale ? », in Humanisme et entreprise, n° 290

GRIFONE BAGLIONI L., La citoyenneté matérielle : Essai de définition et analyse comparative France-Italie, traduit de l'italien par Jacques Fontaine, Pôle Sud 2015/2 n° 43, https://www.cairn.info/revue-pole-sud-2015-2-page-13.htm, consulté le 23 juillet à 07h23

NGA NKOUMA TSANGA R. C. (2020), Quand une femme en situation de handicap s'invite dans les affaires… une analyse par les récits de vie des handipreneures camerounaises, revue Vie et Science de l'entreprise (En ligne), 2020/2 N° 210

OSBORNE S. (1998) "Naming the beast. Defining and classifying Service innovations in Social policy", in Human relations n° 51/9

PECOUD A. (2004), Citoyenneté politique, citoyenneté économique. Entrepreneuriat immigré et politique d'intégration à Berlin, https://www.academia.edu/6278417/Citoyennet%C3%A9_politique_citoyennet%C3%A9_%C3%A9conomique_Entreprenariat_immigr%C3%A9_et_politiques_d_int%C3%A9gration_%C3%A0_Berlin, consulté le 03 mars 2020 à 05h11

RONTEAU S., LESAGE X., HMINDA N. (2012), Changement entrepreneurial et pouvoir agentiel de l'entrepreneur, in RIMHE, Revue Interdisciplinaire Management, Homme et entreprise, n° 3

ROUSSEAU F. (2007), « Le militant-gestionnaire : Genèse de l'entrepreneur social », Journée de Recherche « Quel management pour les associations ? », 12 janvier 2006, IAE de Tours.

SWARTZ L. (2014), Five challenges for disability-related research in sub-Saharan, African Journal of Disability, Vol. 3, N° 2

Rapports et études :

AGBOVI K. (2009) *Représentation et perception du handicap par les cadres de l'administration publique et les autorités locales au Burkina Faso*, Étude réalisée dans le cadre du projet régional DECISIPH. Handicap international en Afrique de l'Ouest

BAKHSHI P. Gall F. Trani J.-F. (2014) Le handicap dans les politiques publiques marocaines face au creusement des inégalités et à l'appauvrissement des familles avec des ayants droit handicapés. Handicap International – Programme Maghreb / Collectif pour la promotion des droits des personnes handicapées

BAYAT M. (2013) Understanding views of disability in the Côte d'Ivoire. Disability & Society, 29 :1, 30-43, DOI : 10.1080/09687599.2013.768954

BOGGS D., PRYOR W. (2013), Une réadaptation de qualité dans le contexte de développement international. Handicap international

BRUS A. (2010), L'accès aux services des personnes handicapées dans 7 pays d'Afrique de l'Ouest (synthèse). Projet DECISIPH / Handicap international, 2010-2011.

ETONGUÉ MAYER E. J. (2007), Étude sur les droits des personnes handicapées au Cameroun. L'Union africaine des Aveugles (UAFA) et l'Association Nationale des Aveugles du Cameroun (ANAC). 2007

THIAM A. (2005), Étude sur les stratégies de prise en charge et d'intégration socio-économique des personnes handicapées au Sénégal, Centre de ressources pour la promotion des personnes handicapées (CRPH)

Mémoires et thèses :

NOUTCHA R. (2004), Des œuvres missionnaires au traitement social du handicap au Cameroun : du protectorat à la République, Thèse de doctorat, Université Marc Bloch de Strasbourg.

PAKOUYOWOU M. (2012), Mise en place d'une monographie Togo comportant des recommandations pour le renforcement du plan national de réadaptation, Mémoire de Master. Université de Lorraine

Drainage des eaux pluviales et persistance des inondations à Douala : quelles limites pour quelles solutions ?

Ornelle Rosine TIOMO

Doctorante en Géographie, option géopolitique de développement,
Université de Yaoundé 1
ornelletiomo6@gmail.com 1

Résumé

Situé dans l'arrondissement de Douala V, le bassin versant de Tongo Bassa fait partie des plus grands bassins versants parmi les neuf principaux de la capitale économique du Cameroun. Il s'étend sur une surface de près de 44 km 2. Il prend sa source dans la rive gauche du Wouri et recouvre plusieurs zones parmi lesquelles Makèpè Missokè, zone cible de notre étude. Ayant fait partie des différents bassins versants qui ont bénéficié du projet de drainage pluvial, cette zone présente en dépit de tous les travaux réalisés une persistance aux inondations. Ceci nous amène à nous interroger sur l'efficacité du système de drainage des eaux pluviales effectué dans ladite zone. Une approche méthodologique pluridisciplinaire et systémique de l'analyse spatiale des données physiques et sociales de notre site nous a permis de faire asseoir les bases de notre recherche. En somme, cette étude a permis de mettre en exergue une dualité dans la responsabilité de la persistance des inondations malgré le projet de drainage pluvial dans le Tongo Bassa. Ainsi, il ressort de l'analyse des limites et des solutions du drainage des eaux pluviales et persistance des inondations dans le BV de Tongo Bassa que les responsabilités sont partagées. Elles sont aussi bien imputables à l'inaction concrète des autorités compétentes en matière d'entretien, de curage des drains et d'assainissement dans la zone, qu'à l'incivisme de la population. Dès lors, l'application fidèle des textes de réglementation sur l'entretien des drains et la gestion des déchets par les structures administratives, le développement des sanctions disciplinaires face aux attitudes inciviques de la population et l'implication de la population locale dans la gestion des drains sont quelques solutions à adopter face à cette situation. Toutefois, pour une gestion durable et une meilleure valorisation du système de drainage, un comité de suivi et d'évaluation des risques doit être mis en place et un financement approprié doit suivre afin de rendre le travail plus aisé.

Mots clés : Drainage, eaux pluviales, inondation, Bassin versant de Tongo Bassa, limites, solutions.

Abstract

Located in the Arrondissement of Douala Ve, the watershed of Tongo Bassa is one of the largest BVs in the economic capital of Cameroon. It covers an area of nearly 44 km². It covers several districts of the city, including Makèpè Missokè, the target area of this study. As one of the different watersheds that have benefited from the river drainage project and, despite the work carried out, Tongo Bassa has a persistence of flooding. This raises questions about the effectiveness of the river water drainage system set up along this watercourse. A multidisciplinary and systemic methodological approach to the spatial analysis of the physical and social data of the study site helped to lay the foundations for the research. In short, this study highlighted the responsibilities in the persistence of flooding despite the river drainage project in Tongo-Bassa. Thus, the analyses carried out show some limitations that have led to optimal drainage solutions for river water, often responsible for the persistence of flooding in the BV of Tongo-Bassa. The responsibilities established are attributable both to the concrete inaction of the competent authorities, a guarantee of the maintenance of these drains, and to the incivility of the local populations. Therefore, the application of the texts regulating the maintenance of drains and waste management is necessary. Corrective measures must also be taken to ensure well-being in the environment. However, for the sustainable management and better valuation of the drainage system, a monitoring and risk assessment committee must be set up and a financing system set up to make the work easier.

Keywords: *Drainage, river water, flooding, Tongo-Bassa watershed, boundaries, solutions.*

Introduction

Plus de la moitié de la population mondiale vit à présent dans les villes (ONU, 2014). Le Cameroun n'est pas en reste. C'est un pays à urbanisation récente et rapide. Les grandes villes du Cameroun et Douala principalement font face à une croissance démographique exponentielle et au dépassement des limites du site (Olinga 2021). Cette croissance démographique rapide se développe sous forme de « coulées urbaines » (Mainet 2005) marquées par des investissements dans les zones marginales. En effet, cette démographie galopante parfois exposée aux vulnérabilités socioéconomiques, éco systémiques et du milieu[106] est la plupart du temps confrontée à plusieurs problèmes socio-environnementaux à l'instar des risques d'inondations. De plus en plus au cœur des réflexions scientifiques, les inondations n'ont jusqu'ici pas trouvé de solutions appropriées au vu de leur récurrence dans les villes. La géohistoire des risques et vulnérabilités aux inondations montre que ce phénomène existe depuis des années et il est favorisé par plusieurs causes (Amanejieu A ; 2018). Ainsi, Mbaha et Mbevo (2015) affirment que les inondations font partir des premiers phénomènes hydroclimatiques qui affectent le littoral camerounais. Elles sont en effet l'un des principaux problèmes auquel est confrontée la ville de Douala. De plus en plus causées par les changements climatiques, elles sont accentuées par les phénomènes anthropiques ainsi que le faible niveau économique de la majorité de la population dans les pays en développement. Ainsi donc, les risques naturels seraient exacerbés par la faiblesse de l'économie propre aux pays en développement, qui freine la capacité à s'adapter et à prévenir (ONU-Habitat, 2011). Face à cette situation, les populations, de même que l'État et les institutions connexes œuvrent afin de rendre les villes plus vivables, durables et surtout inclusives tel est le cas de la ville de Douala. De ce fait, plusieurs projets sont mis en œuvre afin de réduire la recrudescence de ce risque et de ses conséquences. Les inondations, plus qu'une fatalité, sont bel et bien une réalité qui nécessite une amélioration des stratégies d'adaptation efficaces et rapides, aussi bien par des actions institutionnelles que par celles des populations (qui sont à la fois victimes et acteurs), au regard de leur persistance et de leur ampleur. C'est dans ce sillage que le projet de drainage des eaux pluviales a été mis sur pied en 2016 par la Communauté urbaine de Douala. Il vise à désengorger la ville de l'excédent des eaux issues des grandes pluies. Cependant, malgré la mise sur pied dudit projet, nous observons la persistance des inondations dans la ville de Douala. Ceci nous amène à nous interroger sur l'efficacité du système de drainage des eaux pluviales dans le bassin versant de Tongo Bassa au lieu-dit Makèpè Missokè.

[106] Une urbanisation anarchique, vectrice de multiples vulnérabilités. « Douala ville durable : aménagement et valorisation du site Makèpè Missokè ». 24 p.

En matière d'analyse du risque d'inondation, Bruckman L. et al (2019), traitent dans leur article de l'évolution spatio-temporelle des inondations dans la zone urbaine de Douala (Cameroun) à partir d'une approche géo historique. Les auteurs soulignent que l'augmentation du nombre d'inondations rapportées depuis les années 2010 semble corrélée avec l'évolution de l'emprise urbaine dans la ville. C'est dire avec ces derniers que la croissance urbaine rapide est un facteur favorisant des inondations. De plus, ils ajoutent qu'à Douala, l'un des paramètres majeurs du risque d'inondation réside dans la vulnérabilité sociale, du fait de la pauvreté et des modes d'occupation du sol qui marginalisent une grande partie de la population au sein d'espaces exposés (mangroves, abords des drains, *etc*.). Mbaha J. et Mbevo P. (2015), précisent à leur tour dans leur étude que l'abondance de précipitations (en moyenne 4000 mm de pluie à Douala…), le degré de proximité avec la mer (certaines maisons sont situées à moins de 5m voire 3m du rivage), le caractère assez plat du relief et le déversement des déchets solides dans le lit des cours d'eau sont entre autres de facteurs qui sous-tendent l'occurrence des inondations dans les villes du littoral camerounais. Pour Simeu K. et al (2022), plusieurs facteurs permettent d'expliquer l'exposition des villes subsahariennes aux risques hydrométéorologiques. À l'instar de l'urbanisation accélérée qui se fait de manière très souvent chaotique, avec entre autres le non-respect des règles d'urbanisme, des habitations précaires en matériaux de construction provisoires et une gestion alambiquée des servitudes et particulièrement de la voirie. Pour Bronfort S. (2017), les causes des inondations sont principalement attribuées au manque d'infrastructures d'assainissement et à divers dysfonctionnements (incivisme, non-respect des réglementations, gouvernance laxiste…) il ne faut pas négliger le non-respect de la planification urbaine et un aménagement du territoire irrégulier. Tchameni F. (août 2020) traite du problème de prévention du risque d'inondation dans le bassin versant de Tongo -Bassa à Douala-Cameroun. Il propose les SIG comme outils de modélisation de gestion et de prévention des facteurs qui produisent les risques. De par les différentes étapes qui encadrent son principe de fonctionnement (acquisition, affichage, analyse, abstraction et archivage), les SIG permettraient alors d'alerter la population en temps réel par les SMS (Short message services) par exemple avant, pendant et après les inondations. L'auteur précise en perspective la méthode de « l'inondabilité » qui repose sur trois piliers à savoir la culture du risque, l'annonce de la crue et la gestion du risque afin de renforcer la connaissance du risque et de limiter les dangers que ceci peut entrainer. Pour Olinga J (2021), la gestion du risque d'inondation passe inéluctablement par la mise en application opérationnelle d'une approche intégrée en vue de renforcer la résilience urbaine au risque d'inondation. En effet, l'auteur souligne la nécessité d'une franche collaboration des populations, mais également d'une réelle réorganisation des structures institutionnelles, mais aussi, et surtout du concours des structures de recherche et d'université. (Olinga et al 2016).

Tout compte fait, l'exposition des populations aux risques d'inondation puise sa source dans de nombreux facteurs favorisants. Cet état des lieux a permis aux institutions et même aux populations de mettre sur pieds plusieurs stratégies palliatives. Cependant, la persistance de ce risque nous amène à interroger l'efficacité d'une de ces stratégies développées. Partant sur l'hypothèse selon laquelle les limites du système de drainage des eaux pluviales à Makèpè Missokè seraient liées à l'incivisme des populations, à leur non-coopération, au mauvais calibrage des drains ou encore à une réglementation laxiste. Toutefois, une implication véritable de la population, une sensibilisation un peu plus accentuée de celle-ci de même qu'une application stricte de la loi sur l'entretien des drains et l'assainissement du milieu et une extension de réseau de drainage avec des calibrages un peu plus grands seraient quelques solutions à adopter. Ainsi donc, l'objectif de notre article est de montrer les limites que présente le système de drainage des eaux pluviales adopté comme stratégie de lutte contre le risque d'inondation dans le bassin versant du Tongo Bassa et de mettre en évidence quelques solutions pouvant optimiser l'ouvrage. Le but étant de trouver des stratégies innovantes et réalistes pouvant être mises en application de manière opérationnelle dans la zone d'étude et même ailleurs afin de contribuer au développement de villes vivables, durables et inclusives. Ceci étant, après une présentation de la méthodologie de recherche et des résultats obtenus, une discussion est amorcée pour tenter d'une part d'établir les responsabilités partagées entre les populations et les autorités administratives en matière d'inadéquation entre les efforts mobilisés et l'amélioration souhaitée, et d'autre part de mettre en évidence certaines solutions pouvant être appliquées pour optimiser le système de drainage mis en place dans la zone de Makèpè Missokè.

I. Méthodologie

- Données, outils et méthodes

L'approche méthodologique nous a permis de faire asseoir un modèle opératoire d'analyse en soumettant des faits à l'épreuve et en les confrontant à des données observables (2). Ainsi, pour identifier les limites du système de drainage des eaux pluviales mis en place à Makèpè Missokè et pour mettre en évidence quelques stratégies palliatives aux limites observables, nous avons exploité deux types de données à savoir, celles primaires et celles secondaires.

Pour ce qui est des données secondaires, elles sont à la fois qualitatives et quantitatives. Ainsi, nous avons eu recours à la littérature disponible constituée des documents et de divers travaux de la Communauté urbaine de Douala (documents-projets, rapports de mission, consultations d'archives) tout ceci en rapport avec le système de drainage des eaux pluviales nous ont été d'une grande aide.

Parlant des données primaires, elles sont également qualitatives et quantitatives. En effet, nous avons eu recours à un questionnaire, qui a été appliqué auprès de 20 personnes-ressources choisies de manière aléatoire, toutes côtoyant les abords du drain de Makèpè Missokè ; afin de mettre en évidence les réalités perçues et vécues par les populations elles-mêmes en matière d'inondation, mais aussi et également d'établir les relations que les populations développent avec le système de drainage mis en place. Couplé à cela, nous avons effectué des observations directes *in situ* pour déceler de manière objective les comportements des populations dans le cadre relationnel avec le drain mis en place dans le but ultime de mettre en exergue les limites que présente le système de drainage à Makèpè Missokè.

De même, nous avons effectué un entretien semi-directif qui a été réalisé auprès du sous-directeur des études et de la protection de l'environnement en exercice auprès de la Communauté urbaine de Douala. Le choix de cet acteur repose essentiellement sur les compétences et les connaissances que possède ou devrait posséder cet acteur en matière d'action stratégique de lutte contre les inondations dans la ville de Douala en droite ligne avec l'idée de penser une planification urbaine qui tient en compte les composantes climatiques (Olinga J et al 2016). De plus, sa participation à l'aménagement du système de drainage et sa position comme tête pensante dans le comité de pilotage du Projet de drainage des eaux pluviales font de lui une personne-ressource indispensable pour notre recherche.

II. Résultats et analyse

II.1. État des lieux du système de drainage des eaux pluviales à Douala

II.1.1. Présentation du projet

Découlant principalement du schéma directeur d'assainissement (SDA) qui traite spécifiquement des inondations localisées occasionnées par le débordement récurrent des drains naturels dans la ville de Douala, élaboré en 2005 par la Communauté urbaine de Douala, les travaux d'aménagement des canaux de drainage pluvial dans cette ville quant à eux voient le jour le 16 mai 2016 après signature des ordres de services.

II.1.2. Objectifs

Le projet visait dans son ensemble à réaliser 48km de drains aménagés sur les 250 naturels existants. Le linéaire total s'est effectué sur les drains de Tongo Bassa, Kondi, Mbanya, Mbopi, Bonassama, Bonnes courses, Leclerc, Mgoua, New Bell nord et New Bell sud dans le but de désengorger la ville de l'excédent d'eau issue des pluies.

II.1.3. Cartographie de la zone cible

Compris entre le 4°1'30'' et 4°6'0'' de latitude Nord et le 9°43'0'' et le 9°48'0'' de longitude Est, le bassin versant du Tongo-bassa fait partie de l'un des plus grands bassins versants des neuf existant dans le littoral camerounais. Il est situé dans la rive gauche de l'estuaire du Wouri. Il est limité au Nord par le bassin versant de la Nsape, au Sud par les bassins versants du Bobongo, du Ngoua et du Kambo, à l'Ouest par les bassins versants du Mbanya et du Mboppi et à l'Est par le bassin versant du Sombaka et Papas. Il couvre une superficie de près de 445,478 hectares et un périmètre de 36,09 Km dont la majeure partie est retenue dans l'arrondissement de Douala Vème. Il abrite les quartiers tels que Ndogbong, Maképé 1, Sodikombo, Logpom, Logbessou, Bonamoussadi pour ne citer que cela. Cependant, la zone de Makèpè missokè est retenue ici comme zone d'étude dans le cadre de cette analyse. La figure 1 ci-dessous permet d'identifier la zone d'étude.

Figure 1 : Localisation de la zone d'étude

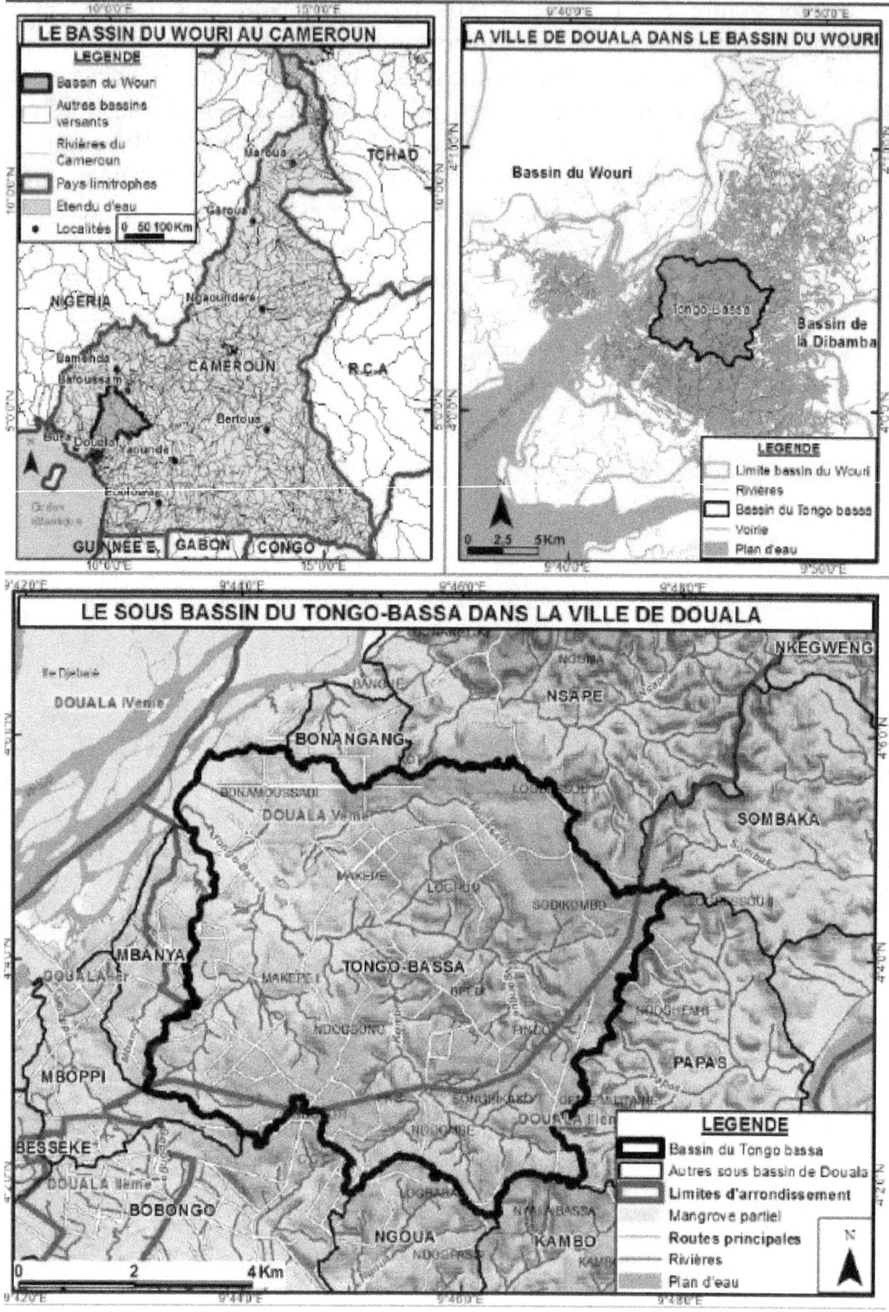

Source : CUD, DEPPID, DIGAC, (2008)

Cette carte est une représentation sommaire de notre zone d'étude. Elle part de la représentation géographique de la cartographie de la ville de Douala pour nous permettre d'identifier notre arrondissement et plus précisément notre zone de travail.

II.2. Présentation des atouts que confère l'aménagement du système de drainage

II.2.1. Réduction du taux d'inondation dans la zone

En droite ligne avec son principal objectif, le système de drainage aménagé à Makèpè Missokè a contribué à la réduction considérable des risques d'inondation. En effet, grâce au système aménagé, les populations qui vivaient en permanence dans la peur à la moindre averse des pluies sont de plus en plus sereines malgré la manifestation des pluies torrentielles. Les résultats obtenus des données collectées auprès de la population cible enquêtée ont permis de faire valoir cet argument qui milite en faveur des bienfaits liés à l'aménagement du système de drainage dans la zone. 52,63(%) souligne que l'aménagement des canaux de drainage des eaux pluviales contribue à la baisse de la fréquence des inondations. À côté de cela, un autre avantage est mis en évidence : la baisse rapide du niveau d'eau immédiatement après des fortes pluies torrentielles avec dépassement du lit du cours d'eau.

En effet, malgré la hausse considérable des eaux pouvant entrainer la sortir du lit du cours d'eau liée soit à des pluies torrentielles ponctuelles, soit à des averses successives sur plusieurs jours, force est de constater que la population affirme malgré tout que le niveau d'eau baisse rapidement ce qui favorise la reprise des activités après un temps court d'interruption, chose quasi impossible auparavant c'est-à-dire avant la construction des drains. Toutefois, il est important de rappeler que la baisse considérable du taux d'inondation n'exclut pas la présence ou encore la persistance de quelques épisodes d'inondation dans la zone malgré l'implantation du système de drainage. Ainsi, les données ci-dessous collectées auprès des populations ressources et présentées dans ce tableau témoignent à suffisance de l'impact de l'aménagement du système de drainage des eaux pluviales dans ladite zone.

Tableau 1 : Répartition des participants selon les avantages et inconvénients liés à l'aménagement du drain.

Variables	Effectif (N=19)	Pourcentag e (%)
Avantages		
Baisse de la fréquence des inondations	10	52,63
Baisse considérable et rapide du niveau d'eau après un épisode d'inondation	4	21,05
Facilitation du déplacement des populations	2	10,53
Inconvénients		
Persistance des inondations	4	21,05
Mauvaise canalisation du drain	1	5,26
Stagnation des déchets	1	5,26

II.2.2. Aménagement de la voirie le long des abords des drains

En outre, le projet d'aménagement de drainage des eaux pluviales vient avec des actions connexes qui militent en faveur de l'atteinte des objectifs rattachés audit projet. Il s'agit d'améliorer le cadre de vie des populations vivantes dans les zones cibles dédiées au projet. Ainsi donc, Makèpè Missokè a bénéficié des privilèges liés à l'aménagement du système de drainage de l'aménagement de la voirie aux abords des drains. En effet, un aménagement en pavé bétonné a été effectué le long des abords des drains pour faciliter les déplacements des populations de la zone malgré de fortes pluies, qui autrefois étaient appelées à trouver des voies de contournement pour esquiver le risque d'inondation.

Il est important de noter qu'avec l'avènement du projet quelques mesures de restructurations ont été faites à l'instar des destructions de certaines habitations afin d'étendre la voirie, mais également de libérer les abords du lit du cours d'eau dans le but de limiter au maximum l'empreinte humaine sur la zone d'expression de l'aléa favorisant ainsi la baisse de l'incidence du risque d'inondation. De ce fait, on observe des parcelles accessibles à la fois aux piétons, aux motos-taximen, aux voitures de petits et grands gabarits.

II.2.3. Accessibilité des services

De plus, cet aménagement de la voirie qui se prolonge même dans les quartiers à proximité des zones de drainage permet également de desservir les quartiers en services de base, de rendre l'accès à ces services-là plus aisé et de lutter ainsi contre les conséquences qui étaient liées à une inaccessibilité ou à un manque de voirie.

Figure 2 : Répartition des participants selon les moyens d'accès au logement

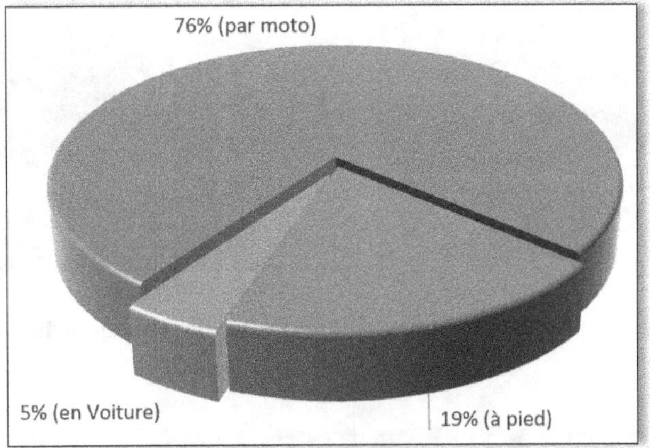

Planche photographique 1 : Aménagement de la voirie

Source : Enquêtes de terrain, octobre 2022

II.2.4. Amélioration des conditions de vie des populations vivant dans les sites d'implantations des drains et aménagement des espaces ludiques.

Toujours dans le but d'améliorer le cadre de vie des populations environnant les drains, des espaces ludiques sont aménagés le long des drains. En effet, pensés par des acteurs de conception et réalisés par des maîtres d'œuvre, les espaces publics sont aménagés afin d'offrir un cadre recréant aux populations. Cet espace est également conçu avec pour objectif de contribuer à la préservation de notre environnement en favorisant les espaces verts pour un développement durable de la ville. Tel que le prône l'objectif 11 des ODD pour l'horizon 2030.

Planche photographique 2 : aires de jeux sur le site de Makèpè Missokè

Source : Enquêtes de terrain, octobre 2022

II.2.5. Auto exploitation de dépôt de sable à des fins pécuniaires

Avec une structure de la terre constituée essentiellement des sols argileux et sableux, la zone de Makèpè Missokè bénéficie également d'une abondance de sable que l'on retrouve de plus en plus dans les bas-fonds des systèmes de drainage. En effet, cet ensablement des drains bien qu'étant un aspect négatif du fait qu'il soit en lui-même un élément favorisant la baisse du lit du cours d'eau, est par contre vu par les populations comme une opportunité pour se faire un peu de l'argent. Extrait des drains après les pluies, il est exploité par la suite pour des gains pécuniaires et parfois aussi pour des raisons de construction. Il est important de souligner que cette activité, bien qu'autrefois pratiquée dans les cours d'eau de la place, a été facilitée par la mise sur place du système de drainage. Il a un autre avantage en ceci qu'il permet également le curage du lit du cours d'eau.

Planche photographique 3 : exploitation du sable provenant des bas-fonds du cours d'eau.

Source : Enquêtes de terrain, octobre 2022

II.3. Limites rattachées au système de drainage

Parmi les quelques limites découlant de la mise en place du système de drainage en vue de la réduction du risque d'inondation dans la zone, nous avons entre autres les éléments suivants.

II.3.1. Persistance des inondations et problème de dimensionnement des drains

Sans vouloir nous contredire, nous soulignons ici la persistance des inondations malgré l'instauration et l'effectivité du système de drainage. En effet, cette persistance du risque d'inondation pourrait être liée à un questionnement du dimensionnement des drains sur leur largeur. En raison de l'observation faite et des informations recueillies auprès des populations, la persistance du risque d'inondation serait quelque part liée à l'étroitesse des drains, qui ne peuvent recevoir une certaine quantité d'eau pluviale et vont donc rejeter l'excédent sur les rives du drain d'où la reconstitution du risque d'inondation.

II.3.2. Présence de l'accumulation des déchets dans les drains

Un autre facteur pouvant hautement limiter l'efficacité du système de drainage des eaux pluviales est le déversement et la stagnation des déchets surtout plastiques et solides dans les eaux du système de drainage. La population environnant les drains est l'acteur principal de ce phénomène justifié par de nombreuses raisons entre autres l'absence des bacs à ordures, l'absence du service de collecte d'ordures ménagères dans les quartiers environnants et même encore la longue distance à parcourir pour parvenir à un bac à ordures…

Cependant, cette responsabilité, pourrait-on le dire, est partagée. En ceci que les différents acteurs chargés d'assurer la protection et l'entretien des drains manquent chacun à leurs devoirs. En effet, l'État par l'absence de disposition dans la zone des bacs à ordures, de même par l'absence régulière des procédures de collecte des déchets dans les quartiers voisins du drain favorise de manière indirecte l'accumulation des déchets de toutes natures dans les bas-fonds. Ainsi, sans vouloir exempter la population de toute faute qui lui incomberait, nous notons juste une responsabilité partagée dans la mauvaise gestion du drain, ce qui favorise le déversement des déchets dans les drains ; état de choses qui favorise fortement l'encombrement des systèmes de drainage et contribue directement et de manière efficace au risque de survenue des inondations dans la zone malgré l'aménagement d'un système de drainage.

Le diagramme ci-dessous témoignent à suffisance du phénomène de déversement des déchets dans le cours d'eau et même aux abords à travers la rétention des déchets par les garde-fours installés le long des drains et même encore la présence des déchets au sol.

Figure 3: Occurrence d'évacuation des ordures selon le lieu

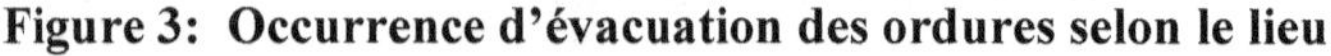

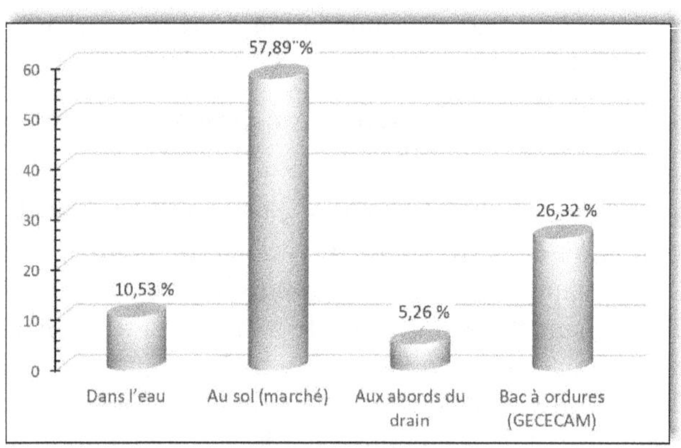

Tableau 2 : Répartition des participants selon le lieu d'évacuation des ordures

Lieu d'évacuation des ordures	**Effectif (N=19)**	**Pourcentage (%)**
Au sol (marché)	11	57,89
Bac à ordures (GECECAM)	5	26,32
Dans l'eau	2	10,53
Aux abords du drain	1	5,26

Planche photographique 4 : Lieux de dépôt des déchets

Source : Enquêtes de terrain, octobre 2022

Il est important de souligner que la présence des ordures au sol près du cours d'eau ou encore la rétention de certains déchets plastiques aux abords des garde-fours témoigne à suffisance de la contribution de la population ou encore de la part de responsabilité de la population locale dans le risque de survenue des inondations ou encore la persistance de ce risque.

II.3.4. Absence de système de curage des drains

L'élaboration du projet de drainage pluvial tient compte dans sa planification des activités de curage des drains par les services des agents techniques au moins deux fois l'an[107]. Cependant, les observations faites sur le terrain semblent traduire une autre réalité. En effet, le développement d'une végétation parasite le long de la façade interne du cours d'eau aménagé et l'accumulation des déchets à la fois solides et plastiques permettent de se questionner sur l'application des mesures d'entretien et de préservation de l'efficacité du drain à travers le respect des actions de curage dudit drain. Cette situation permet également de questionner le respect de la réglementation. Elle interroge le niveau d'application des textes en vigueur régissant les lois sur l'entretien de certains biens publics. Ce qui est une grosse faille pouvant accroître le risque de vulnérabilité aux inondations surtout en saison pluvieuse. L'illustration ci-dessous fait état de l'accumulation des déchets solides et plastiques qui engorgent les voies de communication du cours d'eau au niveau du pont près du marché Makèpè Missokè.

[107] Projet de drainage des eaux pluviales.

Planche photographique 5 : Obstruction des drains, conséquence d'un défaut de curage

Source : Enquêtes de terrain, octobre 2022

En dépit du fait que le milieu soit favorable à l'accumulation des dépôts alluviaux, le fort ensablement des drains qui est d'ailleurs exploité par les populations locales à des fins pécuniaires traduit également le manque d'entretien de ces drains ; pour ne pas dire un entretien insuffisant du lit du cours d'eau. De plus, les quantités importantes de déchets extraits de ce cours d'eau illustrent aussi autant que faire se peut du relâchement de l'État à travers son service d'entretien des drains comme préétabli à l'entame du projet. Les photographies ci-dessous témoignent à suffisance du fort ensablement du lit du cours d'eau dans le BV du Tongo -Bassa réduisant ainsi l'espace d'expression des eaux pluviales.

Planche photographique 6 : sable extrait du cours d'eau.

Source : Enquêtes de terrain, octobre 2022

II.4. Solutions proposées pour une optimisation de l'efficacité des systèmes de drainage mise en place

Face aux quelques failles identifiées du projet de drainage des eaux pluviales à Makèpè Missokè et grâce à l'analyse de la relation que la population voisine du cours d'eau entretient avec celui-ci, nous pouvons émettre quelques pistes de solution dans le but de rendre optimale la stratégie développée face au problème d'inondation dans la zone. Il est important d'entrer de jeu de noter que les solutions sont à la fois d'ordres technique et pratique.

II.4.1. Solutions d'ordre technique face aux limites identifiées du système de drainage dans le Tongo -Bassa

II.4.1.1. L'augmentation de la largeur des drains et extension du réseau de drainage

Pour ce qui est de la partie technique, comme solution nous pouvons avoir principalement l'augmentation de la largeur des drains. En dépit de revoir le dimensionnement du drain dans le sens de la profondeur, il serait judicieux d'entrevoir les moyens d'agrandissement du drain dans le sens de la largeur. Ceci permettrait d'avoir un vaste espace d'expression des eaux pluviales, quelle qu'en soit l'intensité des pluies.

De plus, force a été de constater les effets de reflux et de stagnation que produit l'autre partie du cours d'eau inachevée n'ayant pas bénéficié de l'aménagement d'un système de drainage avec des répercussions directes sur sa partie opposée. En période de grande adverse, elle ralentit et/ou freine la libre circulation des eaux pluviales recueillies par le cours d'eau. Ainsi donc, il serait judicieux pour le gouvernement de penser une stratégie et de mettre des moyens suffisants à disposition. Ceci dit, pour permettre l'achèvement complet des travaux. Il s'agit d'inciter les décideurs à aller jusqu'au bout de l'aménagement du système de drainage des eaux pluviales dans le Tongo - Bassa. Pourquoi pas d'acheminer la réalisation de ce drain jusqu' au Wouri.

II.4.1.2. Démolition de certaines infrastructures

En effet, il s'agit ici pour la CUD d'identifier les infrastructures qui ne respectent ni l'ordre d'alignement ni la distance qui doit être prise en compte avant la construction, ni même encore les normes du bâti. Tout ceci augmentant la vulnérabilité de la population au risque d'inondation. Il est important de souligner que l'eau (issue des pluies) est un élément naturel, qui lorsqu'elle trouve son champ d'expression libre, circule normalement sans toutefois être un risque. Cependant, lorsqu'elle trouve son champ d'expression obstrué, ou un obstacle à sa libre circulation, elle dévie sa trajectoire et lorsqu'elle atteint les populations ou qu'elle rejoint celles-ci dans leur habitat, elle commence dès lors à prendre la forme d'un risque. Et plus elle causera d'impacts négatifs, plus elle sera considérée comme un risque majeur. Dès lors, il est important que l'homme dans ses constructions tienne compte de cela et surtout que la CUD mette un accent particulier sur le respect des normes de construction surtout dans les zones qui pourraient être sujettes au risque d'inondation. Et pourquoi ne pas aller jusqu'aux démolitions des infrastructures aménagées dans les zones inappropriées ?

II.4.1.3. Curage des drains

Après la mise en place d'un tel système de drainage, il est important d'en assurer l'entretien permanent pour garantir son efficacité et son fonctionnement. Ceci est une mesure, bien qu'élaborée et présente dans le document-projet de l'aménagement du système de drainage des eaux pluviales dans le Tongo - Bassa, elle est sur la documentation. Ainsi, il est important de rompre avec certaines actions non encouragées qui cantonnent dans la plupart des cas certaines mesures opérationnelles dans la documentation. Tout au contraire, il s'agit d'encourager les politiques qui promeuvent l'action concrète. Dès lors, la CUD devrait s'en tenir à ses résolutions et concrétiser leur action en appliquant effectivement des opérations de curage des cours d'eau au moment opportun ou encore à des périodes prédéfinies afin de ne pas réduire à zéro tous les efforts consentis pour pallier le risque d'inondation dans la zone. Ainsi donc, le curage des lits de cours d'eau précis doit être constant et beaucoup plus en saison sèche du fait de la baisse du niveau d'eau. Ce qui favoriserait un meilleur écoulement des eaux, une inexistence d'une végétation parasite de grande envergure et même une absence d'accumulation des déchets aussi bien plastiques que solides. Il est important de rappeler que le territoire avec une topographie majoritairement plate ou encore à très faible pente favorise l'accumulation des sédiments dans le lit du cours d'eau impactant ainsi la qualité de l'écoulement de l'eau. D'où l'intérêt accru de rendre opérationnelle cette mesure de curage qui vise à dégager les cours d'eau de tout ce qui pourrait ralentir ou impacter négativement la circulation des eaux surtout en période de crue.

II.4.2. Solutions d'ordre pratique

II.4.2.1. Application des comportements civiques par tous.

Force a été de constater que la population de Makèpè Missokè était toujours exposée au risque d'inondation malgré les multiples actions déployées dans le but d'atténuer ce risque. Cependant, nous notons que la conduite incivique des populations en matière de gestion des déchets est une principale source de cette conséquence. Si des mesures sont prises et que les populations ne coopèrent pas, fortes seront les chances de voir le système mis en place faillir. Il est donc question non plus de sensibiliser les populations en matière de gestion de leurs déchets surtout en ce qui concerne ceux-là qui se permettent de déverser les déchets dans le cours d'eau ou encore le long du cours d'eau, mais de les sanctionner sévèrement en appliquant les mesures disciplinaires des principes fondamentaux[108] face à certains actes déviants de la population. Ce qui contribuerait de manière efficace à la régulation de leur comportement, mais aussi limitera la production des déchets visibles aussi bien dans le cours d'eau que le long du cours d'eau.

[108] LOI N°96/12 DU 5 AOÛT 1996 PORTANT LOI-CADRE RELATIVE À LA GESTION DE L'ENVIRONNEMENT chapitre II article 9, c, d, e

De même, il s'agit pour l'État et les acteurs privés engagés dans la gestion des déchets dans la ville d'assurer de manière efficace la collecte, le transport, le recyclage et l'élimination des déchets, y compris la surveillance des sites d'élimination. En effet, l'absence de bacs à ordures dans la zone, ou encore les grandes distances entre un point de déversement des ordures et un autre peut être entre autres des sources de déversements des ordures au sol ou encore dans les cours d'eau. Sans vouloir justifier de tels actes inciviques des populations, nous appelons ici à l'attention aussi bien de la population qu'à celle des responsables publiques et parapubliques en matière de gestion des déchets. Il est question d'effectuer les activités de collecte des ordures en boucle ou de manière fréquente dans les quartiers, de disposer à des distances considérables des bacs à ordures dans tout le quartier ainsi que le long du cours d'eau et d'assurer le transport de ces déchets. En plus d'éviter le déversement des déchets dans les cours d'eau, ces mesures permettraient également de réduire l'empreinte écologique de l'homme à l'aube d'une ère où tous les pays cherchent à atteindre les ODD dont les enjeux reposent entre autres sur la préservation de l'environnement, la création des villes durables et résilientes[109]. Le tableau ci-dessous permet de faire une lecture des différents avis de la population interrogée en matière de propositions des solutions quant aux inondations dans leur localité.

Tableau 3 : Répartition des participants selon les propositions faites afin de résoudre le problème d'inondation

Actions proposées	**Effectif (N=19)**	**Pourcentage (%)**
Augmenter la largeur du drain	12	63,16
Terminer la construction du drain	5	26,32
Acheminer le drain jusqu'au cours d'eau (Wouri)	2	10,53
Curer les drains pendant la saison sèche	1	5,26
Éloigner les maisons du drain	1	5,26
Ramasser les ordures le long du drain	1	5,26

[109] LES OBJECTIFS DE DÉVELOPPEMENT DURABLE (ODD) post 2015, ODD 11.

Planche photographique 7 : Contrastes des rives du cours d'eau à Makèpè Missokè

Source : Enquêtes de terrain, octobre 2022

Ces photos illustrent le contraste qui existe entre le côté est du pont et le côté sud du Tongo -Bassa. À Gauche nous observons un cours d'eau aménagé et à droite un cours d'eau non aménagé. Ce défaut de canalisation de l'autre rive du cours d'eau impacte de façon considérable, en ceci qu'il favorise la survenue du risque d'inondation dans la zone et par conséquent remet en question les travaux faits pour pallier ce problème. D'où l'intérêt de mettre les moyens à disposition afin d'acheminer l'aménagement du drain jusqu'au Wouri.

De même, l'absence de bacs à ordures dans la zone fait de cette autre partie du cours d'eau un lieu de décharge des déchets obstruant ainsi la voie de communication qui autrefois permettait de desservir les logements situés aux abords du drain obligeant ainsi la population à chercher des voies de contournement pour parvenir à leur domicile. D'où l'intérêt de repenser les politiques de gestion des déchets dans cette zone. La photographie ci-dessous est révélatrice d'une décharge non réglementaire utilisée à volonté par les populations de ladite zone. Ce qui signifie également une absence des actions des agents communautaires en matière de gestion des déchets.

Planche photographique 8 : décharge non réglementaire des déchets des populations de Makèpè Missokè

Source : Enquêtes de terrain, octobre 2022

II.4.2.2. Déguerpissement des populations installées le long des garde-fous

Il est important, voire urgent, de penser une politique de déguerpissement des populations installées près des garde-fous du cours d'eau ou encore de mettre sur pieds des stratégies de recasement de ceux-ci afin de limiter les dégâts. Force est de constater que cette population installée près du cours d'eau est exposée à de nombreux risques, mais est également la principale source de production des déchets que l'on observe dans le cours d'eau. Ce qui favorise également le remplissage du lit du cours d'eau réduisant ainsi les efforts du gouvernement dans la gestion du risque d'inondation dans la zone. Il devient donc impératif d'évaluer dans quelles mesures ces populations peuvent être délocalisées dans le marché Makèpè Missokè pour baisser considérablement de la production des déchets dans le cours d'eau.

Planche photographique 8 : illustration de l'occupation anarchique des abords du cours d'eau

Source : Enquêtes de terrain, octobre 2022

III. Discussion

Face à la problématique de gestion du risque d'inondation dans la ville de Douala, de nombreuses stratégies ont été développées afin de réduire les taux d'incidence ainsi que les impacts négatifs de ceux-ci sur la population victime ainsi que sur les infrastructures. Entre autres le déguerpissement des populations des zones à risques, le débouchage des dalots, l'aménagement des drains, le profilage des chenaux d'écoulement pour l'évacuation efficace des eaux pluviales dans la lutte contre les inondations. L'évaluation des limites d'une de ces stratégies plus précisément la canalisation des eaux pluviales par la construction des drains nous a permis de faire une lecture objective des obstacles que présente cette stratégie dans le cas précis du BV du Tongo -Bassa au lieu-dit Makèpè Missokè et par la même occasion de proposer des solutions pouvant optimiser le rendu des travaux faits.

En effet, des efforts considérables ont été fournis par la Communauté urbaine de Douala en matière d'aménagement des canaux de drainage des eaux pluviales avec des résultats visibles tels que la réduction considérable des inondations dans la zone, l'aménagement de la voirie permettant de desservir le quartier et de permettre aux populations de bénéficier des services de base et essentiels. En dépit de ce qui a été fait par la CUD et ses partenaires, nous n'allons pas nier le fait que dans la zone des épisodes d'inondations sont encore visibles bien que cela soit cantonné aux périodes de crues et celles de fortes pluies torrentielles successives sur plusieurs jours. Ceci nous a permis d'interroger les limites de cette stratégie afin d'en ressortir les potentielles solutions.

Tout d'abord, nous avons pu relever des interrogations au niveau du calibrage des canaux, la présence d'une végétation parasite dans le cours d'eau, l'installation des populations le long des garde-fours développant des activités économiques et enfin la présence des déchets plastiques et solides dans le cours d'eau. Tout ceci témoigne des failles dans la gestion de système de canalisation aménagé dans la BV du Tongo Bassa. Autrement dit, ces éléments permettent de questionner l'action de l'État en matière de surveillance et d'entretien de l'aménagement fait et de questionner par ricochet la part de responsabilité de la population. Ce qui traduit donc implicitement la preuve d'une responsabilité partagée entre la CUD et la population locale comme principaux acteurs de la persistance du risque d'inondation dans la zone et comme responsables des failles que présente le projet de canalisation des eaux pluviales. De plus, la persistance des déversements des déchets aussi bien dans les cours d'eau qu'aux abords des cours d'eau traduit un laxisme de l'État, quand on sait qu'il existe des lois réglementant la gestion des déchets et sanctionnant les principaux pollueurs de l'environnement. Ce qui vient en appui à la réflexion portée sur la responsabilité partagée de la CUD et de la population.

Dès lors, des propositions de solutions ont été faites telles que le redimensionnement des drains dans le sens de la largeur. Au-delà de la sensibilisation des populations, des mesures de sanctions doivent être mises en application de manière effective. De même, la CUD, de par son département technique et d'entretien, doit pouvoir être en mesure d'assurer sa part de responsabilité en temps opportun dans le but ultime de rendre efficaces et durables les stratégies qu'elle-même se propose de mettre sur pied face à la persistance du risque d'inondation à Makèpè Missokè. Cela dit, il devient plus qu'urgent d'interroger la question de mise en application opérationnelle des questions de sanction aussi bien des populations inciviques que des responsables techniques et agents d'entretien qui n'accomplissent pas les tâches qui leur incombent. En somme, s'il en est ainsi pour les zones bénéficiant du projet de canalisation des eaux pluviales, qu'en sera-t-il de celles des populations qui ne bénéficient pas de cet atout ? Autrement dit, ces drains présents à certains endroits soulignent une question de marginalité des populations laissées pour compte auxquelles il serait également intéressant d'étudier.

Conclusion

Cette étude s'est proposé de mettre en lumière les limites liées au système de drainage des eaux pluviales dans le bassin versant du Tongo-Bassa au lieu-dit Makèpè Missokè, et par la même occasion a présenté quelques solutions liées aux limites identifiées. La cité capitale économique du fait de sa topographie constituée essentiellement de faibles pentes, des terrains sableux et argileux, de son rapprochement avec la mer et surtout de sa population sans cesse galopante fait face depuis de nombreuses décennies aux risques d'inondations. La permanence et les impacts négatifs que ce risque confère à la ville ont longtemps été analysés par de nombreux chercheurs selon différents angles d'analyse. De la recherche des solutions techniques à la culture de l'adaptation aux risques sans oublier la prise en compte de la composante climatique dans la recherche des solutions face au risque d'inondation ; des outils et stratégies ont été développés afin de pallier cette situation. Cependant, la mise en œuvre du projet de canalisation des eaux pluviales passant par l'aménagement de près de 48 km de drains dans les bassins versants de la ville de Douala dont le Tongo Bassa ont eu des avancées considérables sur le plan de la réduction du risque dans les zones bénéficiaires dudit projet. Toutefois, notre étude menée dans la zone suscitée nous a permis de mettre en évidence les limites que présente le système implémenté et de ce fait propose des solutions nouvelles.

Ainsi, mis sur pieds en 2016 et initié par la communauté urbaine de Douala (CUD) avec pour objectif d'assurer le drainage de près de 48Km de cours d'eau, le projet de drainage des eaux pluviales a permis de réduire de manière considérable le risque d'inondation qui planait dans la zone ainsi que ses effets aussi bien sur la population que sur les infrastructures. Cependant, sans vouloir négliger les efforts déployés par la CUD et ses partenaires dans la mise en œuvre de ce projet , nous avons pu identifier quelques limites présentées par le projet entre autres la persistance des inondations dans la zone qui serait liée à un défaut de dimensionnement considérable en largeur, le développement d'une végétation parasite dans le cours d'eau, l'accumulation des sédiments dans le lit du cours d'eau qui traduirait un manque de curage des cours d'eau ; l'accumulation des déchets plastiques et solides qui serait liée à l'incivisme de la population vivant non seulement aux alentours du cours d'eau, mais aussi de celle développant des activités économiques aux abords du cours d'eau et bien d'autres encore. Toutefois, à ces manquements observés, nous nous sommes permis de proposer quelques solutions qui pourraient contribuer à l'optimisation de l'aménagement fait dans le but de pallier, voire de réduire à zéro, le risque d'inondation dans la zone. Il s'agit principalement de repenser un aménagement du cours d'eau qui prendrait en compte une augmentation du dimensionnement des drains dans le sens de la largeur, de l'acheminement du système de drainage du cours d'eau jusqu'au Wouri, de la mise sur pied non plus des stratégies de sensibilisation des populations, mais plutôt des sanctions sévères face au comportement incivique des populations, de l'adoption concrète des mesures de gestions des déchets aussi bien par les agents publics que par les agents parapublics impliqués dans la zone.

Il est important pour avoir des villes durables et résilientes de mener des projets jusqu'à leur terme tout en veillant au suivi et à l'entretien des aménagements faits en y rattachant des sanctions disciplinaires strictes et concrètes. Car force a été de constater que c'est de l'inachèvement et du non-respect des normes d'entretien que certains problèmes censés être résolus perdurent. Ainsi donc, une approche d'analyse des freins à l'application des mesures de sanction devrait être mise sur pied afin de comprendre pourquoi celles-ci ne sont pas toujours effectives face à certains cas de déviance et comment y remédier afin d'assurer la durabilité des aménagements publics qui visent à réduire la vulnérabilité des populations à certains risques.

Références bibliographiques

Bronfort, S. (2017) « Les stratégies d'adaptation face au risque d'inondation dans les zones d'habitat spontané de Ouagadougou, Burkina Faso. » Master en sciences et gestion de l'environnement, à finalité spécialisée, pays en développement. Université de Liège, Belgique.

Martin Luther Djatcheu, « Fabriquer la ville avec les moyens du bord : l'habitat précaire à Yaoundé (Cameroun) », *Géoconfluences*, septembre 2018.

Mbaha, J.P., Tchounga, G.B. (2020a) : Imaginaire de l'espace et gestion des risques naturels à Douala. In Revue Espace géographique et Société marocaine. N° 33-34. Rabat, Maroc ; pp. 203-214 3.

Mbevo Fendoung P. (2016a) : Analyse de la vulnérabilité et des stratégies d'adaptation aux changements climatiques en zone côtière camerounaise : cas de Cap Cameroun dans l'arrondissement de Douala 6e. Mémoire de Master en géographie, Univ. Yaoundé1, 173p.

Meva'a Abomo D., Fouda M., Bonglam Chofor Z., Kamwo M. (2010) : Analyse spatiale du risque d'inondation dans la ville de Douala, capitale économique du Cameroun.

Laurent Brucmann, Amélie Amanejieu, Maurice Olivier Zogning Moffo et Pierre Ozer, « *Analyse géohistorique de l'évolution spatio-temporelle du risque d'inondation et de sa gestion dans la zone urbaine de Douala (Cameroun)* », Physio-Géo [En ligne], Volume 13 | 2019, mis en ligne le 4 septembre 2019, consulté le 1er septembre 2022. URL: http://journals.openedition.org/physio-geo/8038; DOI: 10.4000/physio-geo.8038

Olinga J.M. (2012). « Vulnérabilité des espaces urbains et stratégies locales de développement durable : étude de cas de la ville de Douala(Cameroun) », mémoire de master/DEA de géographie, Université de Douala, 145p.

Olinga J.M, Tchadieu G., Tsalefack M. « Mesure d'intervention adaptative aux changements climatiques initiée par la communauté urbaine de Douala ».

Olinga J.M. (2021). « *Renforcer la résilience par une approche intégrée du risque d'inondation. Cas du bassin versant du Tongo -Bassa à Douala (Cameroun)* », Thèse de doctorat/PhD de géographie aménagement du territoire et environnement, Université de Douala, 340p.

ONU-Habitat. (2011). Les villes et le changement climatique : orientations générales

Tchameni F. (août 2020), « Mise en place d'un SIG de prévention des risques d'inondation dans le bassin versant de Tongo -Bassa à Douala (Cameroun) », mémoire de master de géographie Université de Douala 2020.

https://www.editions-harmattan.fr/livre-villes_et_risques_hydrometeorologiques_en_afrique_sibsaharienne_michel_simeu_kamdem_ibrahim_bouzou_moussa_ferdinand_vanga_adja-9782140264276-73543.html

Habitats et résilience sociale en temps d'inondations : une analyse à partir de la ville de Douala

Clément Honoré ANGONI

Laboratoire camerounais d'Études et de Recherches sur les Sociétés contemporaines (CERESC) – Doctorant en Sociologie urbaine à l'Université de Yaoundé 1

Résumé

Douala, ville portuaire et capitale économique du Cameroun, est le principal centre des affaires du pays. Située en bordure de l'océan Atlantique et à l'embouchure du fleuve Wouri dans le Golfe de Guinée, cette ville abrite l'un des ports les plus importants d'Afrique centrale. Son réseau hydrographique est constitué par neuf bassins hydrologiques qui couvrent une superficie de 10 231 ha. Comme dans plusieurs villes du monde, les habitants de Douala vivent au quotidien avec à l'esprit, la survenue d'une éventuelle inondation. Les inondations s'illustrent ainsi en milieu urbain camerounais comme un *fait social* préoccupant. Elles rendent le changement climatique plus perceptible grâce à la moyenne annuelle du cumul de pluie à Douala (4000 mm). Ces phénomènes hydrogéologiques plongent généralement les habitants dans un climat d'inconfort psychosocial conséquent. Dans la grande majorité des cas, les normes urbanistiques et d'hygiène ne sont souvent pas respectées dans les quartiers périphériques. Voilà pourquoi les urbanistes s'inspirant de l'*urban renewal* développé au cours des années 1949 essaient de répondre aux problèmes grandissants de l'habitat insalubre en attirant l'attention sur l'aspect singulier de l'habitat des populations à faibles revenus très présent dans les villes africaines. L'interrogation majeure à laquelle nous souhaitons répondre est celle de savoir comment les habitants de certaines zones d'habitat précaires opèrent pour résister à l'agression physique et sociale des inondations. L'hypothèse fondamentale de cette recherche stipule que les citoyens mettent en œuvre leur « *résilience sociale* » qui se matérialise par des stratégies individuelles et collectives de riposte dans les zones d'habitats vulnérables afin de faire face aux changements qui s'imposent. Pour mener à bien cette entreprise analytique, une approche qualitative a été mobilisée afin de collecter et d'analyser les données de terrain. De fait, des entretiens semi-directifs ont été réalisés avec les agents municipaux, les leaders d'associations, les leaders traditionnels et les opérateurs économiques. Le constructivisme social est le cadre théorique retenu dans cette étude. Cette communication s'inspire d'un contexte social vulnérable aux inondations, sur les stratégies communautaires de résistance aux inondations et sur la nécessité de mettre sur pied une plateforme de concertation locale à Makèpè 1 Missoké afin de favoriser la redevabilité requise entre acteurs locaux et populations locales.

Mots-clés : Inondations, résilience sociale, lien social, habitat.

Introduction

Dans de nombreuses villes du monde, les citadins vivent au quotidien avec à l'esprit, la survenue d'une éventuelle d'inondation[110]. Les inondations s'illustrent ainsi comme un problème perpétuellement préoccupant en milieu urbain africain. Ces inondations immergent généralement les habitants dans une mauvaise ambiance quotidienne. Concernant les raisons favorables à ces inondations, Guy Mainet (1986) souligne que, dans la grande majorité des cas, les normes urbanistiques et d'hygiène ne sont jamais respectées dans plusieurs quartiers périphériques. La loi camerounaise régissant l'urbanisme, l'aménagement urbain et la construction sur l'ensemble du territoire camerounais[111] attire l'attention sur la nécessité de respecter l'utilisation des sols, les règles et les actes d'urbanisme. De fait, les villes africaines connaissent un développement vertigineux de l'« *habitat spontané* ». Ce qui est l'une des conséquences de l'exode rural et le manque de vigilance des pouvoirs publics. Bidonvilles, taudification, insalubrité et promiscuité en sont les corollaires partout où ce type d'habitat se manifeste[112]. De fait, la sociologue Séverine Durand ((2013) essaie de comprendre comment on habite au quotidien un milieu exposé aux inondations. C'est à juste titre qu'une recherche géohistorique[113] étudiant les inondations à Douala de 1980 à 2018 présente ce fait social comme une gangrène urbaine. En milieu urbain, l'inondation reste un *fait social* coercitif qui s'impose à tous ceux qui habitent des quartiers précaires. L'interrogation à laquelle nous souhaitons répondre est celle de savoir : comment les citoyens de ces zones d'habitat précaires opèrent-ils pour résister à l'agression physique et sociale des inondations ? L'hypothèse fondamentale de cette recherche stipule que les citoyens mettent en œuvre leur « *résilience sociale* »[114] qui se matérialise par des stratégies individuelles et collectives de riposte dans ces zones d'habitats vulnérables. Cette communication s'organise autour de la méthodologie, du contexte, de la clarification des notions de *lien social*[115], de la présentation des stratégies

[110] Cf. Amélie AMANEJIEU, « Analyse temporelle de la représentation du risque d'inondation de 1980 à 2018 à Douala – Cameroun », Mémoire d'obtention du Master de spécialisation de gestion des risques et des catastrophes, Université de Liège, 2018.

[111] Voir Loi 2004-003 du 21 avril 2004 régissant l'urbanisme au Cameroun.

[112] Philippe BISSEK, *Habitat et démocratisation au Cameroun*, Paris, Karthala, 1991, p. 11.

[113] Cette étude réalisée par Amélie AMANEJIEU révèle que ; entre 1984 et 2018, l'on a enregistré à Douala 34 inondations, 49 pertes en vies humaines, 71 blessés, 90923 sinistrés et 547 recasés.

[114] La résilience sociale permet de comprendre comment les acteurs sociaux parviennent à s'adapter aux changements divers imposés par leur environnement.

[115] Le lien social, c'est l'ensemble des relations qui unissent ou réunissent des acteurs sociaux membres d'un même groupe ou quartier, ayant fixé au préalable des règles sur le vivre-ensemble.

communautaires de résistance aux inondations et enfin, de la nécessité de mettre sur pied une plateforme de concertation locale à Makèpè 1 Missoké.

I. Méthodologie

La méthodologie retenue dans le cadre de la présente réflexion s'est appuyée sur une méthode essentiellement qualitative. Cette approche a été mobilisée afin de collecter et d'analyser les données de terrain.

Pour mieux comprendre la résilience sociale des habitants en temps d'inondation à Douala, il était également nécessaire de recourir à une revue documentaire constituée des documents tels que des articles scientifiques, des ouvrages généraux et spécialisés, des documents administratifs, des monographies, des textes de loi et des documents du projet « Douala ville durable ». Il était aussi urgent de mobiliser l'observation directe structurée[116] grâce à notre présence *in situ*. À ce stade, il n'était pas possible de mener cette étude sans faire recours à la sociologie visuelle[117].

De même, 12 entretiens semi-directifs ont été réalisés avec les agents municipaux, les leaders d'associations, les leaders traditionnels et les habitants. Ces acteurs sociaux, ont pu à travers leur racontabilité dire comment ils vivent et appréhendent les inondations chacun à sa manière. Le récapitulatif des personnes interrogées est présenté dans le tableau n. 1.

---

116 L'observation directe structurée est une technique de collecte de données qui aide le chercheur à recueillir les informations sur le terrain à partir d'une grille d'observation. Le plus souvent, le plan de visualisation est centré sur la topographie et de manière plus générale sur la cartographie biophysique d'un quartier.

117 La sociologie visuelle a pour but d'associer l'utilisation de la photo, de la vidéo, des images, des représentations graphiques pour étudier la société. Cette combinaison image-société est au service d'une compréhension plus visible et voyante du monde social.

Tableau 1 : Récapitulatif des entretiens semi-directifs

Acteur	Organisation / lieu	Personne contactée	Nombre
Institutionnel	Communauté urbaine de Douala	Chef Département Génie urbain	01
		Sous-directeur des études et de la protection de l'environnement	01
		Responsable de l'ingénierie sociale	01
	Commune d'Arrondissement de Douala 5e	Chef service d'hygiène	01
Association	« On est ensemble »	Responsable de l'association	01
Leader traditionnel	Makèpè 1 Missokè	Chef de village	01
		Chef de quartier	01
Habitants	Makèpè 1 Missokè	Personnes victimes d'inondation	05

Sources : Angoni, 2022

Ces acteurs sociaux ont été choisis sur la base de leurs connaissances et compétences sur les inondations pour certains et pour leur expérience à propos de la vie quotidienne avec les inondations. Les interactions menées ont permis de saisir le ressenti des habitants vis-à-vis de leurs territoires et des inondations.

II. Contexte

L'actualité relative au développement urbain en Afrique et au Cameroun et la brève présentation du site « *Makèpè 1 Missokè* » vont servir de cadre contextuel à cette recherche.

II.1. Actualité du développement urbain

L'urbanisation constitue le changement majeur qui va transformer significativement le continent africain au XXIe siècle. Depuis 1990, le nombre de villes en Afrique a doublé. Le continent est passé de 3300 à 7600 villes et le nombre d'habitants cumulé connaît une augmentation de 500 millions d'individus[118]. Par conséquent, 60 % de la population urbaine des pays africains s'entassent dans des bidonvilles, c'est là une proportion bien plus élevée que celle d'autres pays, où ils ne sont que 34 % dans ce cas[119]. C'est à

[118] Cf. OCDE/Nations unies, Dynamiques de l'urbanisation africaine 2022 – Le rayonnement économique des villes africaines, 2022.
[119] Nations Unies. 2015. Indicateurs des Objectifs du Millénaire pour le développement. Indicateur 7.10 Proportion de citadins vivant dans des taudis http://mdgs.un.org/unsd/mdg/Hostaspx?Content=Indicators/OfficialList.htm .

juste titre que les décideurs africains reconnaissent que l'urbanisation soulève d'importants défis en matière de planification, de gestion et de financement de la croissance urbaine, tant au niveau local que national[120]. Les villes africaines sont surpeuplées au sens où leurs habitants s'entassent dans les habitations rudimentaires et précaires du centre-ville pour être proches de leur lieu de travail. Il existe plusieurs raisons à cela, la première étant que l'urbanisation de la population ne s'est pas accompagnée d'une urbanisation des capitaux. Le surpeuplement des villes africaines reste manifeste à vue d'œil, comme l'attestent la prolifération des quartiers informels et le trafic qui encombre les axes urbains[121]. À cela, l'on peut ajouter le fait qu'une grande majorité des villes africaines est quotidiennement vulnérable aux inondations.

Le fait urbain en Afrique est porteur de mutations sociales, écologiques et économiques. Ces mutations sont évoquées lors des conférences internationales portant sur l'environnement et le développement[122]. De manière illustrative, lors des rencontres portant sur les Objectifs de Développement durable (ODD) en 2015, il a été proclamé de « *faire en sorte que les villes et les établissements humains soient ouverts à tous, sûrs, résilients et durables* »[123]. En 2014 avec le support de l'ONU-Habitat, une campagne « *I am a city changer* » est lancée au Cameroun.

Le Cameroun organise ainsi son premier forum urbain entre le 13 et le 15 octobre 2014. Celui-ci avait pour objectif de promouvoir la planification et la maîtrise du développement urbain durable par la mise en place d'un cadre de pérenne d'échanges, de coopération entre acteurs urbains. Cette rencontre regroupait des experts des questions de développement urbain sélectionnés aussi bien au Cameroun qu'en Afrique et en Europe. Elle visait à sensibiliser les populations urbaines sur les comportements à adopter pour parvenir à une ville durable[124]. Toutefois, l'on peut regretter le fait que de telles initiatives se limitent aux niveaux institutionnel et évènementiel, car les habitants des villes camerounaises restent très peu sensibilisés et impliqués.

Selon la Banque mondiale, les inondations urbaines demeurent un problème pour le développement de nombreuses villes dans le monde, c'est pourquoi il est important de recueillir l'avis des autorités administratives,

---

120 Dynamiques de l'urbanisation africaine 2022, *op. cit.*

121 Cf. Banque mondiale, Ouvrir les villes africaines au monde, 2017.

122 On peut évoquer les rencontres comme celles de Johannesburg et de Rio de Janeiro en 1992, d'Istanbul en 1996, de Nairobi en 2002 et de Barcelone en 2004. Ces différentes rencontres ont permis de mener des réflexions sur l'avenir des villes et sur la nécessité d'une meilleure maîtrise collective du développement urbain durable.

123 Voir Benjamin Michelon, *Douala & Kigali. Villes modernes et citadins précaires en Afrique*, Paris, Karthala, 2016.

124 Kengne Fodouop, « Il est possible d'avoir au Cameroun des villes résilientes et agréables à vivre », in *Urbanisation : Les ambitions de nos villes* (Urban Dreams In Cameroon), Dossier réalisé avec le soutien du MINHDU, Hors-Série, Cameroon Tribune, septembre 2013, p. 123.

locales, traditionnelles et des habitants afin de coordonner des initiatives de changement social pouvant être mises en œuvre avec les parties prenantes et les populations bénéficiaires concernées par les dynamiques urbaines[125]. Il reste, dès lors, impérieux de préciser que la survenue des inondations expose les habitants à des ruptures temporelles d'activités tant au niveau de leur domicile (cuisson, lessive, vaisselle) qu'au niveau commercial[126].

À Douala, la Communauté urbaine de Douala (CUD) est l'acteur principal chargé des stratégies d'adaptation aux risques naturels. Elle a pour mission d'assurer le pilotage des actions, de proposer les missions/études nécessaires et de conduire des initiatives y afférentes[127]. En tenant compte de la politique de décentralisation[128] mise en œuvre au Cameroun, les gouvernements locaux en charge de la réalisation des initiatives sociales se doivent d'insérer l'analyse des risques naturels dans les documents d'urbanisme au niveau local.

Dans le souci d'endiguer le phénomène des inondations, certains projets à l'instar du Projet « Douala ville durable » sont complémentaires du Projet de Drainage pluvial (PDP). Ledit projet est cofinancé par la CUD, l'Agence française pour le Développement (AFD) et le Fonds français pour l'Environnement mondial (FFEM). En 2012, une convention est signée entre la CUD et l'AFD pour la réalisation de la tranche prioritaire du PDP qui s'étend sur 47 kilomètres de drains et est répartie sur plusieurs bassins versants[129]. Makèpè 1 Missokè fut sélectionné comme site d'expérimentation de cette initiative de changement social.

II.2. Le site Makèpè 1 Missokè

Le village Makèpè 1 Missokè est situé dans l'arrondissement de Douala 5e. C'est l'un des vingt-trois villages de la chefferie supérieure du canton Bassa Wouri, devenu depuis bientôt 30 ans un quartier d'extension nord-est de la ville de Douala.

---

125 Cf. Abhas K Jha, et al. *Ville et inondations : Guide de gestion intégrée du risque en zone urbaine pour le XXIe siècle,* Bangkok, Banque mondiale, 2011.

126 À Douala, et plus précisément à Makèpè 1 Missokè, les maisons servent à la fois de lieu d'habitation et aussi et surtout de lieu de commerce. De fait, les vérandas des maisons du quartier servent d'étals commerciaux.

127 Joseph Magloire Olinga et al. « Mesures d'intervention adaptative aux changements climatiques initiées par la Communauté urbaine de Douala », Département de Géographie de l'Université de Douala, 2014.

128 À ce sujet, l'on peut évoquer les lois suivantes : loi n°2004/017 du 27 juillet 2004 portant orientation sur la décentralisation et la loi n°2019/024 du 24 décembre 2019 portant code général des collectivités territoriales décentralisées. Ces dispositions encadrent les missions des collectivités territoriales décentralisées en matière d'urbanisme.

129 Note d'Engagement de Projet (NEP), Fonds français pour l'Environnement mondial, Douala, 2015.

Figure 1 : Localisation de la ville de Douala

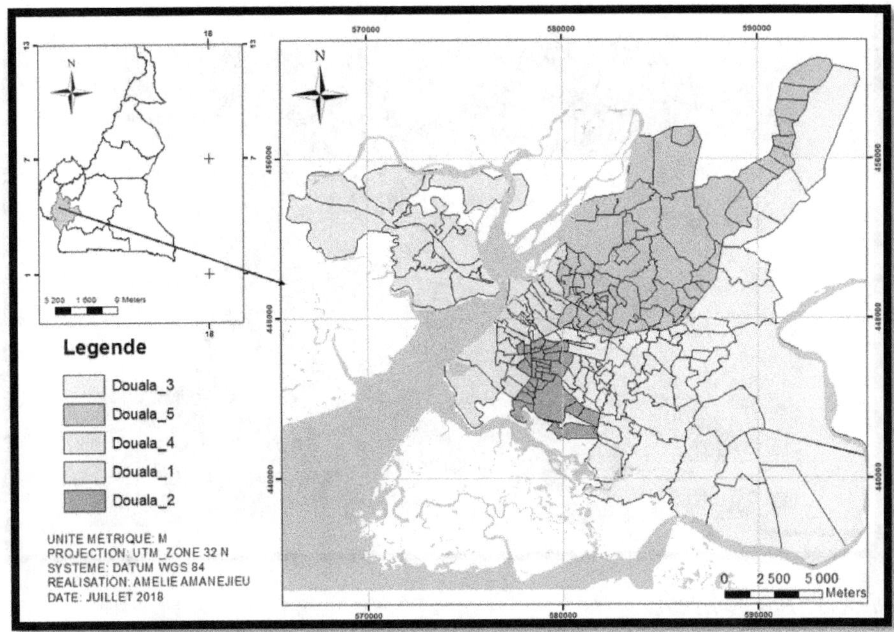

Source : Amanejieu, 2018

En 1968, Makèpè 1 Missokè compte une population estimée à 43 809 personnes, dont 30 981 occupent la zone de plateau et 12 828 les bas-fonds. Makèpè 1 Missokè est localisé dans l'extension nord-ouest de la ville de Douala et situé au Sud-ouest de la Commune d'arrondissement de Douala 5e. Sa superficie est estimée à 203 ha[130]. Par le passé, Makèpè 1 Missokè et ses quartiers limitrophes constituaient une zone marécageuse non constructible de Douala. À ce propos, il reste utile de rappeler qu'au Cameroun, près de 67% de la population vit dans les habitats dits spontanés et dans des situations socioéconomiques peu appréciables[131].

[130] Cf. Doual'art, Monographie participative du quartier Makèpè1Missokè, Arrondissement de Douala 5e, Douala, mai 2020.

[131] Voir Onu-Habitat, « Profil urbain national du Cameroun », UNON, Nairobi, 2007.

Figure 2 : Limites du quartier Makèpè 1 Missokè.

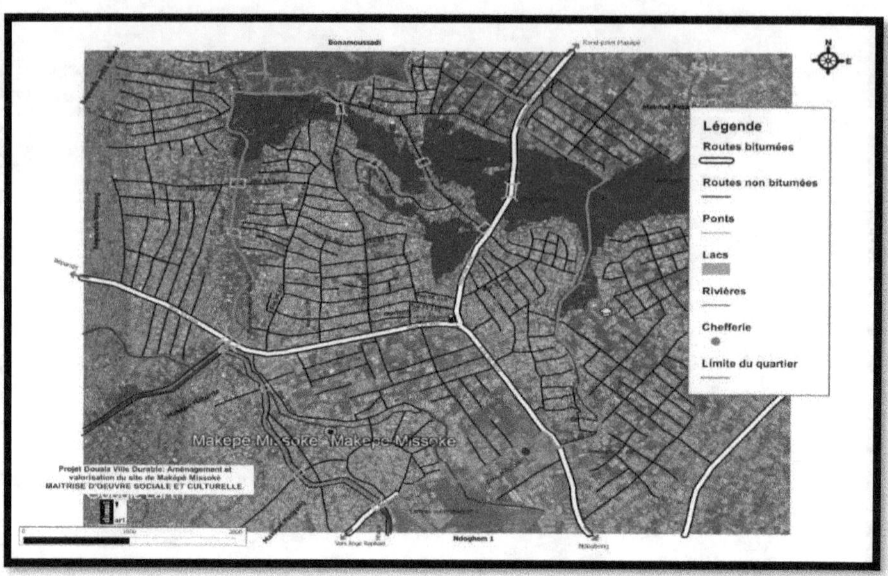

Sources : Doual'art, 2019

En saison de pluies entre les mois de juillet à septembre, les eaux débordent, car cette partie du quartier est située dans le bassin versant correspondant au lit majeur[132] de la rivière N'gonguè. En cette saison, les pluies tombent de manière continue nuit et jour. La moyenne des précipitations annuelles atteint 3702 mm et les températures sont en moyenne de l'ordre de 26,2°[133]. Ces pluies favorisent la survenue de fortes inondations étant donné que la ville de Douala repose sur 2/3 de marécages qui sont également des espaces peu propices à l'habitation et sujets à des inondations[134]. C'est pour cette raison que le géographe camerounais Kengne Fodouop précise qu' « *À Douala, lors des averses, de nombreux quartiers sont inondés ; les habitations construites dans le voisinage des drains naturels sont envahies par les torrents ; la majorité des rues en sable se transforment en*

[132] Le lit d'une rivière désigne la partie entre deux talus continus et qui constitue la surface d'écoulement des eaux. On distingue ainsi le lit mineur et le lit majeur. Le lit mineur est le canal principal du cours d'eau, la surface des eaux permanentes. Le lit majeur lui, est l'emprise du champ des crues rares. Il est aussi appelé *« zone inondable »*.

[133] *Idem*

[134] Yontchui J., « *Occupation de l'espace et écoulement des eaux dans le bassin versant de Ngoua*, ville de Douala », Université de Douala, Département de Géographie, Mémoire de Maîtrise, 2005.

fleuve de boue où pataugent les piétons, motocyclistes et automobilistes »[135]. De fait, en saison sèche, le lit de la rivière devient visible.

Planche photographique n. 1
Vues de la rivière N'gonguè en saison sèche (à gauche) et en saison de pluies (à droite).

À partir du « *pont cassé* » À partir du bloc 13

Sources : Doual'art, 2019 et Équinoxe TV, 2021.

Les habitations sont disposées en désordre. Il n'est pas évident d'identifier la convergence des constructions vers un plan conventionnel d'urbanisme[136]. Les maisons d'habitation sont construites sur l'espace en fonction des moyens financiers dont dispose chaque habitant. Rares sont les chefs de ménage[137] qui construisent leurs maisons en conformité avec le code camerounais de l'urbanisme[138] qui recommande de ne pas habiter et/ou construire dans des zones d'habitat propice aux risques (inondations, glissement de terrain). Les constructions à vocation d'habitation sont avant tout des maisons simples, le 54% et seuls 4% sont des villas. Il existe quelques maisons à étage parfois inachevées en raison des moyens financiers limités de leurs propriétaires.

[135] KENGNE FODOUOP, « Les problèmes environnementaux dans les grandes villes camerounaises », in *La situation de l'environnement au Cameroun*, Friedrich-Ebert, Yaoundé, 1992, p.11.
[136] Conventionnellement, à l'échelle des villes, les quartiers se conforment au plan en damier ; au plan radio concentrique ; au plan biparti.
[137] Un chef de ménage est une personne qui assume toutes les responsabilités et les charges financières au sein d'un ménage ou d'un foyer. Dans l'univers social camerounais, la grande majorité des chefs de ménage sont des hommes. Toutefois, certains ménages ont pour chef des femmes ; le statut matrimonial permet souvent de mieux comprendre cette situation (veuve, divorcée, célibataire).
[138] Cf. Loi 2004-003 du 21 avril 2004 régissant l'urbanisme au Cameroun.

Planche photographique n.2 : Images de quelques constructions à Makèpè 1 Missokè

Photo 3 : Construction en matériaux divers, bloc 12

Photo 4 : Construction embellie, bloc 13

Photo 5 : Construction en étages inachevées, bloc 13

Photo 6 : Construction en étage achevée, bloc 12

Sources : Doual'art, 2019

Certaines maisons ont été bâties sur du remblai fait des déchets (provenant de l'entreprise SOCAVERRE), de gravier, de terre et d'ordures ménagères. Les matériaux dominants sont les planches et les tôles usées, les tissus, les vieux fûts et les parpaings. La plupart de ces habitations sont construites sur des surfaces vulnérables aux inondations, car, se loger reste très difficile à Douala malgré les efforts du gouvernement[139].

---

[139] Créée le 18 juillet 1952, la Société Immobilière du Cameroun (SIC) a pour mission de mettre en place la politique de logement social telle que définie par les pouvoirs publics. L'un de ses buts ultimes était de permettre aux personnes démunies d'avoir accès à un logement décent à

À Makèpè 1 Missokè, l'on retrouve des populations à faibles revenus. On y rencontre également différentes formes de constructions : bois, *« poto-poto »* ou terre battue, parpaings (produit issu du mélange de sable et de ciment), et parfois, des matériaux recyclés (fer, fenêtres et portes issues des maisons démolies) sont utilisés. La majorité de ces habitations ont toujours leur assise dans des zones impropres à la construction telle que les marécages, les escarpements et les bas-fonds inoccupés ou excentrés.[140]

Figure 3 : Localisation de Makèpè 1 Missokè dans la ville de Douala et dans l'Arrondissement de Douala 5e.

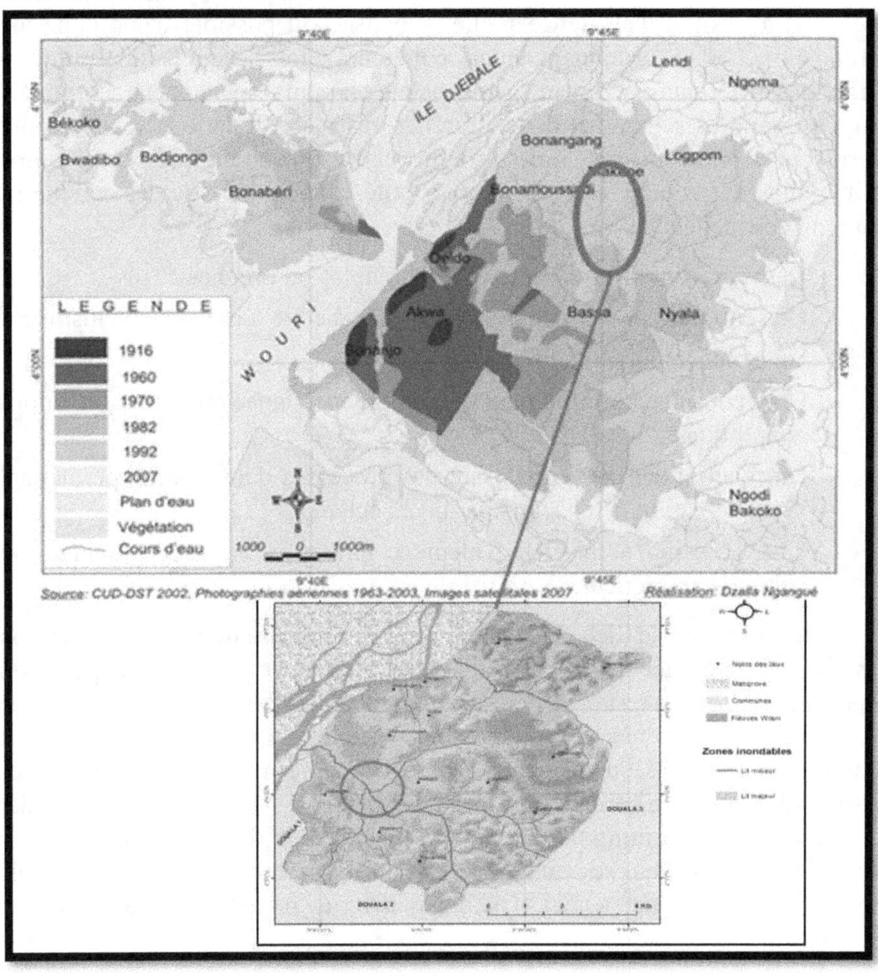

Source *: TCHOUNGA T. G. Baustert, 2015*

moindre coût. Néanmoins, depuis plusieurs années, ces logements semblent être restés à la portée des personnes nanties.

[140] Voir Philippe BISSEK, *Habitat et démocratisation au Cameroun*, Paris, Karthala, 1991.

III. Le lien social, creuset de la résilience sociale

Le lien social est le liant qui cimente les relations entre les individus. Lors des situations incertaines comme la survenue d'une inondation, il peut arriver qu'il favorise la résilience sociale dans un univers social où les populations innovent socialement au quotidien pour vivre avec les inondations.

III.1. Quelques caractéristiques du lien social

Selon le *Nouveau dictionnaire critique d'action sociale*[141], l'expression *lien social* désigne l'existence réelle, supposée ou possible d'une cohésion minimale et d'un ordonnancement cohérent selon lesquels de multiples individus différents coexistent, agencent leurs rapports sociaux et s'assemblent en dépassant les segmentations culturelles et les stratifications sociales pour former une unité, un tout qui soit autre chose qu'une simple juxtaposition d'individus. Dans cette considération, l'unité collective exige des conditions au rang desquelles[142]:

- Des représentations collectives semblables ou proches ;
- Un sentiment développé d'appartenance à cette unité et à son histoire ;
- Un attachement à un « nous » ;
- Une conscience minimale de l'interdépendance et des obligations réciproques ;
- Un fonctionnement satisfaisant des processus d'intégration permettant la participation de chacun aux divers échanges ;
- Une adhésion active aux valeurs centrales et aux codes sociaux et culturels en vigueur.

C'est dire que le lien social épouse les configurations territoriales ou spatiales d'un espace de vie donné. Ainsi, l'on peut se permettre de parler du *lien social local*, *territorial* ou *communautaire*. Par-là, il faut voir une complicité sociale née des interactions sociales entre individus ayant en partage un territoire ou un quartier précis victime des aléas divers ou des risques d'inondation comme c'est le cas à Makèpè 1 Missokè. De fait, résider sur un territoire commun permet aux acteurs sociaux de se connecter sur des flux identiques de liens sociaux. De même qu'il n'existe pas de société durable sans l'existence du lien social, il ne peut y avoir de résilience sociale sans lien social.

---

[141] Jean-Yves BARREYRE et Brigitte BOUQUET (Dir.), *Nouveau dictionnaire critique d'action sociale*, Paris, Édition Bayard, Collection Travail social, 2006, p. 342.
[142] *Idem.*

III.2. Le lien social, un pilier de la résilience sociale

La notion de résilience est au centre de la littérature portant sur la ville, le développement urbain et les changements climatiques. Par contre, la production scientifique relative à la résilience sociale semble à la traîne. La résilience est un concept polysémique[143] qui facilite la compréhension des situations dans des contextes particuliers de vulnérabilité ou de catastrophes. Malgré le fait que le concept varie d'une communauté scientifique à une autre, la notion d'*adaptation* reste incontournable pour les citoyens qui subissent les inondations. La résilience sociale explique donc comment les acteurs sociaux, à savoir les habitants, grâce aux efforts des autorités administratives et locales, des associations et des organisations non gouvernementales parviennent à s'adapter aux changements divers imposés par leur environnement[144]. Au quotidien, le renforcement des liens sociaux de proximité participe à la résilience sociale des habitants au sein d'un espace territorial précis suite à une menace commune nécessitant des efforts collectifs où tous les habitants subissant des catastrophes naturelles associent leurs énergies pour mieux faire face. Cette idée est défendue par Arnodin dans le cadre d'une série d'enquêtes intitulées « *Résilience, convivialité et solidarité de proximité* » réalisée en 2021[145].

Certaines situations comme c'est le cas avec les inondations à Makèpè 1 Missokè poussent les voisins à s'accorder facilement sur des initiatives basées sur les journées de propreté dans le quartier et capables de favoriser l'entraide et le bien-être collectif. Des actions de solidarité ayant pour but le renforcement du *lien social* naissent et se consolident progressivement. Au cours de ces évènements en lien avec les inondations, on assiste généralement à la mise en scène d'une solidarité communautaire. Certains habitants du quartier Makèpè 1 Missokè, notamment ceux résidant en amont, permettent à ceux qui vivent dans les bas-fonds de garder leurs objets de valeur chez eux. Cela permet de tisser des liens de convivialité et de solidarité entre habitants du quartier, les conditions se créent pour favoriser l'entraide et la lutte contre l'isolement au niveau local. Une étude[146] confirme cela en soutenant que le lien social en ville est un facteur essentiel de résilience urbaine. Ceci

---

143 La notion de résilience a d'abord été développée dans les sciences physiques pour évoquer la résistance aux matériaux. Ce n'est qu'après que les sciences sociales se sont approprié ce concept pour évoquer la résistance, mieux l'adaptation des acteurs sociaux face aux situations oppressantes.

144 OBRIST B, PFEIFFER C, *pour* HENLEY R. 2011. *La Résilience sociale multi-strates : une nouvelle approche de recherche l'adaptation au changement global.* NCCR North-South Dialogue 33. Bern, Switzerland: NCCR North-South.

145 Voir Camille ARNODIN, Série d'enquêtes « Résilience, convivialité et solidarité de proximité », Synthèse des résultats de la phase n°1 – Paris, janvier 2022.

146 https://www.scity-lab.com/blog/2020/4/5/le-lien-social-facteur-essentiel-de-rsilience-urbainenbsp

s'explique par la capacité des individus à mobiliser leur *capital social*[147] ainsi que leur présence sur des lieux et sites favorisant le lien social d'un quartier, atouts clés pour affronter les situations non maîtrisées par les citoyens.

L'expression « *résilience sociale* » désigne les diverses manières qui permettent aux individus seuls ou en groupe de résister ou de faire face à un ensemble de changements qui ont lieu dans une société, une communauté, voire, un quartier depuis une période conséquente.[148] La résilience sociale réfère à une expérience de bien-être individuel et sociétal, à la capacité des acteurs à mener une « *bonne vie* » grâce aux manières qu'ils parviennent à domestiquer en temps de crises, lorsqu'ils tiennent compte des ressources collectives mises à leurs dispositions. Cet ensemble de faits permet d'observer les stratégies communautaires mises en scène à Makèpè 1 Missokè.

IV. Stratégies communautaires de résistance aux inondations

Les stratégies[149] communautaires mobilisées par les habitants pour riposter aux inondations reposent sur des aspects à la fois individuels et collectifs.

IV.1. Riposte individuelle

La riposte est une réponse vive lancée face à une menace éventuelle pour assurer sa défense ou sa protection après une attaque naturelle ou anthropique. À Makèpè 1 Missokè, les individus préparent des ripostes personnalisées et proportionnelles à la menace d'inondation. Chacun y va selon ses expériences vis-à-vis du phénomène. Ainsi, des mesures sont prises pour sauver les biens matériels et les vies humaines.

La protection des biens matériels pendant ou après une inondation dépend de chaque acteur social. Le lieu idéal pour observer comment cela se passe à ce moment précis est le domicile familial. Certains habitants prennent le soin de protéger leurs biens précieux. Il s'agit souvent des objets de valeurs (meubles, téléviseurs, radios, ordinateurs, etc.) qu'ils se sont procurés au bout d'une longue période d'efforts et de sacrifices. Ces habitants prennent des précautions autant qu'ils peuvent comme le confie ce jeune homme : « *Quand la pluie commence et que je suis à la maison, je bloque tous les coins possibles pour limiter l'entrée des eaux. Pour mes meubles et les appareils, je les range*

[147] Par capital social ici, nous faisons davantage référence aux faisceaux relationnels mobilisés par les individus pour s'autosecourir en temps de catastrophe.

[148] Cf. Peter Hall et Michèle Lamont, Social Resilience in the Neoliberal Era, Cambridge, Cambridge University Press, 2013.

[149] Dans le cadre du présent travail, la stratégie est l'ensemble d'éléments agencés en vue d'atteindre un but précis : la limitation des méfaits des inondations.

juste dans un coin et je couvre cela avec la bâche. De telle sorte que même s'il pleut fort comment mes choses les plus importantes seront en sécurité »[150].

Le préalable pour mener une telle opération de sauvetage consiste à être présent à la maison quelques heures ou minutes avant la pluie, car, à chaque pluie, une inondation peut survenir. S'il n'y a personne qui assure la veille pour prendre les dispositions qui s'imposent, les appareils et autres objets de valeur vont subir des dommages. À cela, l'on pourrait associer une socialisation nouvelle au moment de sortir de sa maison. Chaque habitant utilise ainsi des chaussures de rechange pour sortir de son domicile. C'est pourquoi cette femme rencontrée confirme qu'après une inondation, « *tout change. On ne part plus au travail normalement, pour sortir on porte les babouches et arrivé en route, c'est là qu'on peut s'habiller normalement, c'est où l'on porte nos chaussures, vu que la boue ne laisse personne* »[151]. Comme on le voit, des dispositifs sont mis sur pied pour permettre aux habitants de protéger leurs biens pendant une inondation. Comment ces derniers opèrent-ils pour préserver les vies humaines ?

Des actions endogènes sont aussi mises sur pied par les habitants pour sauver des vies humaines pendant une inondation. Cette protection est davantage orientée vers les personnes les plus vulnérables à l'instar des enfants et parfois des personnes âgées. Le plus souvent, on les amène chez les voisins en amont qui, eux, sont à l'abri du phénomène. Parfois, si l'on est surpris par la pluie et l'inondation qui en découle, chaque parent fait l'effort de veiller sur son enfant (surtout les plus petits) en les mettant en hauteur ; généralement, les tables sont utilisées pour y poser les enfants et les tenir à l'abri de l'eau. Ce témoignage est illustratif concernant les mesures prises pour la protection des enfants :

> Pour les enfants, chacun garde ses enfants et veille à ce que rien ne leur arrive. Ma fille par exemple, pour qu'elle se rende à l'école, je suis obligé de la porter sur le dos. C'est quand nous sommes à un endroit où elle peut marcher sans se salir que je la fais descendre. De même, quand il pleut, lorsque nous sommes à la maison, je la pose sur la table pour limiter les dégâts[152].

Chaque parent prend de ce fait des dispositions pour assurer la sécurité de son enfant ou de ses enfants.

---

[150] Entretien avec un habitant de Makèpè 1 Missokè, Douala, 15 août 2020.

[151] Entretien avec une habitante de Makèpè 1 Missokè, Douala, 15 août 2020.

[152] *Idem.*

Source : *www.camernews.com,* ***2019***
Photo 7 : Un habitant en train de sauver des enfants

En dehors de ces ripostes individuelles, les habitants sont investis dans les ripostes collectives.

IV.2. Ripostes collectives ou citoyennes

Les ripostes collectives ou citoyennes sont celles menées par les habitants en vue d'apaiser les effets des inondations pour l'ensemble des habitants du quartier. Il s'agit ici des actions telles que les journées citoyennes de salubrité et des actions de plaidoyers à portées diverses soutenues et encadrées par des organisations de la société civile.

Le programme « Journée Citoyenne de Propreté » (JCP) est initié dans la ville de Douala depuis 2007. Cette journée « *consiste pour toutes les populations du département du Wouri au nettoyage des places et des édifices publics, par le personnel des services de l'État, des établissements et entreprises publics et/ou privés à travers : la réfection des couches de peinture sur les façades des maisons et des commerces en bordure des rues et des avenues* et, *l'assainissement des sites insalubres* »[153], indique le Préfet du Wouri dans un arrêté rendu public le 22 janvier 2020. Cette journée est prévue hebdomadairement tous les jeudis entre 8h00 et 10h30. L'objectif de cette activité est le renforcement de l'engagement de la Communauté urbaine de Douala (CUD) à faire de Douala une ville durable, comme prévu par le

[153] Arrêté préfectoral du 22 janvier 2020 - n°59/AP/CIP/CAAJD instituant une journée de propreté et de salubrité publique dans le département du Wouri.

troisième axe de la Stratégie de Développement de la ville de Douala (CDS)[154].

Dans l'arrondissement de Douala 5e, Makèpè 1 Missokè satisfait à cette exigence à l'aide de son Comité d'Animation au développement (CAD) qui est chargé d'assurer la salubrité dans le quartier. Pour mener à bien une JCP, il faut mobiliser une ressource humaine disponible, prête à travailler et préalablement informée ; déterminer le type de travail à mener[155] (*défrichage, curage, balayage, etc.*) ; déterminer le type de matériel qui va être utilisé (*râteaux, machettes, balais, gants, brouettes, pelles, pioches, machettes, etc.*). Toutefois, il est impératif de mentionner qu'au-delà de l'injonction administrative qui intime l'ordre de travailler le jeudi matin, les populations en dehors de ce jour-là, peuvent planifier de manière additive des séances de travail les samedis et/ou les dimanches matins dans le but d'enrôler une plus grande main-d'œuvre. Au cours de ces séances de salubrité communautaire, les populations dégagent les tas d'immondices et nettoient les caniveaux qui empêchent souvent la circulation des eaux. Ce moment sert aussi d'instant de sensibilisation des habitants sur le bien-fondé du respect des règles d'hygiène individuelle et collective et de l'interpellation à ne plus jeter les déchets dans les caniveaux et drains.

Les actions citoyennes sont entreprises par des Organisations de la Société civile (OSC) qui promeuvent la justice sociale au sein de la communauté tout en visant l'égalité des droits de tous et l'accès aux services sociaux de base. À Makèpè 1 Missokè, les revendications en termes de coupures d'eau, d'électricité ou d'enlèvement des ordures ménagères sont menées par l'OSC « **On est ensemble** ». Elle s'est faite la porte-parole des habitants auprès des autorités locales. Les responsables de l'OSC adressent des correspondances aux différents détenteurs d'enjeux (Maire, Préfet, Député, etc.) à chaque fois qu'il y a interruption d'un service social de base. Ce fut le cas lors des coupures d'électricité de longue période dans le quartier. Il en a été de même pour le non-enlèvement des ordures ménagères par HYSACAM[156]. Dans ce dernier cas de figure, l'OSC a non seulement manifesté le mécontentement des populations de la zone par des correspondances, mais aussi par une grève au siège de HYSACAM pour que les responsables de cette structure saisissent plus rapidement le message émis par les habitants. Le Responsable de l'OSC explique :

---

[154] https://www.douala.cm/actualite/1409-journee-citoyenne-de-proprete#:~:text=Mobilisation%20du%20personnel%20CUD%20au,d'hygi%C3%A8ne%20et%20de%20salubrit%C3%A9.

[155] À Makèpè 1 Missokè, le CAD a précisé qu'ils mènent très souvent les actions de défrichage et surtout de curage.

[156] HYSACAM signifie : Hygiène et Assainissement du Cameroun. C'est la société chargée de la collecte des déchets dans la majorité des villes du Cameroun.

> On est parti grever à HYSACAM. Ils ont dit qu'ils ont compris, HYSACAM a envoyé le camion pour ramasser les ordures. Quand il y a quelque chose qui ne va pas, on écrit aux autorités. En tant qu'organisation de la société civile, on est un peu partout, quand il y a un problème on essaie de chercher la solution ensemble.[157]

L'OSC se mobilise également pour sensibiliser les populations de la zone à travers des interpellations porte-à-porte et des réunions d'information sur des questions d'hygiène et de salubrité. Raison pour laquelle ses membres continuent à mener des actions de plaidoyer pour interpeller la municipalité de Douala 5e afin d'interpeller les habitants sur la question de l'inondation.

V. La nécessité de mettre en place une plateforme de concertation locale

Il est urgent de proposer une structure socio-organisationnelle au quartier Makèpè 1 Missokè, dans l'intérêt d'en faire un « *quartier durable* » qui va favoriser la mise en scène du développement durable sur son territoire. Ceci passe inéluctablement par l'implication des habitants et la prise en compte de la redevabilité vis-à-vis de ces derniers.

V.1. Implications individuelles des habitants

Cette implication va permettre de prendre en compte les avis des habitants du quartier dans la bonne marche de celui-ci. Le rôle des hommes dans la mise en œuvre des initiatives de changement social en milieu urbain n'est plus à démontrer. De tout temps, ce sont ces derniers qui sont au cœur des prises de décision à l'échelle locale, mieux encore des quartiers au regard des rôles sociaux qu'ils assurent. En situation de mise en scène d'un projet dans les quartiers, il est primordial d'interagir avec les chefs de quartiers, les responsables d'associations et les chefs de famille. Il est nécessaire qu'ils soient bien informés sur toute intention d'initiative communautaire, pour s'en approprier avant d'y diffuser des feedbacks positifs ou négatifs auprès des autres groupes sociaux (famille, pairs, etc.). L'implication des hommes dans un processus de changement social territorial garantit la durée de l'initiative en cours[158]. Cela a le mérite de prévenir les cas de refus et réticences souvent observés par les animateurs sociaux. De fait, l'action d'associer les hommes à ce qui se fait sur leur espace territorial est une garantie de durabilité. Toutefois,

---

[157] Entretien avec le responsable de « On est ensemble » à Makèpè 1 Missokè, Douala, 15 août 2020.

[158] La place du genre ne devrait aucunement être négligée. Vivant dans un espace social patriarcal, il est impérieux d'impliquer les hommes et d'avoir leur adhésion ; c'est là une garantie de succès, car, ce sont ces derniers qui prennent généralement les décisions au sein des ménages.

il reste utile d'y associer les femmes, car leur contribution reste consubstantielle aux actions de développement en milieu urbain africain.

Les femmes en Afrique, et par conséquent au Cameroun, constituent un véritable atout pour le développement tant en milieu rural qu'en milieu urbain. À Makèpè 1 Missokè, celles-ci apparaissent en première ligne dans des activités telles que le recyclage du linge et le maraîchage. Les femmes sont dès lors majoritairement présentes dans plusieurs activités du secteur informel à Douala de manière générale. Il est utile de mentionner également que les femmes sont plus présentes et plus disponibles que les hommes lors des actions de sensibilisation initiées par des projets de développement. En outre, ce sont elles qui sont directement en charge des questions de santé, d'hygiène et d'assainissement au niveau domestique. Il reste urgent de reconnaitre que le statut de la femme au foyer, loin de l'écarter de la sphère des prises de décision de ce qui se fait dans le quartier, octroie à celle-ci le privilège de participer à la vie urbaine[159]. L'on se rend compte que la prise en compte de l'avis de la femme est capitale dans la mise en œuvre d'une *« plateforme de concertation locale »*[160]. De même, l'implication active en termes de collaboration des jeunes considérés généralement comme ceux qui sont au cœur des innovations sociales reste significative.

La jeunesse est la catégorie sociale au centre de la mise en circulation des nouvelles idées et manières de faire en milieu urbain et par ricochet dans les quartiers. Il serait de bon aloi d'impliquer ces derniers dans toutes les initiatives sociales pouvant avoir un effet sur leur espace territorial. À Makèpè 1 Missokè, il existe plusieurs associations de jeunes qui font des efforts pour apporter leur contribution à la bonne marche du quartier[161]. Les jeunes sont la catégorie sociale la plus représentée dans le quartier. En même temps, il convient de rappeler que ces jeunes font l'expérience de vie difficile et précaire en ville. Voilà pourquoi il est utile de les associer à ce genre d'initiative. Cela va permettre de les considérer comme une force vive et créatrice et par conséquent, l'on se doit d'arrêter de ne considérer la jeunesse

---

[159] Etolo Edith Valéry, « Être femme au foyer et se divertir à Yaoundé », in *Vivre en ville aujourd'hui : Métropolisation et changements sociaux au Cameroun*, (Dir.) Jean Nzhie Engono et Armand Leka Essomba, Saint-Denis, Éditions Connaissances et savoirs, 2018.

[160] Une plateforme de concertation locale a pour but d'engager un dialogue, une conversation avec des acteurs sociaux variés appartenant à un espace territorial précis ; une telle assise a généralement pour finalité de trouver une solution à un problème collectif de manière collégiale avec la participation des citoyens et des autorités locales.

[161] On en dénombre un peu plus de 10 associations dans le quartier. De manière illustrative on peut citer l'association des coiffeurs professionnels des Makèpè 1 Missokè, l'association des Jeunes ambitieux de Makèpè 1 Missokè (dans tous les blocs), l'association des jeunes solidaires, le Cercle des amis unis, etc. Ces jeunes regroupés en association s'efforcent d'apporter une contribution à la vie sociale, culturelle, économique et environnementale du quartier. Le stade le plus visible est la journée citoyenne de salubrité qui est un évènement porté par les jeunes.

que comme un problème social. Ces acteurs urbains bouillonnent d'une créativité protéiforme et se refusent de rester muets ; cela pourrait offrir à observer l'émergence d'une nouvelle grammaire de la participation à la vie politique[162]. L'implication de ces différentes catégories d'acteurs évoqués pour la mise en œuvre d'une « *plateforme de concertation locale* » n'aura une portée que si d'autres parties prenantes majeures sont impliquées.

V.2. La nécessaire implication des autres parties prenantes

Une plateforme locale de concertation, hormis des habitants, se doit de regrouper en son sein d'autres catégories d'acteurs à l'instar des autorités municipales. Celles-ci vont se charger d'infirmer ou de confirmer les préoccupations des populations locales auprès des autorités administratives et des partenaires techniques au développement.

L'implication de tous ces acteurs a pour but de gagner la confiance des acteurs institutionnels de manière générale et en particulier celle des acteurs municipaux afin que ces derniers s'approprient aussi les initiatives en cours dans les quartiers de la capitale économique.

Les acteurs institutionnels ou individuels à impliquer dans cette plateforme locale en fonction de leur niveau d'importance sont les suivants :

- **La Mairie d'arrondissement :** Cette institution est chargée de la mise en œuvre et du suivi des initiatives de changement social au sein du territoire communal. Des séances de travail préalables pourraient avoir lieu afin de s'accorder sur le bilan des projets en cours, réalisés ou à venir dans le quartier.
- **La Sous-préfecture** : il est impérieux d'informer cette institution sur ce qui se fait dans le quartier. C'est à leur niveau que des autorisations d'affichage ou de publicité sur les actions d'hygiène et de salubrité peuvent être octroyées.
- **Le Chef de district de santé :** il est utile d'interagir avec celui-ci afin de mieux déterminer la situation sanitaire du quartier.
- **Les autorités traditionnelles** : les chefs de village et de quartier doivent être partie prenante de cette plateforme pour être mieux informés des challenges rencontrés par les populations en temps d'inondations.
- **Les associations/organisations de la société civile** : Ces acteurs de terrain sont en interaction quotidienne avec les habitants. Ils sont souvent aussi au cœur de nombreuses initiatives sociales.

---

[162]Jean Marcellin Manga, « Jeunesse camerounaise, créativité sociale et contestation politique. Analyse de quelques modes d'expression et d'action d'une catégorie sociale », Mémoire de DEA en Sociologie politique, Université de Yaoundé I, 2009.

VI. Discussion

En milieu urbain africain, les citoyens continuent de faire face aux inondations. Dans la ville de Douala, les autorités locales s'efforcent depuis des décennies autant que faire se peut avec l'aide des partenaires techniques au développement à résoudre durablement ce problème. À cet effet, la Communauté urbaine de Douala assure la responsabilité de la mise en œuvre des stratégies d'adaptation aux risques naturels. En scrutant la politique de décentralisation exécutée au Cameroun, les projets de développement urbain prennent désormais en compte l'analyse des risques naturels au niveau local. Voilà pourquoi, des projets comme « Douala ville durable » complémentaires au Projet de Drainage pluvial (PDP), sont exécutés dans l'intention d'endiguer ces inondations pour le bien-être des habitants.

Toutefois, le lien social s'érige comme un pilier de la résilience sociale pour les citoyens qui subissent ces inondations. Cette résilience sociale aide à comprendre comment grâce à leurs efforts et aux supports techniques, voire financiers des autorités locales et administratives, les populations urbaines parviennent à s'adapter aux changements divers imposés par les inondations. Au quotidien, le renforcement des liens sociaux de proximité fortifie cette résilience sociale au sein des territoires victimes d'inondations. Il reste impérieux de reconnaitre que ces habitants, en dehors des initiatives institutionnelles de riposte aux inondations, s'activent aussi pour déployer leurs stratégies personnalisées de riposte aux inondations au niveau communautaire. Ces stratégies endogènes des habitants *(protection des enfants et des personnes âgées, journées de salubrité, curages des drains, etc.)* visent à assurer la continuité de la vie sociale après la survenue d'une inondation.

Cependant, il est utile de souligner qu'on observe un manque de synergie entre les logiques d'interventions institutionnelles et les ripostes individuelles ou collectives des habitants. C'est à juste titre qu'il serait utile de (re)penser une structuration socio-organisationnelle du quartier, dans l'intérêt d'en faire un « *quartier durable* » qui favoriserait la mise en scène du développement durable. En situation de mise en scène d'un projet urbain, il est primordial d'interagir avec les chefs de quartiers, les responsables d'associations et les chefs de famille. Tous ces acteurs devraient être bien informés sur chaque initiative communautaire et s'en approprier avant d'y diffuser les retombées positives ou négatives auprès du public.

Une plateforme locale de concertation en dehors des habitants devrait donc regrouper d'autres acteurs à l'instar des responsables institutionnels, administratifs, locaux, traditionnels et associatifs afin de faire entendre à un niveau à la fois micro et macrosocial, les voix des habitants.

Conclusion

Cette réflexion s'est développée sur le postulat selon lequel, en temps d'inondation, les habitants développent leur « *résilience sociale* ». La résilience sociale est cette capacité des individus à mobiliser leur capital social pour s'adapter aux conditions de vie non souhaitées en milieu urbain. Cette résilience sociale se construit en se consolidant grâce au lien social. La « *construction sociale de la réalité* »[163], inspirée de l'habitat en temps d'inondation, permet de souligner la portée du constructivisme social dans cette recherche. Cette théorie offre à observer, comme cela apparait dans ce travail, *« ce que les gens « savent » de la « réalité » dans leurs vies quotidiennes »*[164]. L'expression « *vie quotidienne* » ici fait référence à « *la manière dont la vie courante s'organise en fonction des conditions temporelles, cognitives, sociales et relationnelles* »[165]. Le constructivisme social s'intéresse aux faits de la vie de tous les jours. C'est pourquoi il a été utile de scruter les inondations sous la perspective d'une « *sociologie de la vie quotidienne* »[166]. Étant donné que les habitants de Makèpè 1 Missokè ont en partage les malheurs dus aux inondations, ils expérimentent une sorte d'entraide territorialement située. Cela les aide à pouvoir faire face aux inondations à l'aide des stratégies individuelles et citoyennes. C'est dire que le sentiment d'appartenance et de partage d'un espace territorial vulnérable pousse les acteurs qui l'occupent à se sentir membres d'une même communauté. Dès lors, les dialogues entre les habitants sur les potentielles solutions des inondations mêmes profanes s'avèrent incontournables. Il est conseillé pour élargir ces dialogues et les rendre efficaces, de solliciter l'intervention des acteurs institutionnels, administratifs, locaux, traditionnels et associatifs afin de faire entendre à un niveau à la fois micro et macrosocial, les voix des habitants. Voilà donc l'urgence de penser et de concevoir un projet de plateforme de concertation à l'échelle du quartier. Cet espace servira de lieu d'échanges et de recherche de solutions durables sur la réduction citoyenne des inondations. La mise en œuvre d'une plateforme suppose que les acteurs sociaux mobilisés sont ceux ayant des profils diversifiés, ceux-ci sont ainsi sollicités à émettre des points de vue sur les dimensions cruciales

---

163 Voir Peter BERGER et Thomas LUCKMANN, trad. De l'anglais par Pierre Taminniaux, *La construction sociale de la réalité*, Paris, Armand Colin, Coll. « Références Sociologie », 1996.

164 *Ibid.* p.15.

165 Patrick WATIER, « Vie quotidienne », in André Akoun et Pierre Ansart (Dir.), Dictionnaires de sociologie, Le Robert /Seuil, Paris, 1999, p. 562.

166 Cf. Claude JAVEAU, *La société au jour le jour*, Le Renouveau, Bruxelles, 1981.

des sujets les concernant. Voilà une manière de faire qui prône la « *participation citoyenne* »[167] dans l'intention de « *faire la ville ensemble* »[168].

Références bibliographiques

Abhas K Jha, et al. *Ville et inondations : Guide de gestion intégrée du risque en zone urbaine pour le XXIe siècle,* Bangkok, Banque Mondiale, 2011.

Amélie Amanejieu, « Analyse temporelle de la représentation du risque d'inondation de 1980 à 2018 à Douala – Cameroun », Mémoire d'obtention du Master de spécialisation de gestion des risques et des catastrophes, Université de Liège, 2018.

Arrêté préfectoral du 22 janvier 2020 - N°59/AP/CIP/CAAJD instituant une journée de propreté et de salubrité publique dans le département du Wouri.

Banque mondiale, Ouvrir les villes africaines au monde, 2017.

Benjamin Michelon, *Douala & Kigali. Villes modernes et citadins précaires en Afrique*, Paris, Karthala, 2016.

Camille Arnodin, Série d'enquêtes « Résilience, convivialité et solidarité de proximité », Synthèse des résultats de la phase n°1 – Paris, janvier 2022.

Claude Javeau, *La société au jour le jour*, Le Renouveau, Bruxelles, 1981.

Doual'art, Monographie participative du quartier Makèpè1Missokè, Arrondissement de Douala Ve, Douala, mai 2020.

Etolo Edith Valéry, « Être femme au foyer et se divertir à Yaoundé », in *Vivre en ville aujourd'hui : Métropolisation et changements sociaux au Cameroun*, (Dir.) Jean Nzhie Engono et Armand Leka Essomba, Saint-Denis, Éditions Connaissances et savoirs, 2018.

Guy Mainet, *Douala, croissance et servitude*, Paris, L'Harmattan, 1986.

Jean Marcellin Manga, « Jeunesse camerounaise, créativité sociale et contestation politique. Analyse de quelques modes d'expression et d'action d'une catégorie sociale », Mémoire de DEA en Sociologie politique, Université de Yaoundé I, 2009.

Jean-Yves Barreyre et Brigitte Bouquet (Dir.), *Nouveau dictionnaire critique d'action sociale*, Paris, Édition Bayard, Collection Travail social, 2006.

Jodelle Zetlaoui-Léger, "L'implication des habitants dans des microprojets urbains : enjeux politiques et propositions pratiques", in *Les Cahiers de l'École d'architecture de la Cambre*, mai 2005.

[167] Jodelle Zetlaoui-Léger, "L'implication des habitants dans des microprojets urbains : enjeux politiques et propositions pratiques", in *Les Cahiers de l'École d'architecture de la Cambre*, mai 2005.

[168] Cf. Philippe Verdier, *Le Projet urbain participatif*, Éditions Yves Michel et ADELS, 2009.

Kengne Fodouop, « Il est possible d'avoir au Cameroun des villes résilientes et agréables à vivre », in *Urbanisation : Les ambitions de nos villes* (Urban Dreams In Cameroon), Dossier réalisé avec le soutien du MINHDU, Hors-Série, Cameroon Tribune, septembre 2013.

Loi 2004-003 du 21 avril 2004 régissant l'urbanisme au Cameroun.

Note d'Engagement de Projet (NEP), Fonds français pour l'Environnement mondial, Douala, 2015.

Obrist B, Pfeiffer C, Henley R. 2011. *La Résilience sociale multi-strates : une nouvelle approche de recherche pour l'adaptation au changement global.* NCCR North-South Dialogue 33. Bern, Switzerland: NCCR North-South.

OCDE/Nations unies, Dynamiques de l'urbanisation africaine 2022 – Le rayonnement économique des villes africaines, 2022.

Patrick Watier, « Vie quotidienne », in André Akoun et Pierre Ansart (Dir.), Dictionnaires de sociologie, Le Robert /Seuil, Paris, 1999.

Peter Berger et Thomas Luckmann, trad. De l'anglais par Pierre Taminniaux, La construction sociale de la réalité, Paris, Armand Colin, Coll. « Références Sociologie », 1996.

Peter Hall et Michèle Lamont, Social Resilience in the Neoliberal Era, Cambridge, Cambridge University Press, 2013.

Philippe Bissek, *Habitat et démocratisation au Cameroun*, Paris, Karthala, 1991.

Philippe Verdier, *Le Projet urbain participatif*, Éditions Yves Michel et ADELS, 2009.Séverine Durand, « Investiguer la possibilité d'une « culture du risque du risque » : Ethnographie de l'habiter en milieu exposé … et prisé » in *La Houille blanche*, N°1, 2013, pp. 77-80.

Yontchui J., « *Occupation de l'espace et écoulement des eaux dans le bassin versant de Ngoua*, ville de Douala », Université de Douala, Département de Géographie, Mémoire de Maîtrise, 2005.

WEBOGRAPHIE

https://www.douala.cm/actualite/1409-journee-citoyenne-de propreté#:~:text=Mobilisation%20du%20personnel%20CUD%20au,d'hygi%C3%A8ne%20et%20de%20salubrit%C3%A9.

https://www.scity-lab.com/blog/2020/4/5/le-lien-social-facteur-essentiel-de-rsilience-urbainenbsp

Nations Unies. 2015. Indicateurs des Objectifs du Millénaire pour le développement. Indicateur 7.10 Proportion de citadins vivant dans des taudis http://mdgs.un.org/unsd/mdg/Hostaspx?Content=Indicators/OfficialList.htm

TROISIÈME PARTIE

LES LEVIERS DE L'HABITAT DURABLE DES VILLES CAMEROUNAISES

Promouvoir l'économie circulaire par la valorisation multifilière des déchets ménagers solides à Douala (Cameroun)

Joseph Magloire OLINGA OLINGA

Ph.D en Géographie, Aménagement du territoire et Environnement,
Sous-directeur des études et de la protection de l'environnement,
Communauté urbaine de Douala.

Résumé

La loi n°96/12 du 5 août 1996 portant loi-cadre relative à la gestion de l'environnement promeut l'économie circulaire à travers la gestion écologiquement rationnelle des déchets qu'elle définit comme *« toutes mesures pratiques permettant d'assurer que les déchets sont gérés d'une manière qui garantisse la protection de la santé humaine et de l'environnement, contre les effets nuisibles que peuvent avoir ces déchets »*. Cependant, c'est le décret n°2012/2809/PM du 26 septembre 2012 fixant les conditions de tri, de collecte, de transport, de récupération, de recyclage, de traitement et d'élimination finale des déchets, qui prescrit expressément la valorisation des déchets en tant qu'opération de recyclage, de réutilisation, de récupération, d'utilisation des déchets comme source d'énergie ou toute autre action visant à obtenir des matières premières ou des produits réutilisables provenant de la récupération des déchets, et ce, afin de réduire ou d'éliminer l'impact négatif de ces déchets sur l'environnement et la santé, tout en créant de nouvelles opportunités socioéconomiques en termes d'emplois verts. La récupération des déchets en vue de leur valorisation constitue cependant une part marginale des déchets collectés dans la ville de Douala. En ce qui concerne les proportions, sur les 512 800,96 tonnes de déchets issues de la précollecte et de la collecte en 2020, environ 566,24 tonnes, soit 0,11% sont récupérées. En d'autres termes, 99,9% des déchets sont enfouis et réduisent la durée d'exploitation de la décharge. Ce travail propose le déploiement de cinq filières de valorisation des déchets dans la ville de Douala sur la base des caractéristiques du gisement des déchets valorisables pour la promotion de l'économie circulaire.

Mots clés : économie circulaire, valorisation multifilière, déchets ménagers solides, Douala

Abstract

Law n°96/12 of 5 August 1996 on the framework on environmental management promotes the circular economy through the environmentally sound management of waste, which it defines as "all practical measures to ensure that waste is managed in a way that guarantees the protection of human health and the environment against the harmful effects that such waste may have". However, it is Decree n°2012/2809/PM on 26 September 2012 setting the conditions for sorting, collecting, transporting, recovering, recycling, treating and finally disposing of waste, which expressly prescribes the recovery of waste as an operation of recycling, reuse, recovery, use of waste as a source of energy or any other action aimed at obtaining raw materials or reusable products from the recovery of waste, in order to reduce or eliminate the negative impact of waste on the environment and health, while creating new socio-economic opportunities in terms of green jobs. However, the recovery of waste for recycling constitutes a marginal part of the waste collected in the City of Douala. In terms of proportions, out of the 512,800.96 tonnes of waste from pre-collection and collection in 2020, about 566.24 tonnes, or 0.11% is recovered. In other words, 99.9% of the waste is landfilled and reduces the operating time of the landfill. This work proposes the deployment of five waste recovery channels in the City of Douala based on the characteristics of the deposit of recoverable waste for the promotion of the circular economy.

***Keywords**: Circular economy, multi-stream recovery, household solid waste, Douala*

Introduction

À l'échelle internationale, le Rapport *« Déchets, quel gâchis 2.0 : un état des lieux actualisé des enjeux de la gestion des ordures ménagères à l'horizon 2050 »* de la Banque mondiale (2018), prévoit que 4,3 milliards de personnes vivront en ville à l'horizon 2025, et généreront 2,2 milliards de tonnes de déchets solides, avec un coût annuel de gestion de 375,5 milliards de dollars. Ce constat est particulièrement interpellatif pour les villes des pays en développement telles que Douala, qui connaissent une croissance démographique deux fois supérieure à la moyenne nationale. Capitale économique du Cameroun, la ville de Douala abrite une population estimée à plus 3 456 000 d'habitants en 2020. Son statut de capitale économique en fait l'épicentre de la production industrielle nationale avec près de 70% du tissu industriel organisé autour du Port autonome de Douala, des zones industrielles de Bassa et de Bonabéri d'une part, et environ 80% des grandes entreprises d'autre part (PDU, 2015). Cette production à laquelle s'ajoutent les importations entraine la production de 2 143 tonnes de déchets ménagers en moyenne par jour avec environ 70%, soit 1 585 tonnes collectées de façon journalière. Avec la prolifération des déchets en milieu urbain, les impacts environnementaux et sanitaires ne cessent de croître : pollution des sols et des nappes phréatiques, transmission de maladies hydriques telles que le choléra, troubles respiratoires et digestifs, émission de gaz à effet de serre. Aussi, la gestion des déchets entraine des dépenses d'exploitation particulièrement élevées pour l'État et la municipalité, de l'ordre de 9 milliards FCFA par an. La récupération des déchets en vue de leur valorisation constitue cependant une part marginale des déchets collectés à Douala. En termes de proportions, sur les 512 800,96 tonnes de déchets issues de la précollecte et de la collecte en 2020, environ 566,24 tonnes, soit 0,11% sont récupérées. En d'autres termes, 99,9% des déchets qui arrivent à la décharge sont enfouis et réduisent sa durée d'exploitation. Dans le but de pallier ces lacunes, le présent article porte sur la promotion de l'économie circulaire à travers la valorisation multifilière comme le changement de paradigme nécessaire à opérer dans les politiques publiques locales de gestion des déchets. Afin d'illustrer les atouts de l'approche proposée, le gisement des déchets valorisable et la stratégie de valorisation par filière sont présentées, ainsi que des mesures opérationnelles visant à organiser la valorisation des déchets solides pour accélérer le développement d'un modèle de production et de consommation circulaire, considérant la volonté de la ville de Douala de *« réduire, mieux gérer et valoriser les déchets »* conformément à l'Objectif 4 du thème 1 de son Agenda 21 local et à l'Objectif de développement durable n°11 *« Villes et communautés durables »*.

I. Cadre conceptuel de l'économie circulaire : pour une approche contextualisée

I.1. Des origines du concept en économie de l'environnement ...

Le concept d'économie circulaire tel que compris aujourd'hui a été introduit par les économistes de l'environnement Pearce et Turner (1989) dans l'ouvrage *« Economics of natural resources and environment »*. Dès les années 1970, ces auteurs ont soutenu l'idée selon laquelle les dégradations de l'environnement sont davantage liées au fait que l'environnement n'était pas pris en compte monétairement dans les activités économiques, qu'à l'ignorance des acteurs économiques. Yong (2007) définit l'économie circulaire comme « *l'ensemble des activités de réduction, de réutilisation et de recyclage menées durant le processus de production, de circulation et de consommation* ». Cette définition implique de passer d'une *« approche linéaire »* à une *« approche circulaire »* des flux de matières premières, grâce à l'application du principe des « 3R » (Réduire – Réutiliser – Recycler), visant à réduire l'utilisation des ressources et des énergies pour les activités de production et de consommation ; réutiliser les produits ayant eu un premier usage ou encore les sous-produits issus des activités de production et recycler les déchets en tant que nouvelles matières premières ou ressources.

Toutefois, l'économie circulaire est loin d'être un concept contemporain. Son opposition habituelle à l'économie linéaire citée dans les définitions ci-dessus est essentiellement théorique. Ce constat est particulièrement vrai en Afrique et dans la plupart des pays en développement ou des initiatives de recyclage et de réutilisation se déploient depuis des siècles. Si ce constat paraît incontestable, il pose une question ontologique : pourquoi la tendance vers une économie circulaire s'accroît-elle dans la plupart des villes des pays en développement à l'instar de Douala ? Cette interrogation tire sa pertinence de la loi n°024/2019 du 24 décembre 2019 portant Code général des Collectivités territoriales décentralisées (CTD), qui confère la collecte, l'enlèvement et le traitement (y compris la valorisation) des ordures ménagères aux municipalités, ainsi que le décret n°2012/2809/PM du 26 septembre 2012, fixant les conditions de tri, collecte, stockage, récupération, recyclage, traitement et élimination finale des déchets, qui recommande aux CTD en son article 4, de se doter d'un plan d'action de gestion des déchets devant être révisé tous les cinq ans.

La réponse à cette question suggère donc de questionner le degré de territorialisation du concept d'économie circulaire, dans un contexte où le cadre législatif en la matière est lacunaire, une part substantielle des produits manufacturés consommés est importée, et les CTD disposent de faibles capacités techniques et financières, ainsi que des marges de manœuvre étroites vis-à-vis des générateurs de déchets[169].

I.2. ...à sa territorialisation dans les politiques publiques à l'échelle locale

La territorialisation de l'économie circulaire dans un contexte de décentralisation implique un processus d'appropriation autant paradigmatique que juridique et économique du concept pour une mise en agenda dans les politiques publiques aux échelles nationales et locales. Elle vise à mettre en œuvre une stratégie de gestion des déchets permettant d'adapter les enjeux aux contraintes et aux opportunités locales, avec un impact sur l'élaboration des processus décisionnels et sur l'organisation de la gestion des déchets par les municipalités. Ce travail de territorialisation a notamment servi de point de départ aux pays tels que l'Allemagne, le Japon, la Chine et les Pays-Bas, qui sont les premiers à avoir mis en place des politiques nationales spécifiques relatives à l'économie circulaire par la voie réglementaire (Le Moigne, 2014). À titre d'illustration, l'Allemagne a adopté en 1996 le *« Closed substance cycle and waste management act »* qui prescrit de repenser les modalités de gestion des déchets. Le Japon a promulgué en 2000 une loi intitulée *« A Sound Material-Cycle Society »*, qui promeut le respect du cycle des matières (Hideto et al., 2007). Le gouvernement chinois a officiellement adopté l'expression d'économie circulaire en 2002 (Yuan et al., 2006), et le concept est entré en vigueur à travers une loi en 2008. Les Pays-Bas ont focalisé leur deuxième programme national relatif aux déchets sur la période 2009-2015 sur la notion de *« cradle to cradle »* (de la source à la source). Cette démarche de territorialisation est donc le cadre institutionnel indispensable à la formulation d'une législation propre[170], d'un plan d'action temporellement défini, ainsi que des dispositifs incitatifs et répressifs.

Compris sous ce prisme, la tendance croissante vers une économie circulaire est également le marqueur d'une diffusion du concept. L'appropriation du concept d'économie circulaire au sein des CTD n'a pas pour autant suffisamment émergé de manière à donner lieu au développement de méthodes de gestion durable des déchets, qui minimisent l'impact social et environnemental, tout en favorisant l'émergence d'une économique locale adossée aux filières de valorisation. En effet, si la loi n°96/12 du 5 août 1996 portant loi-cadre relative à la gestion de l'environnement promeut l'économie

---

[169] Le décret n°2012/2809/PM du 26 septembre 2012 fixant les conditions de tri, de collecte, de transport, de récupération, de recyclage, de traitement et d'élimination finale des déchets définit un générateur de déchets comme *« toute personne physique ou morale dont l'activité de production, de distribution, d'importation ou d'exploitation génère des déchets »* (Art 2).

[170] Exemple de la *« loi anti-gaspillage pour une économie circulaire »* promulguée par la France en 2020.

circulaire à travers la *« gestion écologiquement rationnelle des déchets »*[171], c'est le décret n°2012/2809/PM du 26 septembre 2012 fixant les conditions de tri, de collecte, de transport, de récupération, de recyclage, de traitement et d'élimination finale des déchets, qui prescrit expressément la valorisation des déchets. Ce concept, relativement nouveau dans la législation camerounaise y est défini comme une *« opération de recyclage, de réutilisation, de récupération, et d'utilisation des déchets comme source d'énergie ou toute autre action visant à obtenir des matières premières ou des produits réutilisables provenant de la récupération des déchets, et ce, afin de réduire ou d'éliminer l'impact négatif de ces déchets sur l'environnement et la santé »*, tout en créant de nouvelles opportunités socioéconomiques. La valorisation des déchets est jusqu'à présent majoritairement déployée en contexte local camerounais sur la base d'opportunité entrepreneuriale flairée par des acteurs du secteur privé formel et informel, que sur la base de l'expression d'une ferme volonté des acteurs institutionnels de s'inscrire dans de nouveaux modèles de production et de consommation circulaire. Le concept d'économie circulaire doit donc faire son entrée officielle dans un cadre juridique spécifique. Celui-ci permettra non seulement de reconnaitre la transition vers une économie circulaire comme un objectif national défini dans la Contribution nationale déterminée révisée[172] (2021) du pays, mais aussi, et surtout comme l'un des piliers du développement durable.

En raison de ce qui précède, la ruée vers l'économie circulaire au Cameroun est une manifestation croissante d'un besoin de normalisation et de réglementation du secteur. En dépit des améliorations observées depuis la promulgation de la loi-cadre relative à la gestion de l'environnement en 1992, le cadre législatif et réglementaire en matière de gestion des déchets au Cameroun demeure faiblement structuré. En effet, les modalités pratiques d'intervention des acteurs autant institutionnels que privés (formels et informels) restent à définir. Ce premier constat s'illustre par exemple du fait que les coûts sociaux et environnementaux des biens produits sont très peu ou pas internalisés au processus de production et consommation, suivant le *« principe de responsabilité »*. Selon ce principe énoncé par l'article 9 de la loi-cadre relative à la gestion de l'environnement au Cameroun, tout générateur des déchets qui par son action crée des conditions de nature à porter atteinte à la santé humaine et à l'environnement, est tenu d'en assurer ou d'en faire assurer l'élimination dans des conditions propres à éviter lesdits effets.

---

[171] La gestion écologiquement rationnelle des déchets y est définie comme *« toutes mesures pratiques permettant d'assurer que les déchets sont gérés d'une manière qui garantisse la protection de la santé humaine et de l'environnement, contre les effets nuisibles que peuvent avoir ces déchets »*

[172] La gestion durable des déchets fait partie des secteurs prioritaires de l'action climatique définis par le Cameroun dans sa CDN. Ce secteur est d'ailleurs le 3e secteur le plus émetteur avec une contribution de 12% des émissions des gaz à effet de serre.

En matière de gestion des déchets, il est associé au principe du *« pollueur-payeur »*, et spécifiquement au principe de la *« responsabilité élargie du producteur »* (REP), adossé à l'idée d'internalisation des externalités. Ce dernier principe consiste à faire endosser à l'acteur à l'origine de l'externalité négative, notamment les pollutions protéiformes, les coûts sociaux et environnementaux provoqués par ces pollutions. En d'autres termes, la responsabilité des entreprises en matière de gestion de leurs déchets, précisée par les textes cités supra, devrait être engagée aussi bien au niveau de la collecte que de l'élimination finale des déchets dont ils sont générateurs. La municipalité se retrouve donc à endosser la responsabilité des acteurs privés, en augmentant de manière exponentielle ses charges de gestion des déchets. Les orientations de la Stratégie Nationale de Développement à l'horizon 2030 (SND 30) reprises par la CDN révisée (2021, p 18) restent pourtant vagues en la matière. S'agissant du secteur déchets en particulier, les mesures préconisées s'articulent autour de la *« mise en place d'une économie circulaire au Cameroun »,* avec des actions liées à la gestion durable et efficace des déchets, au renforcement des politiques de gestion des déchets[173] et au compostage des déchets solides municipaux. C'est le lieu de souligner qu'en l'absence de moyens de mise en œuvre, notamment en termes de financement et d'outils dédiés (cadre de gouvernance, instruments législatifs, incitations, niveau d'intégration dans la planification sectorielle ou transversale) d'une part, et de déclinaison à l'échelle locale à travers une stratégie territorialisée de gestion durable des déchets d'autre part, ces orientations peineront à s'opérationnaliser.

Enfin, la conséquence de ce qui précède s'observe du point de vue opérationnel. La problématique de la gestion écologiquement rationnelle des déchets reste donc embryonnaire. En effets, si dans la plupart des pays en développement, plus de 90% des CTD connaissent des difficultés de gestion des déchets (Banque mondiale, 2018), la ville de Douala n'est pas en reste. Considérant les enjeux liés à la promotion de l'économie circulaire, il est en effet essentiel de réorganiser les politiques publiques locales de manière à prendre des décisions fondamentales en matière de stratégie, de planification et de financement afin de répondre aux défis environnementaux, sanitaires et sociaux générés par les déchets. Des modèles de gestion existent dans d'autres contextes, mais nécessitent de passer au crible de la contextualisation. Ceux-ci étant rarement applicables *in extenso* d'un contexte à un autre. Pour y parvenir, il est indispensable de dresser un état des lieux du gisement des déchets, afin de mettre en exergue les principaux défis à relever pour leur valorisation.

---

173 D'ici à 2035, toutes les grandes villes devraient avoir des décharges aménagées avec au moins 70 % de captage de méthane.

II. Caractéristiques du gisement et stratégies de valorisation des déchets

II.1. Caractéristiques du gisement de déchets ménagers

Les caractéristiques quantitatives et qualitatives du gisement de déchets ménagers sont nécessaires pour orienter les choix techniques et organisationnels de valorisation. Les opportunités de valorisation dépendent notamment du type de gisement des déchets en présence. D'après les données du Schéma directeur d'assainissement des déchets solides (SDADS) de Douala (2022), les déchets ménagers solides présentant les meilleures caractéristiques pour la valorisation s'organisent en cinq catégories : les métaux (1%), les verres et céramiques (2%), les papiers et cartons (4%), les plastiques (10%), et les déchets fermentescibles (83%). Le SDADS précise cependant que pour respecter les conditions techniques requises pour la valorisation, la plupart de ces déchets nécessitent d'être collectée séparément des autres flux de déchets ménages. Le gisement des déchets valorisables est présenté dans la figure n. 1.

Figure 2 : Gisement des ordures ménagères valorisables dans la ville de Douala en 2021.

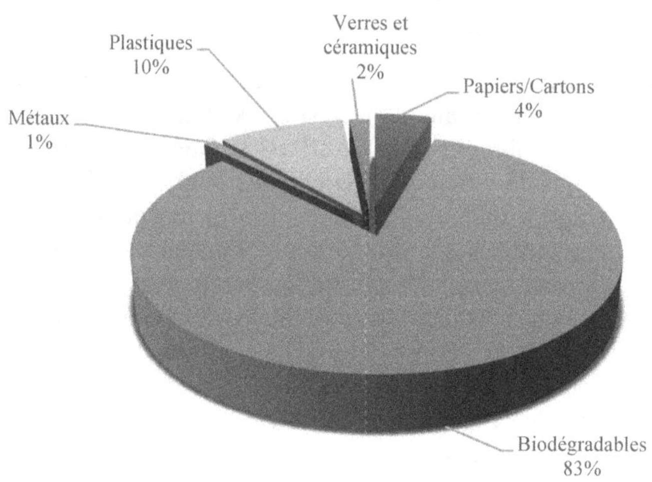

Source : CUD, 2022.

Les caractéristiques de ce gisement montrent qu'*a priori*, le volume des déchets biodégradables étant le plus important, la valorisation énergétique et organique (méthanisation avec récupération énergétique et valorisation du biogaz et des digestats avec maturation par compostage) est la filière la plus simple à développer. Or, la réalité est loin de ce constat pour au moins deux raisons. Premièrement, les déchets biodégradables sont les plus difficiles à valoriser dans la ville de Douala en raison de l'absence d'un système de tri à la base (collecte séparée). Deuxièmement, ils ne sont pas uniquement issus des ménages, mais aussi des marchés de vivres et de vente des animaux qui disposent d'une production de déchets biodégradables plus élevée que ceux des autres marchés. La collecte n'étant pas sélective, ces déchets de nature hétérogène arrivent à la décharge, mélangés à tous les autres types de déchets. Ce dernier point justifie la difficulté pour les acteurs privés formels et informels, de collecter et constituer des gisements de déchets biodégradables exploitables pour la valorisation énergétique et organique.

En conséquence, hormis les déchets biodégradables, le gisement des déchets valorisables par types sur les vingt dernières années, récupérés à la décharge municipale du PK 10 est constitué de plastique (36%), de métaux (33%), de papiers et le carton (14%), de verres et céramique (7%), puis de bois et textiles à hauteurs de 5% par type. La figure n. 2 présente le gisement des déchets valorisables par types, récupérés à la décharge municipale du PK 10 de 2002 à 2022.

Figure 3 : Gisement des déchets valorisables récupérés à la décharge municipale du PK 10 de 2002 à 2022.

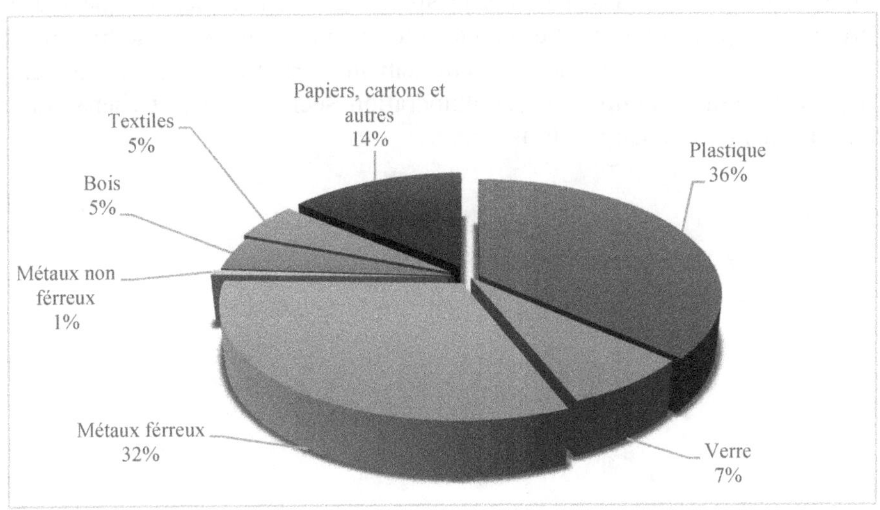

Source : CUD, 2022.

Il convient de relever que ces sous-filières de valorisation matière (récupération, recyclage, réutilisation et reconditionnement) sont aujourd'hui dominées par les acteurs privés informels dont les chaînes de distributions sont méconnues des acteurs institutionnels. Ce constat invite à dresser un diagnostic de la valorisation des déchets ménagers afin d'apprécier le potentiel (flux, volume valorisé, revenus générés, etc.) et les débouchés du secteur, en termes de produits de valorisation pour la structuration des filières de valorisation.

II.2. Stratégie de valorisation multifilière des déchets

L'analyse du gisement des déchets valorisables de la ville de Douala permet de proposer une organisation multifilière de valorisation. Navarro (2003) a établi une liste de six objectifs de valorisation (filières) comprenant vingt voies de traitement. Dans le cadre d'une étude réalisée par RECORD (2013), cette classification a été mise à jour et complétée en distinguant huit objectifs de valorisation et vingt-deux voies de traitement. En s'inspirant de ces démarches et en les adaptant au contexte de la ville de Douala en matière de valorisation des déchets solides ménagers, la classification ci-après est proposée (tableau 1).

Ces filières sont organisées autour de quatre types de valorisation : la valorisation matière première, la valorisation énergétique (méthanisation), la valorisation organique (compostage) et la valorisation en arts plastiques. En ce qui concerne la valorisation matière première, elle vise la récupération et le recyclage, la réutilisation, ou le reconditionnement des déchets d'équipement électrique et électronique (D3E), des pneus, des plastiques, du verre et de la céramique, ainsi que des matières plastiques et caoutchouc, des papiers et cartons, du textile, du bois et des métaux à travers un processus de traitement relativement simple, tel que le prétraitement mécanique (démantèlement, triage, concassage, compactage, agglomération, séchage, broyage, séparation, regroupement ou mélange, etc.).

Tableau 1 : Classification des filières de valorisation des déchets ménagers solides dans la ville de Douala.

N°	Filières	Voie de traitement	Déchets concernés
1	**Valorisation matière**	Récupération et recyclage / réutilisation, reconditionnement	Déchets d'équipement électrique et électronique (D3E) ; pneus, plastiques ; verre et céramique ; matières plastiques et caoutchouc ; papiers et cartons, textiles, bois ; métaux.
		Prétraitement mécanique (démantèlement, triage, concassage, compactage, agglomération, séchage, broyage, séparation, regroupement ou mélange)	D3E ; plastiques ; emballages ménagers ; encombrants
2	**Valorisation énergétique**	Méthanisation avec récupération énergétique (valorisation du biogaz) et compostage des digestats	Biodégradables
3	**Valorisation organique**	Fabrication d'amendements organiques (compostage) et production d'alimentation animale	Biodégradables
4	**Valorisation en arts plastiques**	Récupération, réutilisation, reconditionnement, transformation,	Pneus, plastiques ; verre et céramique ; matières plastiques et caoutchouc, bois ; métaux, D3E.

© OLINGA, adapté de Navarro (2003) et RECORD (2013)

La forte teneur en humidité (plus de 40%) des ordures ménagères de la ville de Douala les rend impropres à l'incinération avec récupération de l'énergie. Par conséquent, la valorisation énergétique ne peut efficacement s'appliquer qu'a la méthanisation avec récupération énergétique à travers la valorisation du biogaz et le compostage des digestats. Cette méthanisation s'applique à 83% de ces déchets constitués d'éléments biodégradables, notamment aux déchets organiques ménagers très humides, ainsi qu'aux déjections animales, déchets d'abattoirs, d'élevage, et agro – alimentaires.

La décharge municipale du PK 10 offre la possibilité, à travers le projet expérimental de Mécanisme de développement propre (MDP) porté par HYSACAM, de capter et valoriser le méthane issu du tassement des déchets mis en décharge. Selon l'ADEME (2007), le captage de gaz de décharge (qui contient en moyenne 40 à 50 % de méthane) permet de réduire d'environ 30 % les émissions globales de méthane issues de ces installations. Pour le cas de la ville de Douala, ce type de valorisation offrirait donc le double avantage de réduire les émissions de gaz à effet de serre issu de la décharge, mais aussi de fournir des ressources énergétiques pour les autres types de valorisation, y compris la valorisation organique (compostage des digestats, fabrication des amendements organiques).

La valorisation en art plastique occupe une place non négligeable qu'il convient de mettre en évidence. « La Nouvelle Liberté » de l'artiste plasticien (peintre et sculpteur) Joseph Francis Sumégné, érigée à la Place de la Jeunesse (lieu-dit rond-point Déido), qui constitue aujourd'hui la carte postale de la Ville de Douala, du fait qu'elle est, de toute évidence la plus emblématique œuvre d'art contemporain de la ville : une imposante sculpture de 12 mètres de hauteur, composée de huit tonnes de divers matériaux de récupération (ferraille, pneus, plastiques, etc.). Cependant, une part importante des déchets ménagers particuliers, notamment les piles, les accumulateurs et les batteries de véhicules peinent à s'inscrire dans une véritable filière de valorisation avec des traitements adéquats (pyrolyse, thermométallurgie, hydrométallurgie, etc.).

Le développement de ces filières requiert toutefois un accompagnement institutionnel aussi bien des municipalités que des services déconcentrés de l'État. S'agissant des municipalités, l'enjeu est d'organiser la récupération des déchets en mettant en place avec l'appui des opérateurs privés, le tri à la base, la précollecte et la collecte sélective des déchets recyclables identifiés dans la caractérisation du gisement. À cet effet, les Communes d'arrondissement auront davantage un rôle opérationnel dans la gestion de la précollecte.

Conclusion

Cet article visait ainsi à promouvoir l'économie circulaire à travers la valorisation multifilière comme le changement de paradigme nécessaire à opérer dans les politiques publiques locales de gestion des déchets. Même si la réduction des déchets reste l'objectif prioritaire, il est question de redonner de la valeur aux déchets en identifiant des filières de traitement, permettant une reconsidération du statut de déchet et en promouvant la transition vers une économie circulaire. En cohérence avec cette idée, cet article a premièrement présenté le cadre conceptuel de l'économie circulaire, en mettant un accent particulier sur la territorialisation du concept dans un contexte de décentralisation. Ce processus d'appropriation autant paradigmatique que juridique et économique du concept vise la mise en agenda dans les politiques publiques aux échelles nationales et locales. Il s'agissait ensuite de présenter les caractéristiques du gisement des déchets valorisables de la ville de Douala afin d'identifier des filières de valorisation. De ce travail, deux enseignements importants ressortent. Tout d'abord, Douala dispose d'un important potentiel en termes de gisement des déchets valorisables. Ainsi, des filières de valorisation existent, mais sont contrôlées par les acteurs privés informels dont les chaînes de distributions sont méconnues. En outre, ce constat invite à dresser un diagnostic de la valorisation des déchets ménagers afin d'apprécier le potentiel et les débouchés du secteur, en ce qui concerne les produits de valorisation pour la structuration des filières de valorisation. Du point de vue réglementaire, les pistes d'amélioration du schéma institutionnel pour la valorisation des déchets soulignent principalement que le concept d'économie circulaire nécessite de faire son entrée officielle dans un cadre juridique spécifique permettant non seulement de reconnaitre la transition vers une économie circulaire comme un objectif national défini dans la CDN révisée (2021) du pays, mais aussi, et surtout comme l'un des piliers du développement durable. Deuxièmement, les modalités pratiques d'intervention des acteurs autant institutionnels que privés (formels et informels) restent à définir suivant une organisation en trois secteurs : le secteur institutionnel ou public qui a une responsabilité de contrôle et de mise en application des dispositions de certains services urbains y compris la gestion des déchets solides ; le secteur privé formel engagé dans la gestion des déchets notamment la collecte et le recyclage ; et le secteur privé informel engagé dans collecte, la réutilisation et le recyclage de certains types de déchets.

Références bibliographiques

ADEME (2001) : *Gérer le gaz de décharge : techniques et recommandations,* ADEME - décembre 2001 - 156 pages

ADEME (2007) : Biogaz issu de la mise en décharge : comment optimiser son captage ? Connaître pour agir - Guides et cahiers techniques ADEME - décembre 2007 – 149 pages

CUD (2022) : Étude du Schéma directeur d'assainissement des déchets solides de Douala, Mission 2 – Proposition de différentes filières de gestion, valorisation et traitement – Définition d'un cadre normatif et réglementaire et des mécanismes y afférents, 290 p

KAZA S. ; YAO, L. et al. (2018). *What a Waste 2.0: A Global Snapshot of Solid Waste Management to 2050. Urban Development.* Washington, DC: World Bank. © World Bank. URL: https://openknowledge.worldbank.org/handle/10986/30317

LE MOIGNE R (2014) : *L'économie circulaire – comment la mettre en œuvre dans l'entreprise grâce à la reverse supply chain ?* Dunod, Paris, 224 p. 28.

LEVY JC. (2009) : *L'économie circulaire : l'urgence écologique ?* Monde en transe, Chine en transit. Presses de l'École nationale des Ponts & Chaussées, Paris, 176 p.

MOLETTA R. (2009) : *Le traitement des déchets.* Lavoisier, Tec & Doc, 3e édition, 684 p.

NAQUIN P. (2020) : *« Caractériser un gisement de déchets ménagers ».* Guide opérationnel de la Plateforme Re-Sources, 21 p.

NAVARRO A. (2003) : Approche systémique des déchets. Techniques de l'ingénieur, Traité Environnement, G 2000.

PEARCE DW, TURNER RK (1989) : *Economic of Natural resources and the environment.* The Johns Hopkins University Press, Baltimore, 392 p.

RECORD (2013) : Caractérisation des déchets en vue de leur valorisation : recensement des procédures et techniques réglementées, normalisées ou recommandées, applicables en France. Rapport 11-0141/1A, 48 p.

YONG R. (2007): *The circular economy in China.* Journal of Material Cycles Waste Management, 9 (2): 121-129. 39.

YUAN W., BI J., MORIGUICHI Y. (2006): *The Circular Economy: A New Development Strategy in China.* Journal of Industrial Ecology, 10 (1-2) : 4-8

Stratégie de co-développement pour la mise en place de la ville durable dans la commune d'arrondissement de Douala 3e

Falonne DONDJANG NJANDJA

Doctorante en Études internationales à l'Institut des Relations internationales du Cameroun (IRIC), Laboratoire de coopération au développement
dondjangfalonne@gmail.com

Résumé

La diaspora camerounaise a clairement démontré à travers des actions telles que les transferts de fonds à direction du Cameroun ou l'initiation des projets de développement au profit de leur ville ou village d'origine qu'elle représente une force motrice dans le développement du pays. Cependant, les décideurs publics peinent encore à mettre en place les mécanismes et/ou stratégies pour mobiliser cette diaspora. Cet article se penche sur le rôle essentiel que peut jouer la diaspora camerounaise dans la promotion du développement durable au sein de la Commune d'arrondissement de Douala 3e. À travers une analyse documentaire approfondie, il explore les caractéristiques et le potentiel de la diaspora camerounaise, notamment en termes de compétences, de réseautage, d'engagement communautaire et de transfert de fonds qui peuvent servir de levier pour une collaboration fructueuse entre la diaspora et la Commune. Les investigations menées au sein de la Commune de Douala 3e mettent en lumière les défis environnementaux et socioéconomiques auxquels elle est confrontée. Fort de ces analyses et surtout de la volonté de ces deux entités de collaborer, l'article propose l'élaboration d'un plan d'action communal de mobilisation de la diaspora pour formaliser cette collaboration. Ce plan explore la mise en œuvre du cadre légal de gestion de la diaspora, la cartographie des compétences de la diaspora et les mécanismes de partenariat visant à promouvoir un engagement durable de la diaspora dans le développement local.

Mots clés : diaspora camerounaise, développement durable, commune d'arrondissement de Douala 3e, mobilisation, plan d'action communal.

Introduction

Dans un monde de plus en plus connecté, les communautés diasporiques ont acquis une importance croissante en tant qu'acteurs clés du développement économique et social de leur pays d'origine. Parmi ces communautés, citons la diaspora camerounaise que l'on peut entendre avec Ruth Mireille Manga Edimo comme « l'ensemble des Camerounais dispersés à travers le monde et qui, bien qu'ayant quitté leur pays d'origine, ont gardé et entretiennent des liens (politiques, économiques ou culturels) plus au moins explicites avec ce dernier » (Ruth Manga E., 2010 : 129). Elle occupe une place particulière en raison de sa taille significative et de sa présence mondiale. Bien que les chiffres soient imprécis, le nombre de Camerounais à l'étranger reste officiellement estimé à plus de 4 millions (CAMER-CAP, 2015 : 19).

Cette diaspora, forte de son enracinement culturel et de son attachement au Cameroun, a démontré à maintes reprises son engagement envers le développement de sa terre natale. Des actions concrètes telles que le transfert de fonds vers le Cameroun, l'initiation de projets de développement au profit des villes et villages d'origine témoignent de sa volonté manifeste de contribuer au progrès du pays, se révélant être un apport complémentaire aux actions entreprises par l'État en faveur du développement local. Les statistiques de la Division de la balance des paiements du ministère des Finances démontrent que pour l'année 2013, la diaspora camerounaise a réalisé des transferts de fonds en espèce pour un montant s'élevant à 218,7 milliards de FCFA, contre 181 milliards de FCFA en 2009 (CEIDES, 2020 : 3) ; en 2022, ces transferts ont atteint les 230 milliards de FCFA contre 221 milliards en 2021 soit près de 0,8% du PIB du pays (Banque mondiale, 2022).

Ces transferts de fonds contribuent largement à fournir une assistance sociale aux familles de ces membres de la diaspora restées au pays, couvrant notamment les frais d'éducation, de santé, de logement (Justin Bopda, 2014 ; Victorine Nzino, 2014 ; Idrissa Sangaré, 2017 ; Massin, 2020) ; au développement des microfinances et microentreprises (Yao Assogba, 2002) ; au financement des projets de développement, dont la création des petites et moyennes entreprises (Didier Djoumessi, 2014 ; Massin, 2020 ; Dondjang, 2020). Aussi, les fonds mis en commun par les associations d'émigrés ressortissants d'une même région ont servi le financement et le développement des infrastructures urbaines et périurbaines de base dans plusieurs régions d'Afrique (Gérard Tchouassi, 2010 : 222). C'est le cas de l'association de la diaspora camerounaise de France « Les Enfants du Ndé » qui a contribué dans la Commune de Bangangté, dans la Région de l'Ouest au Cameroun, à la mise en place des projets d'installation des équipements de distribution d'eau potable, de construction d'une station d'épuration des boues de vidange (Dondjang, 2020).

Cependant, bien que la diaspora camerounaise ait clairement exprimé son désir de jouer un rôle actif dans le développement local, les décideurs publics font face à des défis significatifs pour instaurer des mécanismes et des stratégies efficaces en vue de mobiliser pleinement cette diaspora. La lacune persistante dans la mobilisation de la diaspora demeure un enjeu crucial, diminuant la pleine réalisation du potentiel qu'elle représente. Plusieurs travaux récents au niveau national ont suggéré des pistes de solution, telles que l'utilisation d'outils de vulgarisation pour promouvoir des pratiques efficaces de la diaspora (Diabelle, 2019 : 89), le renforcement du cadre législatif et institutionnel pour favoriser l'implication de la diaspora (Massin, 2020 ; Dondjang, 2020) et l'intégration de la diaspora dans la planification des politiques et des programmes pertinents (Mariette Edimo, 2020 : 87), mais la matérialisation de ces solutions demeure un défi complexe. Cette réalité a été soulignée par le cadre communal de coopération et de développement local[174] de la Commune d'arrondissement de Douala 3e, qui a précisé que sa commune n'a pas encore mis en place d'outils de collaboration avec la diaspora et n'a jamais jusqu'à présent établi de partenariat concret avec les membres de la diaspora camerounaise. Cette absence de cadre formel entrave la synergie potentielle entre la diaspora et la commune, constituant ainsi un obstacle majeur à la concrétisation d'une collaboration fructueuse.

La Commune d'arrondissement de Douala 3e, située au cœur du Cameroun, est confrontée à un ensemble complexe de défis environnementaux (gestions des déchets, inondation, pollution, effondrement de terrain, etc.) et socioéconomiques (infrastructures de base insuffisantes, etc.) qui émanent de l'urbanisation croissante de la ville. Elle a démontré une volonté proactive de favoriser un développement équilibré et durable, cependant les actions entreprises restent limitées. Dans cette quête de solution, l'apport de la diaspora apparait comme une solution supplémentaire pour résoudre ces défis. Comment y parvenir ? C'est dans cette projection que la question de cette étude se pose : **comment mobiliser de manière efficace les compétences et les expériences de la diaspora camerounaise afin qu'elle accompagne durablement la Commune de Douala 3e dans la réalisation de ses projets de développement ?**

Cette interrogation, au cœur des réflexions des acteurs locaux, incite à une réflexion profonde sur les mécanismes pour engager le potentiel de la diaspora. Ainsi, cette recherche s'engage à fournir des éléments de réponse en explorant des voies possibles pour établir une collaboration formelle entre la diaspora camerounaise et la Commune de Douala 3e.

[174] Lors de l'interview qui nous a été accordé par le cadre communal de développement local pour cette étude en novembre 2022

I. Outils et méthodes

I.1. Zone d'étude : Commune d'arrondissement de Douala 3e

Créée par décret N°87/1366 du 15 juillet 1987, la Commune d'arrondissement de Douala 3e est située dans le département du Wouri, dans la région du Littoral. C'est l'une des six communes que compte la ville de Douala. Elle est limitrophe au Nord par la Commune d'arrondissement de Douala 5e, au Nord-ouest par la Commune d'arrondissement de Douala 1er, au Sud par la Commune rurale de Dibamba, au Sud-ouest par le département de la Sanaga Maritime, à l'Ouest par la Commune d'arrondissement de Douala 2e et à l'Est par la Commune de Yabassi.

Figure 1 : Localisation de la commune d'arrondissement de Douala 3e

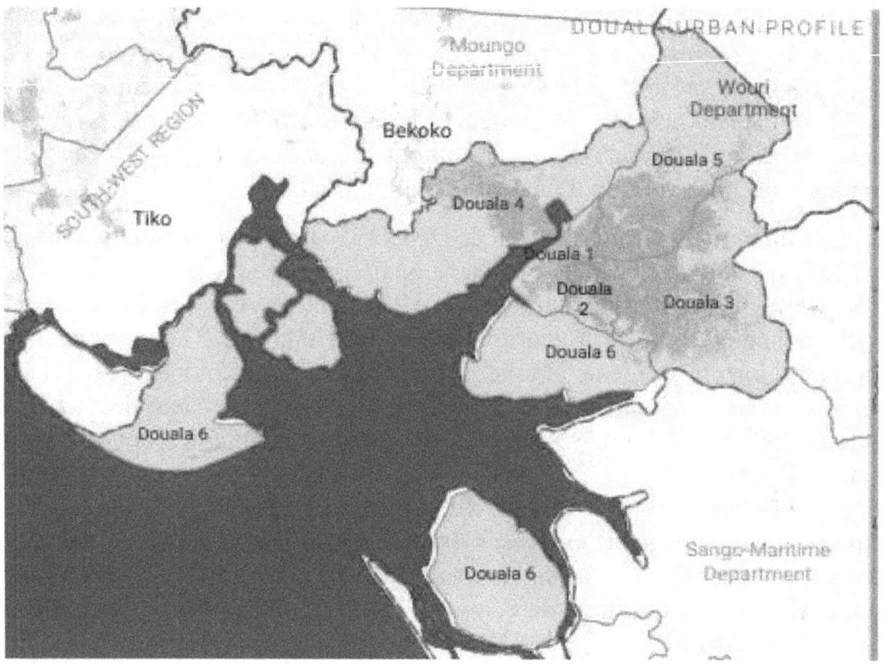

Source *: Données PDU Douala 2011, base de données Communauté urbaine de Douala*

L'arrondissement de Douala 3e, la plus étendue des six communes du département du Wouri, couvre une superficie d'environ 135km^2, dont la moitié est urbanisée. Il est composé de 105 quartiers répartis dans 19 villages entre deux cantons, comprenant 12 villages Bassa et 7 villages Bakoko. En 2005, sa population était de 651 623 habitants et en 2021, elle avoisinait les 1422411 habitants (Commune d'arrondissement de Douala 3e, 2022).

Le relief de la commune est caractérisé par de nombreuses zones marécageuses, rendant l'urbanisation complexe. La végétation, typique de la forêt ombrophile de basse altitude, coexiste avec le climat équatorial camerounais de type côtier. Ce climat se distingue par d'abondantes précipitations, variant de 4000 à 6000 mm de pluie annuelle, avec une moyenne de 4200 mm par an. Les températures sont élevées, avec des maximales de 27,6°C en février et des minimales de 24,8°C en juillet, caractérisant une atmosphère chaude et humide atteignant son point de saturation pendant la saison humide.

Sur le plan économique, Douala 3e se distingue par la présence de l'une des zones industrielles les plus importantes du Cameroun, la zone industrielle de Douala Bassa. L'activité économique se répartit principalement entre le secteur primaire (agriculture, pêche, élevage, exploitation artisanale des ressources forestières et des carrières), le secteur secondaire (zone industrielle de Bassa) et le secteur tertiaire (petites et moyennes entreprises, banques, industries, etc.).

I.2. Méthodes de collecte de données

Cette recherche s'est bâtie autour d'une recherche documentaire, des entretiens semi-directifs et de l'observation participante. La recherche documentaire a permis de faire une revue de la littérature existante sur le potentiel et l'apport de la diaspora camerounaise dans le développement local du Cameroun, et aussi sur les défis auxquels est confrontée la Commune d'arrondissement de Douala 3e. Elle s'est faite à partir des publications scientifiques, des travaux académiques, des documents officiels tels que la « monographie 2020 de la Commune de Douala 3e ».

Trois entretiens ont été conduits dans le cadre de cette étude. Le premier entretien avait pour objectif d'engager une discussion approfondie avec le cadre[175] communal chargé de la coopération et du développement local de la Commune de Douala 3e. L'objectif principal était de cerner les besoins, les attentes et la perception de cette Commune envers la diaspora afin de recueillir des perspectives claires sur la manière dont la collaboration avec la diaspora était envisagée. Le deuxième entretien, quant à lui, s'est déroulé avec le sous-directeur[176] de l'attractivité territoriale de la Communauté urbaine de Douala. L'objectif était de cibler les membres de la diaspora camerounaise, regroupés en communauté et engagés depuis environ deux ans dans les actions liées au développement au Cameroun et surtout connus des autorités locales de la Communauté urbaine de Douala. La recherche s'est spécifiquement

[175] Monsieur MOUTASSI, cadre communal de coopération et de partenariat de la Commune de Douala 3e, 2022

[176] Monsieur SOLE, sous-directeur de l'attractivité territoriale de la Communauté urbaine de Douala, 2022

concentrée sur les acteurs bénéficiant d'une représentation légale au Cameroun pour garantir la fiabilité et la légitimité de leurs actions dans un contexte local.

Ces entretiens ont contribué à définir un échantillon d'étude représentatif des membres de la diaspora, qui a été utilisé comme cas d'étude principal pour cette recherche : la « Bantu Development Initiative (BDI) ». Les investigations menées sur le terrain ont permis de rencontrer le Président[177] de cette association lors de son séjour au Cameroun en décembre 2022, où le troisième entretien a eu lieu. L'objectif était de recueillir des informations sur leur expérience, leur compétence et leur volonté de contribuer au développement de Douala 3e. Pendant une période de six mois, de janvier à juin 2023, une observation directe et participante a été réalisée au sein de l'association en tant que bénévole offrant ainsi une perspective approfondie sur les activités de ladite association depuis son siège de Yaoundé.

Pour atteindre l'objectif que nous nous sommes fixé à savoir, explorer le rôle potentiel de la diaspora camerounaise en tant que levier pour le développement local de la Commune de Douala 3e, cet article sera structuré en deux parties. Dans la première partie, nous démontrerons la volonté de la diaspora camerounaise d'œuvrer au développement de la Commune de Douala 3e en mettant en évidence leurs caractéristiques et leurs actions (I). Dans la seconde partie, nous présenterons le plan d'action communal de mobilisation de la diaspora camerounaise au sein de la Commune de Douala 3e, comme outil à mettre en place pour engager cette diaspora au développement de la localité (II).

II. Le potentiel de la diaspora camerounaise : un levier pour le développement local

Pour illustrer le potentiel de la diaspora camerounaise, nous avons étudié le cas spécifique du déploiement d'une association de la diaspora : la « Bantu Development Initiative ». Cependant, afin de contextualiser ce cas pratique, il s'avère essentiel de procéder à une caractérisation de manière générale de la diaspora camerounaise.

II.1. Caractéristiques et potentiels de la diaspora camerounaise

L'analyse de la diaspora camerounaise révèle une communauté diversifiée et hétérogène. Elle est caractérisée par sa répartition géographique étendue et sa diversité socioéconomique. Selon le Centre d'analyse et de recherche sur les politiques économiques et sociales du Cameroun (CAMER-CAP) en 2015, les grands foyers d'établissement des Camerounais sont d'abord les pays

---

[177] Monsieur GUETSE, Président de la Bantu Development Initiative, 2022

voisins de la Communauté économique et monétaire de l'Afrique centrale (CEMAC) et le Nigéria, à cause de leur proximité géographique et culturelle. Le Nigéria accueille plus de 2 000 000 Camerounais, le Gabon en accueil 40 000 et la Guinée équatoriale 16 000. Ensuite suivent les pays occidentaux notamment les États-Unis avec plus de 700 000 Camerounais (Ruth Manga, 2010 : 129) et les pays de l'Organisation de Coopération et de Développement économique (OCDE) en raison de leur potentiel économique. En Europe, il y a environ 19 800 Camerounais en Allemagne ; 15 769 en Belgique ; 12 000 en Espagne ; 52 227 en France ; 8 000 en Grande-Bretagne ; 12 738 en Italie ; 3 000 aux Pays-Bas ; 4 170 en Suisse (Moïse TCHINGANKONG, 2022 : 5). La diaspora camerounaise est aussi présente dans d'autres pays de l'Afrique et dans le reste du monde : la Côte d'Ivoire et les autres pays de l'Afrique de l'Ouest accueillent plus de 24 000 Camerounais ; en Afrique australe, ils sont 2 000 ; en Asie, ils sont plus de 5 000 et plus de 1 000 000 dans divers autres pays. Ces données sont représentées dans le graphique ci-après :

Figure 2 : répartition géographique et estimation de la diaspora camerounaise par pays d'accueil

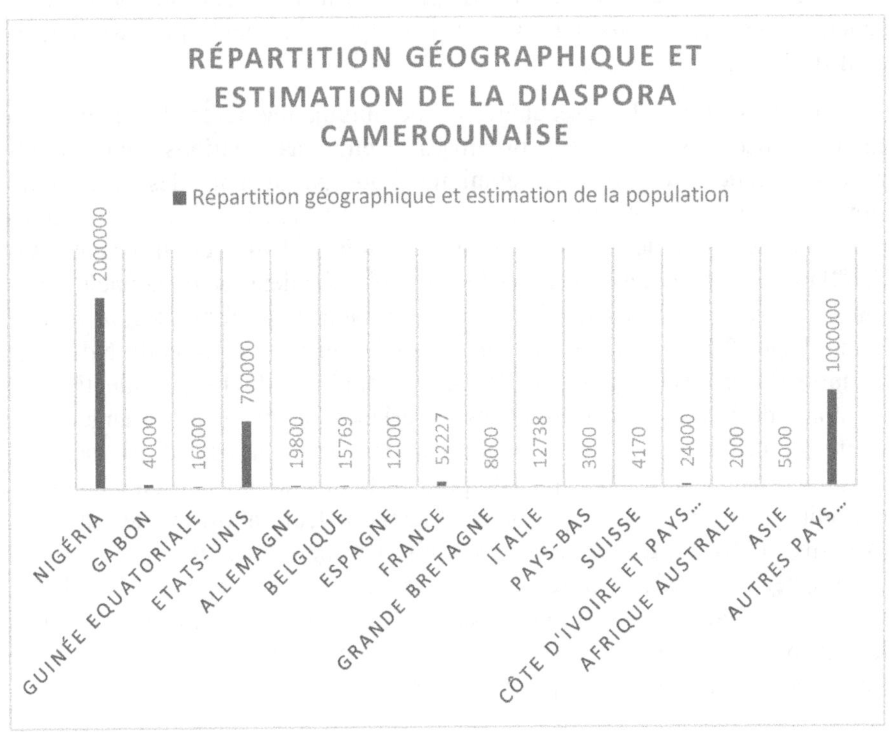

Source *: l'auteure sur la base des données croisées de 2015 du Minrex et celles de l'OCDE*

Le potentiel de la diaspora camerounaise s'exprime en terme de compétences/expertises, de réseaux internationaux, de transferts de fonds et d'engagement communautaire. Pour ce qui est des compétences, cette diaspora est un réservoir de compétences professionnelles, académiques et entrepreneuriales différentes les unes des autres. Elle présente une grande diversité, incluant des professionnels hautement qualifiés tels que les médecins, les ingénieurs, les universitaires, les étudiants, les entrepreneurs, les membres de la société civile et les décideurs publics dans les pays d'accueil. La Société médicale camerounaise estime que plus de 4 000 médecins camerounais travaillent à l'étranger contre 800 dans les villes du Cameroun (OIM, 2009 : 24). En 2020, après les élections municipales en France, plus de 300 conseillers municipaux d'origine camerounaise investis comme maires, maires adjoints ou conseillers municipaux ont été recensés (Cameroon Radio Television, 2020). Comme l'a souligné Rajat Gupta en 2006, lors de la Deuxième Commission de l'Assemblée générale des Nations Unies portant sur « le rôle de la diaspora dans le développement économique », il existe une hétérogénéité au sein de la diaspora, avec une distinction entre les membres les plus formés et les autres émigrés économiques accomplissant des tâches qui n'exigent pas de hautes qualifications.

Afin de stimuler le réseautage, de nombreux membres de la diaspora camerounaise se sont organisés en associations/organisations professionnelles, culturelles, ethniques ou partageant des idéologies similaires. En Allemagne, par exemple, il existe des associations professionnelles telles l'association des « ingénieurs et informaticiens (VKII) » et l'association des « médecins, pharmaciens et personnels de la santé d'origine camerounaise en Allemagne (Camfomedics) » (Jenni Winterhagen,2016 : 13). En France, l'association « les enfants du Ndé » est un autre exemple (Dondjang, 2020). De manière individuelle ou collective, les membres de la diaspora utilisent les expériences acquises à l'étranger pour mettre à profit leur engagement communautaire dans leur pays d'origine. Ceci passe soit par la mise en œuvre de projets de développement au Cameroun (Dondjang, 2020), soit en portant assistance à leur famille restée au pays (Massin, 2020). La diaspora camerounaise est un atout pour promouvoir le développement local au Cameroun. Pour mieux explorer ce potentiel en détail, nous avons analysé un exemple concret d'engagement d'une organisation de la diaspora camerounaise au développement local à travers l'étude de cas de l'association « Bantu Development Initiative ».

II.2. Engagement de la diaspora camerounaise au développement local : étude de cas de l'association « Bantu Development Initiative »

L'entretien avec le Président de l'association et l'expérience bénévole passée au sein des locaux de cette association au Cameroun ont offert l'opportunité d'explorer de manière approfondie l'engagement et le rôle actif qu'elle joue pour stimuler la croissance économique du Cameroun.

II.2.1. Présentation de l'association « Bantu Development Initiative »

Bantu Development Initiative (BDI) est une association apolitique laïque à but non lucratif de la diaspora camerounaise d'Allemagne, créée en 2015 à Erlangen en Allemagne et légalisée au Cameroun en 2016. L'association mère en Allemagne constitue l'organe directeur et la représentation au Cameroun est l'organe qui combine et réalise les différentes activités de l'association. Elle a été créée par un ingénieur camerounais membre de la diaspora camerounaise d'Allemagne, Yannick GUETSE VOUFO, ingénieur en technologie de l'information et de la communication. L'objectif de la BDI est de favoriser la collaboration et le renforcement de liens entre les acteurs du développement, qu'il s'agisse d'entrepreneurs ou de collectivités territoriales décentralisées tant au Cameroun qu'en Europe[178].

À sa création, l'association était composée d'une dizaine de membres vivant en Allemagne. Après cinq années d'existence, elle s'est ouverte à une plus grande communauté, et compte depuis 2022, une vingtaine de membres vivant en Europe (Allemagne, France, Belgique, Hollande) et aussi au Cameroun. Ses membres sont constitués des personnes morales (Gic, association, start-up, petites et moyennes entreprises, etc.) qu'elle accompagne dans le renforcement de compétence et la recherche des partenaires étrangers. Et aussi des personnes physiques, plus spécifiquement des entrepreneurs en herbe, à qui elle apporte un appui à la maturation de leur projet d'entreprise.

Quand l'occasion se présente, cette association accompagne les Communes camerounaises dans la recherche de solutions aux différents problèmes auxquels elles sont confrontées. Elle leur présente des opportunités de jumelage avec les communes allemandes et de partenariat avec les entreprises allemandes. Comme l'a souligné le Président lors de l'entretien qui nous a été accordé, cette association travaille de manière officieuse avec les communes camerounaises, car jusqu'à l'heure actuelle, aucun protocole d'entente liant ces deux entités n'a été signé. Le travail continue, bien qu'il soit difficile. Il a émis le souhait de voir la collaboration se formaliser.

---

178 Objectif énoncé dans les statuts et règlement intérieur de l'association, 2016, p2.

II.2.2. Initiatives de l'association en faveur du développement local au Cameroun

La Bantu Development Initiative se distingue par ses initiatives innovantes et son engagement en faveur du développement durable au Cameroun à travers un large éventail d'activités axées sur la mise en relation (dialogue international, l'autonomisation économique et le renforcement des compétences) et les projets de développement.

II.2.2.1. Promotion du développement durable par le biais du partenariat

Les partenariats constituent une façon naturelle d'aborder les problèmes de développement durable, car ils permettent d'innover, d'améliorer la société, l'environnement et d'acquérir de nouvelles compétences et ressources (Réseau entreprise et développement durable, 2013). La BDI organise plusieurs évènements visant à mettre sur une même table de discussion les acteurs de développement du Cameroun et d'Europe. Il s'agit des dîners d'affaires, des missions de prospection d'affaires et de formation en Allemagne (MIPAFA), des journées allemandes (Germany Days) et des salons économiques de synergie germano-camerounaise (SYGERCAM). Ces initiatives revêtent une importance considérable dans le renforcement des relations internationales et la stimulation de la coopération économique entre les Nations concourant à l'atteinte de l'objectif de développement durable N°17 qui vise à *« renforcer les moyens de mise en œuvre du partenariat mondial pour le développement durable et à le revitaliser*[179] *»*.

Les dîners d'affaires offrent un cadre propice aux rencontres entre les hommes d'affaires favorisant ainsi les échanges et la création de liens commerciaux. Ils sont organisés au Cameroun. L'association compte deux dîners d'affaires[180] organisés en 2019. Le premier s'est tenu le 19 avril à Yaoundé, au siège de la Chambre d'Agriculture, des Pêches, Élevage et Forêt (CAPEF) en présence du premier secrétaire et chancelier de l'ambassade d'Allemagne, le premier vice-président de la CAPEF ainsi que les représentants des départements ministériels. Le deuxième dîner a eu lieu le 26 avril à Douala, à l'hôtel Planète. Cette édition a vu la participation de la directrice générale de Michele's Corporation, de l'Agence de promotion des petites et moyennes entreprises, de la chambre de commerce, branche du Littoral.

---

[179] https://www.un.org/fr/exhibit/odd-17-objectifs-pour-transformer-notre-monde dernière consultation 25 septembre 2023.

[180] Bantu Development Initiative Rapport d'activité, dîner d'affaires, 2019.

Planche photographique 1 : Dîner d'affaires, 2019

Source *: Rapport d'activité 2019, Bantu Development Initiative*

En plus de cette activité, l'association initie également les missions de prospection, d'affaire et de formation en Allemagne. Lors de ces missions, une délégation camerounaise entreprend un voyage d'affaires préalablement planifié en Allemagne comprenant des rendez-vous sur mesure en fonction de leurs besoins. L'objectif est d'explorer des opportunités d'investissement et de tisser des partenariats internationaux. Jusqu'en 2022, l'association a organisé une seule mission[181] en juin 2019 couvrant les villes de Bremen, Khon et Chemnitz en Allemagne.

Planche photographique 2 : Mission de prospection d'affaires et de formation en Allemagne, 2019

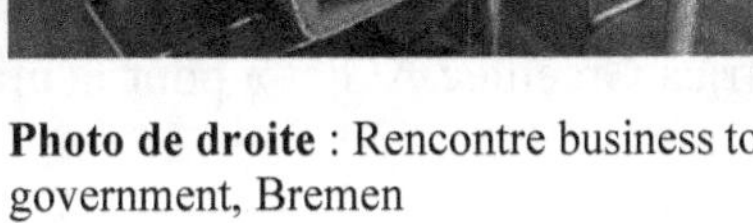

Photo de gauche : Échange avec un industriel à Khon

Photo de droite : Rencontre business to government, Bremen

Source *: Rapport d'activité 2019, Bantu Development Initiative*

[181] Bantu Development Initiative, rapport d'activité MIPAFA, 2019.

De plus, l'association a également organisé deux journées allemandes (Germany Days) dans le but de partager avec les acteurs locaux les opportunités d'affaires offertes par la coopération germano-camerounaise. L'objectif est d'aller de ville en ville afin de présenter ces opportunités. La première édition a eu lieu à Yaoundé du 11 au 12 décembre 2020, suivie de la deuxième à Maroua du 21 au 23 juillet 2022.

L'association organise également des salons économiques internationaux qu'elle a dénommés Synergie germano-camerounaise (SYGERCAM). Ces salons servent de vitrine aux produits locaux[182], ils attirent des investisseurs et des partenaires étrangers au Cameroun. Grâce au vaste réseau de ses membres, l'association travaille à faciliter les rencontres entre les entrepreneurs européens en particulier allemands et ceux locaux. À ce jour, cinq éditions ont été organisées, dont trois à Yaoundé (du 15 au 17 décembre 2016 ; du 11 au 16 décembre 2017 ; du 09 au 11 décembre 2019) et deux à Douala (du 13 au 16 décembre 2021 et du 14 au 17 décembre 2022).

Passé en revue ces différentes initiatives de la Bantu Development Initiative, il en ressort qu'elles constituent une plateforme sur laquelle les communes camerounaises en général et la Commune de Douala 3e en particulier peuvent s'appuyer pour impulser le développement. Elles permettent d'attirer les investisseurs étrangers et de contribuer à la promotion des produits locaux, ce qui est un point capital pour la croissance économique. Aussi, ils permettent le transfert de compétences et de connaissances, le renforcement des partenariats internationaux que la Commune peut établir avec les institutions étrangères et d'autres membres de la diaspora. À côté du partenariat, l'association œuvre également pour l'implémentation des projets de développement.

II.2.2.2. Promotion du développement durable par le biais de la mise en œuvre des projets de développement communautaire

Les projets de développement contribuent à la réalisation des objectifs de développement durable. Dans ce sens qu'ils permettent d'intégrer les pratiques durables favorisant l'équilibre entre la croissance économique, la protection de l'environnement et le bien-être des communautés.

La Bantu Development Initiative a signé un partenariat avec l'entreprise « Africa Greentec AG[183] » pour la mise en œuvre d'un projet d'électrification

[182] Bantu Development Initiative, dossier marketing SYGERCAM 5e édition.

[183] AFRICA GREENTEC AG est une entreprise germano-africaine de production d'énergies renouvelables créée en 2016 par TORSTEN et AIDA SCHREIBER. Cette entreprise a mis sur pied une solution durable de fourniture innovante d'électricité grâce à l'énergie solaire dans les villages ruraux d'Afrique. Après avoir fait ses preuves au Ghana et au Mali, AFRICA GREENTEC aimerait s'associer au gouvernement du Cameroun pour reproduire le même schéma dans 200 villages.

rurale de 200 villages au Cameroun au moyen d'un système à énergie solaire. Ce projet permettrait d'alimenter à l'énergie solaire 200 à 400 ménages pour chaque village, de doter le village d'un conteneur frigorifique solaire d'une contenance d'environ 200 tonnes et de mettre sur pieds un système de purification d'eau d'une quantité de 2000 litres par heure. Le système mis en place pour réaliser ce projet est dénommé « ImpactSites », il s'agit d'un système qui résiste aux conditions difficiles des régions hors réseau en Afrique. La mise en œuvre de ce projet englobe un large éventail de domaines tels que l'agriculture durable à travers la mise en place d'un système d'irrigation à énergie solaire et du conteneur frigorifique solaire de conservation des aliments, l'accès à l'eau potable à travers un système de purification d'eau. Le projet actuellement est à la phase de formalisation des accords entre le gouvernement camerounais (le collectif des Communes, l'Agence d'électrification rurale entre autres et l'entreprise allemande Africa Greentec représentée par la Bantu Development Initiative).

En conclusion, la diaspora camerounaise constitue une ressource inestimable pour le développement du pays grâce à ses compétences diversifiées, ses réseaux internationaux influents, son engagement communautaire et sa capacité d'investissement. L'exemple concret présenté démontre clairement la volonté manifeste des membres de la diaspora de contribuer au développement local. Cependant, pour exploiter pleinement ce potentiel et permettre à la diaspora de jouer un rôle encore plus significatif, il est impératif que les autorités locales mettent en place des mécanismes de mobilisation et des politiques publiques favorables pour encadrer et soutenir efficacement les initiatives de la diaspora. La formulation d'un plan d'action communal structuré favorisant un cadre propice à la collaboration fructueuse entre la diaspora et les autorités locales apparait comme une évidence.

III. Plan d'action communal de mobilisation de la diaspora, comme outil d'engagement de la diaspora camerounaise dans la Commune d'arrondissement de Douala 3e

Le plan d'action communal (PAC) est le document de référence pour la programmation des projets et des activités prioritaires d'une Commune visant à produire des services de proximité au profit des citoyen(ne)s[184]. En tant qu'outil de développement, le PAC définit, sur la base d'un diagnostic, les besoins et les priorités de la Commune. Il est axé sur une thématique spécifique et est élaboré selon une démarche participative sur une période de court et moyen terme. Pour le cas précis de la Commune de Douala 3e qui a

[184] Ministère marocain de l'Intérieur, direction générale des collectivités locales, plan d'action de la commune : guide méthodologique, processus d'élaboration et de suivi-évaluation », Guide de l'élu, 2019, p12

émis son désir d'impliquer la diaspora camerounaise au développement de la localité, ce plan sera axé sur la mobilisation de la diaspora. Avant de le développer (II.2), il est impératif de faire un état des lieux des défis de la commune (II.1) sur lesquels sera adossé ce plan.

III.1 Défis urbains de la Commune d'arrondissement de Douala 3e

L'urbanisation rapide en Afrique, couplée à une gestion inefficace de celle-ci a engendré des dysfonctionnements urbains au sein des grandes villes. La Commune de Douala 3e, à l'image de nombreuses autres zones urbaines du continent, est confrontée à une série de défis urbains complexes.

Plusieurs études menées à Douala, notamment au sein de la Commune de Douala 3e, ont permis d'identifier divers défis environnementaux et socioéconomiques ayant un impact négatif sur la qualité de vie des résidents et sur le développement local. Parmi ces défis, citons la gestion des déchets liquides et solides (Louis Bernard Tchuikoua, 2010) qui a contribué à une recrudescence des inondations, ainsi que la pollution de l'eau entrainant les difficultés d'accès à l'eau potable et à l'assainissement (Kengni et al, 2012 ; Nsegbe, 2022). Par ailleurs, les risques d'éboulements et glissements de terrain sont une résultante de la densité de population élevée, accentuée entre 2019 et 2021 en raison de la crise anglophone dans certains quartiers de la commune, tels que CCC, Oyack ou Madagascar (Olivier Essouman, 2021).

L'accès aux soins de santé de qualité reste une préoccupation majeure, car Douala 3e est marquée par la prévalence de nombreuses pathologies liées à l'eau (Nsegbe, 2022 :54). Cette situation découle en partie de la contamination fécale de l'eau, principalement due à l'utilisation des latrines peu améliorées (Nsegbe, 2022 : -60). Les quartiers les plus exposés à ce risque comprennent Ndog-passi, Dibom 1 et 2, Cité Berge, Bobongo et Oyack (Nsegbe, 2022 : 64).

Planche photographique 3 : quelques images des enjeux environnementaux à Douala 3e

Photo de gauche : dégâts causés après les fortes pluies du 6 avril 2022
Source : site de la Commune de Douala 3ᵉ, 8 avril 2022

Photo de droite : vue satellite sur l'inondation au 6 mai 2021, Douala
Source : Focus Media Afrique, 2021, https://www.focusmediaafrique.com ,consulté 26 septembre 2023

Ces problèmes ne constituent qu'une infime partie de ceux auxquels sont confrontées les populations de la ville de Douala 3ᵉ. Pendant longtemps, la commune a mobilisé divers acteurs, notamment l'État, les opérateurs économiques de la localité pour faire face à ces enjeux pressants. Cependant, le problème persiste. Il est donc impérieux pour elle d'entrevoir d'autres voies de solution qui ne viendront pas remplacer celles déjà empruntées, mais les compléter pour une meilleure efficacité. L'une des voies que nous préconisons est de collaborer avec la diaspora pour plusieurs raisons.

Premièrement, la diversité des compétences au sein de la diaspora offre un éventail de savoir-faire précieux. Les membres de la diaspora, ayant acquis des expertises diverses à l'étranger, peuvent apporter des solutions innovantes et adaptées aux défis spécifiques de la commune, contribuant ainsi à une approche plus holistique des problèmes environnementaux, socioéconomiques et sanitaires.

Deuxièmement, la diaspora représente une source de financement potentiellement significative. Les liens émotionnels et culturels entre les membres de la diaspora et leurs villes ou villages d'origine favorisent un engagement financier dans les initiatives de développement local. Les fonds ainsi mobilisés peuvent être alloués à des projets d'infrastructure, d'assainissement, de santé et d'éducation renforçant ainsi les efforts de la commune pour améliorer la qualité de vie de ses habitants.

Troisièmement, la diaspora peut agir comme un pont essentiel entre la commune et les partenaires internationaux. En exploitant les ressources internationales des membres de la diaspora, la commune peut bénéficier des collaborations avec des organisations, des institutions et des bailleurs de fonds étrangers intéressés par le développement durable des communautés urbaines en Afrique.

En somme, la collaboration avec la diaspora pourrait offrir à la Commune de Douala 3e une opportunité stratégique de tirer parti des compétences, des ressources financières et des réseaux internationaux pour aborder de manière efficace et durable les défis auxquels elle est confrontée. En intégrant activement la diaspora dans la planification et la mise en œuvre des projets, la commune peut créer un modèle de développement participatif et inclusif, conduisant à une amélioration de la qualité de vie de ses résidents. Cela ne peut être réalisé que si elle structure et formalise la collaboration avec la diaspora.

III.2. Engagement de la diaspora camerounaise dans la Commune d'arrondissement de Douala 3e : élaboration du plan d'action communal de mobilisation de la diaspora

L'entretien mené[185] avec le cadre communal de coopération et de développement local de Douala 3e, a révélé que jusqu'à l'heure actuelle, la commune ne dispose pas d'une stratégie communale permettant d'engager la diaspora au développement local. La commune est consciente du fait que quelques membres de la diaspora camerounaise ont exprimé leur désir d'apporter leur contribution au développement local. Cependant, elle peine à trouver un mécanisme qui favorise cela. C'est sur la base de ce constat que nous recommandons à la commune de « mettre en place un plan d'action communal de mobilisation de la diaspora camerounaise » qui permettra d'impliquer efficacement cette diaspora.

Le plan d'action communal (PAC) est un outil stratégique mettant en évidence les actions et initiatives à mettre en place pour atteindre les objectifs fixés à court, moyen et long terme. Nous avons choisi de réaliser ce plan d'action communal de mobilisation de la diaspora camerounaise suivant le modèle de planification stratégique « AMA2 ». Ce modèle, portant sur les Axes-Mesures-Actions-Activités, offre une structure claire des objectifs à atteindre à court, moyen et long terme et des actions concrètes à entreprendre. En fait, les axes sont des macro-résultats à atteindre à moyen et long terme ; les Mesures sont déclinées sous forme d'objectifs généraux à atteindre. Les actions sont des objectifs spécifiques bien identifiés, réalisables et mesurables et les activités servent à concrétiser l'action, à la rendre opérationnelle. Nous nous limiterons à proposer les axes et les mesures sur lesquels pourrait

[185] Entretien tenu le 26 novembre 2022, à la salle des fêtes d'Akwa, lors de la 4e édition du salon villes et toits du Cameroun du comité diocésain des activités sociales Caritas de l'Archidiocèse de Douala.

s'adosser ce plan. Au moment de l'implémentation, la commune pourra décliner les actions et les activités.

L'objectif général visé par ce plan d'action communal, est de promouvoir un engagement durable de la diaspora camerounaise dans le développement local de la Commune de Douala 3e et d'en faire un partenaire clé pour la réalisation des projets de développement. Nous préconisons pour atteindre cet objectif de mettre en place trois grands axes prioritaires qui comprendront chacun deux mesures.

Axe 1 : Mise en place d'un dispositif communal de gestion de la diaspora

La principale difficulté rencontrée par la diaspora découle en premier lieu de l'absence de structure de contact lui permettant d'engager un dialogue avec les autorités des pays d'origine (Louis Ndjetcheu, 2020). Il est donc essentiel de reconnaitre la contribution de la diaspora en intégrant cette dimension dans l'organigramme de la Commune de Douala 3e. Cela passera par la création d'un service communal de la diaspora (Mesure 1), structure d'encadrement dédié à cette problématique. Dans le cadre de ce service, un mécanisme communal sera développé pour attirer les ressources financières, les compétences et les réseaux de la diaspora (Mesure 2). Cet axe est schématisé dans la figure n.3.

Figure n. 3 : Mise en place d'un dispositif communal de gestion de la diaspora

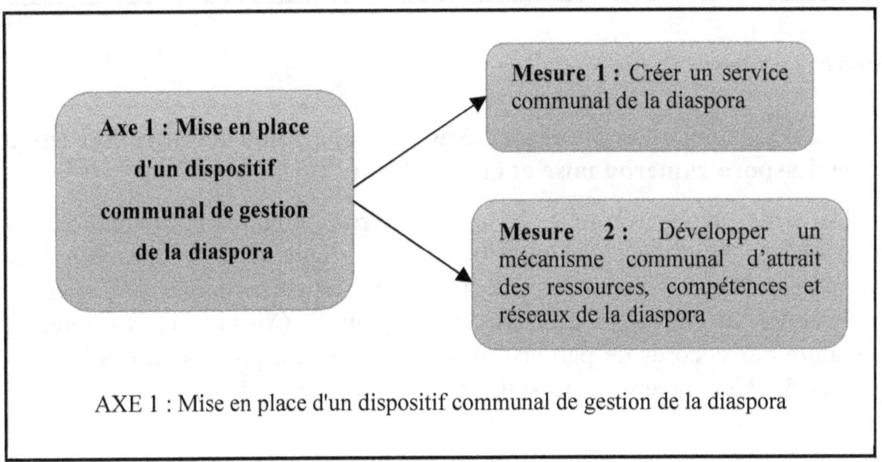

***Source** : l'auteure*

Axe 2 : Élaboration d'une cartographie des compétences de la diaspora camerounaise

Dans le cadre de ce deuxième axe, il convient tout d'abord de réaliser un état de lieux des compétences de la diaspora camerounaise (Mesure 1).

Conscient qu'il s'agit d'une tâche lourde, nous recommandons de nous limiter soit à la cartographie des membres de la diaspora des mouvements diasporiques camerounais qui se déploient déjà dans la ville de Douala, soit de cartographier les compétences de la diaspora camerounaise d'origine « Douala ». Ensuite, il sera nécessaire d'identifier les membres de la diaspora désireux de participer au développement de la commune (Mesure 2). Cet axe est illustré dans la figure n. 4.

Figure n. 4 : Élaboration d'une cartographie des compétences de la diaspora camerounaise

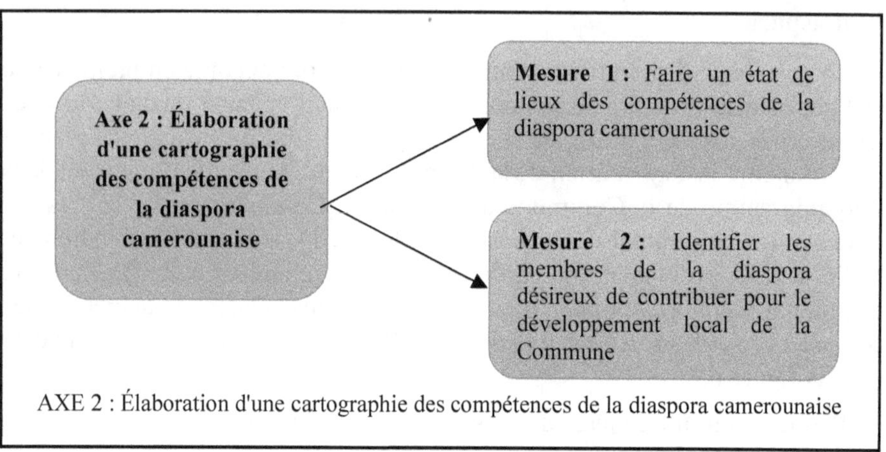

AXE 2 : Élaboration d'une cartographie des compétences de la diaspora camerounaise

Source *: l'auteure*

Axe 3 : Élaboration d'une stratégie de coopération décentralisée entre la diaspora camerounaise et la Commune

Deux mesures peuvent être mises en œuvre : tout d'abord la création des plateformes de discussions physiques et en ligne avec la diaspora leur permettant d'interagir avec les autorités locales et de participer au processus décisionnel sur les questions de développement (Mesure 1). Ensuite, la signature des accords de partenariat avec la diaspora pour la réalisation des projets de développement au sein de la commune (Mesure 2). Cet axe est matérialisé par la figure 5 ci-dessous.

Figure n. 5 : Élaboration d'une stratégie de coopération décentralisée entre la diaspora camerounaise et la commune

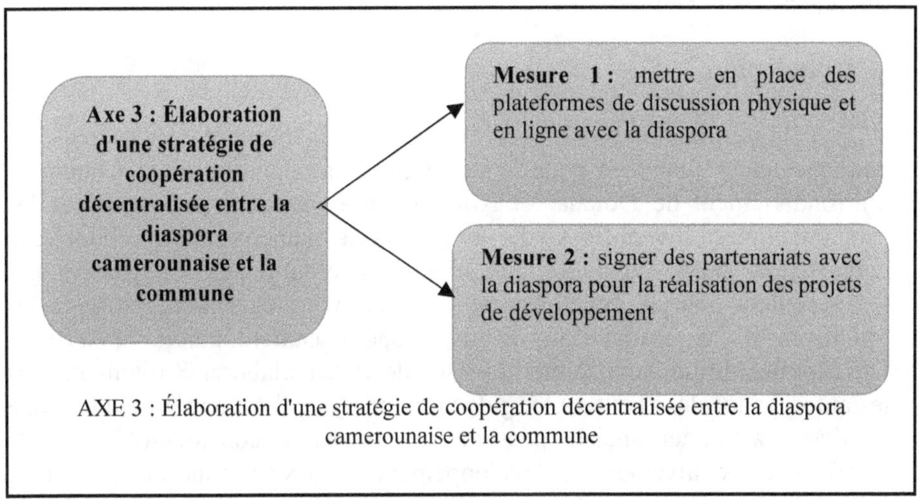

AXE 3 : Élaboration d'une stratégie de coopération décentralisée entre la diaspora camerounaise et la commune

Source *: l'auteure*

S'il est établi que « l'engagement de la diaspora doit comprendre les mesures suivantes : déterminer les buts, préciser l'engagement géographique et les compétences de la diaspora, tisser les liens de confiances entre la diaspora et les gouvernements (…) et enfin inciter la diaspora à participer au développement durable » (OIM, 2012 : 22), alors la mise en place de ce plan d'action communal de mobilisation de la diaspora camerounaise à Douala 3e revêt une importance capitale pour plusieurs raisons. Tout d'abord, la création d'un dispositif communal de gestion de la diaspora permettra de mieux encadrer les discussions concernant la prise en compte de la diaspora et de leur offrir des mécanismes d'implication. De plus, l'élaboration d'une cartographie de la diaspora aidera à identifier les talents et les compétences de ses membres prêts à contribuer aux initiatives locales, facilitant leur intégration dans les projets de la commune. Enfin, l'élaboration d'une stratégique de coopération décentralisée entre la diaspora et la commune renforcera les liens entre les deux entités, favorisant le partage d'expertise, de compétences et de ressources pour résoudre les problèmes environnementaux et socioéconomiques auxquels est confronté Douala 3e.

Bien que les membres de la diaspora camerounaise et les autorités communales de Douala 3e aient manifesté leur volonté de travailler de pair, il est essentiel de conduire une consultation conjointe approfondie entre eux et d'autres parties prenantes. Une approche participative garantirait que le plan reflète les besoins, les attentes et les capacités de toutes les parties impliquées. Et aussi que les limites potentielles incluant des défis dans la mise en œuvre effective des actions proposées, des résistances éventuelles au changement, des contraintes budgétaires et des différences d'interprétation entre les acteurs impliqués soient élucidées.

Conclusion

Il était question d'explorer le rôle essentiel de la diaspora camerounaise en tant que levier potentiel pour le développement durable de la Commune d'arrondissement de Douala 3e. Nous avons commencé par examiner les caractéristiques diversifiées de la diaspora camerounaise, allant des compétences professionnelles aux réseaux internationaux, en passant par l'engagement pour le développement. Nous avons également présenté les initiatives d'une association de la diaspora camerounaise, la « Bantu Development Initiative », démontrant son désir de collaborer étroitement avec les autorités locales. Tout au long de notre analyse, il est apparu évident que la diaspora camerounaise possède un potentiel considérable capable d'influencer positivement le développement de la Commune de Douala 3e. Néanmoins, ce potentiel est connu, mais inexploité par les autorités locales de Douala 3e. Il est impératif que cette commune puisse désormais compter sur la diaspora camerounaise pour surmonter les défis auxquels elle est confrontée et tirer parti des opportunités qui se présentent. L'intégration d'un plan d'action communal visant à mobiliser la diaspora camerounaise s'impose comme une étape cruciale pour encourager son engagement durable. En effet, la diaspora camerounaise, comme l'ont démontré plusieurs études, transcende son rôle de simple source de transferts financiers. Elle constitue un véritable levier de développement, un lien entre les horizons internationaux et les réalités locales ainsi qu'un catalyseur de progrès.

Références bibliographiques

ASSOGBA Yao, (2002), « Et si les Africains de la diaspora étaient des acteurs du développement de l'Afrique ? », in *Chaire de recherche du Canada en développement des collectivités (CRDC)*, série de recherche N°25, 14p.

BANQUE MONDIALE (2022), « Remittances Brave Global Headwinds », 72p.

BOMDA Justin, (2014) « Transfert financier des migrants et impact sur la croissance économique des pays d'Afrique subsaharienne », Simo David (dir.), *Problématiques migratoires en contexte de globalisation*, Les grandes éditions, Yaoundé.

CENTRE AFRICAIN D'ÉTUDES INTERNATIONALES, DIPLOMATIQUES, ÉCONOMIQUES ET STRATÉGIQUES (CEIDES), (2020), « Journée d'information du RED-COD : Diaspora, atout gagnant pour le Cameroun ? »

CENTRE D'ANALYSE ET DE RECHERCHE SUR LES POLITIQUES ÉCONOMIQUES ET SOCIALES (CAMER-CAP), (2015), « la diaspora camerounaise, un atout pour l'émergence : un plan opérationnel à résultats rapides en 10 points », note d'orientation 3, 41p.

COMMUNAUTÉ URBAINE DE DOUALA, *Plan directeur d'urbanisme de Douala à l'horizon 2025,* 14p.

COMMUNE D'ARRONDISSEMENT DE DOUALA 3e, 2022, Invest today in the Municipality, « Collection », Collection Municipalities and discoveries, 38p.

ESSOUMAN ESSOUMAN Olivier Sardou, (2021), « Évaluation de la vulnérabilité sociale aux mouvements de masse : cas des populations de la Commune de DOUALA 3 (CAMEROUN) », in *Revue espace géographique et société marocaine,* n°54, 23 – 41.

GESELLCHAFT INTERNATIONALE FUR ZUSAMMENARBEIT, (2016), « Les organisations de la diaspora camerounaise en Allemagne et leur engagement en faveur du développement », Dr Winterhagen Jenni, 32p.

KENGNI L., TEMATIO P., FILALIRHARRASSI, TEPOULE NGUEKE J., TSAFACK E.I., MBOUMI et MOUNIER S., (2012), « Pollution des eaux superficielles et des nappes en milieu urbain : cas de la zone industrielle de Douala-Bassa », in *International Journal of Biological and Chemical Sciences*, 1838 – 1853.

MANGA EDIMO R. M., (2010), « Les TIC, nouvelles formes d'action politique : Le cas des diasporas camerounaises », dans *Afrique contemporaine,* Éditions De Boeck Supérieur, 2 (234), 127 – 140.

MASSIN GNEBA Bienvenu, 2020, La contribution des acteurs de la société civile au codéveloppement dans les villes du sud : le cas de l'Arrondissement de Yaoundé III de 2007-2017, « mémoire », Institut des relations internationales du Cameroun, Yaoundé, 148p.

NDJETCHEU Louis, (2020), « Diaspora et création d'entreprises en Afrique : recherche de facteurs d'incitation environnementale », in *Reconnexion de l'Afrique à l'économie mondiale : défis de la mondialisation*, 154 – 175.

NICOLAS Y., (2019), « Les Diasporas, actrices du changement : la place des nouvelles générations et des femmes, *MEAE (Ministère de l'Europe et des Affaires étrangères)*, 38p.

NKUITCHOU NKOUATCHET Raoul, (2019), « Le Cameroun contre sa diaspora », Paris, L'Harmattan, 172p.

NKUITCHOU NKOUATCHET Raoul, (2021), « Le Cameroun et le tabou de la marginalisation de la diaspora », in *L'espace politique*, 43(01) https://doi.org/10.400/espacepolitique.9610

NSEGBE Antoine de Padoue, (2022), « Caractérisation géographique de la pollution de l'eau dans les quartiers de l'arrondissement de Douala 3e (Cameroun) », in *Revue Espace, Territoires, Sociétés et Santé*, 5(9), 53 – 70.

RÉSEAU ENTREPRISE ET DÉVELOPPEMENT DURABLE, (2013), « Le manuel Les partenariats au service du développement durable : Un guide à l'intention des dirigeants », 21p.

SANGARÉ Idrissa, 2017, Les diasporas et leurs implications socio-politiques dans les pays d'origine : perspective comparative des immigrés de Belgique francophone issus de la Côte d'Ivoire et du Cameroun « thèse », Université catholique de Louvain, Faculté des sciences économiques, sociales, politiques et de communication http://hdl.handle.net/2078.1/thesis:10909

TCHINGANKONG YANOU Moïse, 2022, Le rôle pluriel de la diaspora camerounaise d'Europe : entre délégitimation et relégitimation du pays d'origine, « conférence », Université de Bucarest, 25p.

TCHOUASSI Gérard, (2010), « L'argent de la diaspora et le financement des infrastructures sociales urbaines et périurbaines de base en Afrique », Jean-Christophe Boungou Bazika et Abdelali Bensaghir Naciri, *Repenser les économies africaines pour le développement, business and économics,* 211 – 229.

TCHUIKOUA Louis Bernard, (2010), « Gestion des déchets solides ménagers à Douala au Cameroun : opportunité ou menace pour l'environnement et la population ? », *in Carnets de géographes,* http://journals.openedition.org/cdg/2325 ; DOI : https://doi.org/10.4000/cdg.2325

ORGANISATION INTERNATIONALE DES MIGRATIONS (2012), « Comment associer les diasporas au développement : manuel à l'usage des décideurs et des praticiens dans les pays d'origine et d'accueil », 271p.

Les atouts touristiques dans le lamidat de Rey Bouba (Nord-Cameroun) : état des lieux et perspectives à l'aune des nouveaux outils de la décentralisation

Paul Derrick DANG À GOUFAN

Docteur Ph. D en histoire politique et des Relations internationales
Enseignant-Chercheur.
Département de tourisme et hôtellerie, ENSET de l'Université d'Ebolowa

Résumé

La présente réflexion veut étudier les atouts du tourisme dans le Lamidat de Rey Bouba et y propose des perspectives de développement sur la base des nouveaux outils de la décentralisation. Élaborée sur la base d'une abondante documentation composée des données primaires, sources imprimées et iconographiques, elle lève un pan de voile sur l'organisation du tourisme dans cette chefferie traditionnelle très réputée du Cameroun. Des investigations, il ressort que malgré la présence des multiples attractions, l'activité touristique fait face à de nombreuses difficultés qui entravent son décollage. Pour y remédier, trois principales solutions fortement adossées sur les principes de la décentralisation peuvent être adoptées. Il y a lieu d'évoquer à cet effet la création d'un Office communal de tourisme dans la Commune de Rey Bouba ; la mise en valeur de l'accord MINTOUL-FEICOM dans le cadre du financement des projets touristiques, mais aussi le recours à la coopération décentralisée à l'image de l'axe Dschang-Nantes dans le secteur du tourisme.

Mots clés : Cameroun, décentralisation, Lamidat, Rey Bouba, tourisme.

Abstract

This reflection proposes to study the assets of tourism in the Lamidat de Rey Bouba and proposes development prospects based on the new tools of decentralisation. Developed on the basis of abundant documentation composed of primary data, printed and iconographic sources, it lifts a veil on the organisation of tourism in this very famous traditional chieftaincy of Cameroon. Investigations show that despite the presence of multiple attractions, touristic activities face many difficulties that hinder its take-off. To remedy this, three main solutions can be adopted. These are strongly based on the principles of decentralisation. To this end, it is worth mentioning the creation of a Municipal Tourist Office in the Municipality of Rey Bouba; the development of the MINTOUL-FEICOM agreement within the framework of the financing of tourist projects but also the use of decentralised cooperation like the Dschang-Nantes axis in the tourism sector.

Keywords: *Cameroon, decentralisation, Lamidat, Rey Bouba, tourism.*

Introduction

Bon nombre de pays en Afrique subsaharienne sont dotés d'un potentiel touristique de bonne facture. Malheureusement, ce secteur d'activité est encore à la traîne. C'est le cas du Cameroun, pourtant Afrique en miniature de par la diversité de son patrimoine culturel et naturel. Il est d'ailleurs devenu une destination touristique internationale en 2010 selon les normes de l'Organisation mondiale du Tourisme (OMT). En 2019, il a accueilli selon un rapport annuel de *Jumia Travel Hospitality,* plus d'un million de touristes internationaux. Au cours de la même année, plus de 560 milliards de francs CFA ont été investis dans ce secteur à travers l'hébergement, l'hôtellerie, l'entretien des sites touristiques entre autres, ce qui représente 9% de l'investissement global du pays. 140 000 emplois (permanents et temporaires) auraient été créés au cours de cette année. Au total, c'est plus de 800 sites touristiques disséminés dans les dix régions qui ont été visités par les touristes et qui constituent le patrimoine touristique du Cameroun. Avec le processus de décentralisation qui entre dans sa phase de finalisation par le biais des régionales, les Collectivités territoriales décentralisées du Cameroun sont appelées à s'autonomiser davantage. Dans cette perspective, elles deviennent le pilier autour duquel s'articule leur destin à travers l'élaboration et la mise en œuvre des politiques publiques capables d'améliorer les conditions d'existence de leurs populations. Dans le chapelet de compétences, à elles transférées par l'hégémon central, figure en bonne place le tourisme (CGCTD, 2019), activité économique de premier ordre et volet important de l'économie camerounaise.

Dans le même ordre d'idées, de nombreux auteurs ont partiellement abordé la problématique du développement des fluctuations touristiques dans le septentrion camerounais. De façon générale, s'ils reconnaissent à l'unanimité que le Cameroun est une Afrique en miniature grâce à ses potentialités physiques, humaines et touristiques particulières, ils admettent également que cette zone septentrionale du pays est le foyer par excellence de la pratique du tourisme culturel et naturel (Essono, 2001 ; MINTOUL, 2002 ; Kamdem et Tchindjang, 2011 ; Aminou, 1978 ; Mainet, 1979 ; Onomo, 2009). De ces travaux se dégage une carence des politiques d'aménagement durable de ces territoires à des fins touristiques. Certains travaux plus actuels ont néanmoins avancé quelques pistes destinées à sortir de ce cycle à travers des initiatives telles que la coopération internationale (Onomo, 2018), l'amélioration de la gouvernance institutionnelle (Eboutou, 2016 ; Afana, 2021) ; la valorisation du patrimoine naturel à des fins de promotion touristique (Wassouni, 2015) sans oublier la mise en place des normes et d'un dispositif sécuritaire afin de sécuriser les fluctuations touristiques (Onomo Etaba, 2021). En outre, on peut ajouter les études individuelles depuis 2020 sur la décentralisation comme opportunité pour le développement du tourisme dans les Collectivités territoriales décentralisées (Dang, 2020 ; 2021). Toutefois, si ces travaux endogènes n'abordent pas les aspects pratiques de la mise en tourisme du Lamidat de Rey Bouba, des auteurs d'ailleurs ont longuement abordé cette thématique. On peut évoquer ceux qui s'attardent sur les villes telles que Rouen (Pickel-Chevalier, 2012) ; sur les aspects généraux de l'aménagement touristique (Dumahel, 2018) ; la promotion numérique des destinations (Jammet et Linder, 2019) ou encore l'aménagement touristique durable des territoires (Vlès, 2005 ; Clivaz, 2010). Au regard de cette documentation, il en ressort que le développement de l'industrie du tourisme dans le Lamidat de Rey Bouba n'a pas encore fait l'objet d'une étude scientifique. Il se pose donc un problème : celui de la mise en valeur des attractions touristiques de cette localité afin de promouvoir le développement local.

Dans cette dynamique, la présente réflexion se propose d'apporter des solutions, sur la base des nouveaux outils offerts par la décentralisation camerounaise afin de mettre en valeur les attractions touristiques contenues dans ce Lamidat. Pour y parvenir, la question principale autour de laquelle s'articule cette réflexion peut se formuler de la façon suivante : **comment mobiliser les stratégies susceptibles de développer l'activité touristique dans le Lamidat de Rey Bouba en prenant appui sur les nouveaux outils de la décentralisation ?** La méthodologie utilisée repose sur la collecte et l'analyse des sources orales, des publications scientifiques, des travaux académiques, et des rapports en lien avec le tourisme et les politiques publiques au Cameroun. Les théories mobilisées sont le libéralisme et le fonctionnalisme. Le libéralisme a permis de cerner l'aspect libéral des individus (touristes) appelés à circuler librement à des fins touristiques. Le fonctionnalisme quant à lui a été une grille d'analyse permettant de saisir les motivations et la volonté du gouvernement camerounais à assurer un fonctionnement efficace aux fluctuations touristiques. L'ancrage disciplinaire concerne la tourismologie (sciences du tourisme) et les politiques publiques. La structure de cette réflexion est duale. Il est question dans un premier temps de présenter les principales attractions touristiques qui existent dans le territoire de Rey Bouba. Ensuite, la place sera faite à l'analyse des solutions appropriées pour booster le tourisme dans ce Lamidat. Celles-ci seront profondément ancrées dans les principes et la dynamique de la décentralisation camerounaise en voie de finalisation.

I. Le lamidat de Rey Bouba : un territoire aux potentialités attractives pour l'activité touristique

Le tourisme est souvent appréhendé comme étant un ensemble d'activités pratiquées par des individus en dehors de leur lieu de résidence habituelle à des fins de loisir, détente et découvertes pendant une durée comprise entre 24 heures et 4 mois. Cette activité repose essentiellement sur une notion : les attractions pour l'activité touristique. En effet, le principe de détente et de découverte n'existe que parce qu'il y a un ensemble de facteurs naturels ou non susceptibles de retenir l'attention des visiteurs. Dans cette perspective, parler de potentialités pour les activités touristiques consiste à désigner un ensemble d'éléments géographiques, naturels et humains susceptibles de séduire la clientèle touristique. On peut évoquer entre autres : les plages, les montagnes, les parcs naturels, les édifices, les monuments, les musées, les cérémonies traditionnelles et bien d'autres. Toutefois, la notion de potentialités pour les activités touristiques revêt une triple dimension : territoriale, sociale et environnementale.

La dimension territoriale réside sur le fait que les potentialités pour les activités touristiques ont toujours une assise territoriale. Elles influencent dans le même temps les comportements sociaux (dimension sociale) dans la mesure où les touristes qu'elles attirent contribuent, à travers leurs agissements à influencer les pratiques sociales en vigueur dans les zones qui accueillent les touristes. *In fine*, parce qu'elles sont contenues dans un environnement (dimension environnementale) naturel précis, les activités touristiques de par leur exploitation par les touristes peuvent contribuer à détruire l'environnement, d'où l'émergence d'une nouvelle orientation touristique tournée vers la durabilité et contenue dans la Charte du tourisme durable. Adoptée à Lanzarote (îles Canaris) en 1995, elle incite les acteurs du tourisme à mettre en œuvre les pratiques d'une activité touristique saine pour l'environnement. Ceci dit, le Lamidat de Rey Bouba regorge de potentialités pour son développement touristique. Celles-ci sont contenues dans un espace géographique qu'il semble, au préalable, important de préciser dans le cadre de cette réflexion.

I.1. Espace géographique du Lamidat de Rey Bouba : un territoire favorable à la pratique d'une activité touristique

Avant d'identifier les potentialités touristiques présentes dans le Lamidat de Rey Bouba, il est important de marquer un arrêt majeur afin d'aborder le cadre géographique qui les abrite (Carte 1). Le Lamidat de Rey Bouba est situé dans la région du Nord Cameroun, département du Mayo-Rey. Il partage ses limites avec le Tchad à l'est, la Commune de Lagdo à l'ouest, celle de Madingrin et de Tcholliré au sud et la Commune de Bibémi au nord. Érigé en arrondissement en 1966, il couvre une superficie de 8000 km² et compte environ 111 regroupements de villages. Parlant des atouts physiques, le Lamidat de Rey Bouba possède plusieurs cours d'eau dont le plus important est le Mayo-Rey. La forêt quant à elle regorge d'espèces animales favorables au tourisme de nature. On peut évoquer à cet effet les familles des grandes antilopes, les éléphants, les buffles, et la majorité des fauves des savanes d'Afrique.

Carte 1 : Le Lamidat de Rey Bouba au Cameroun

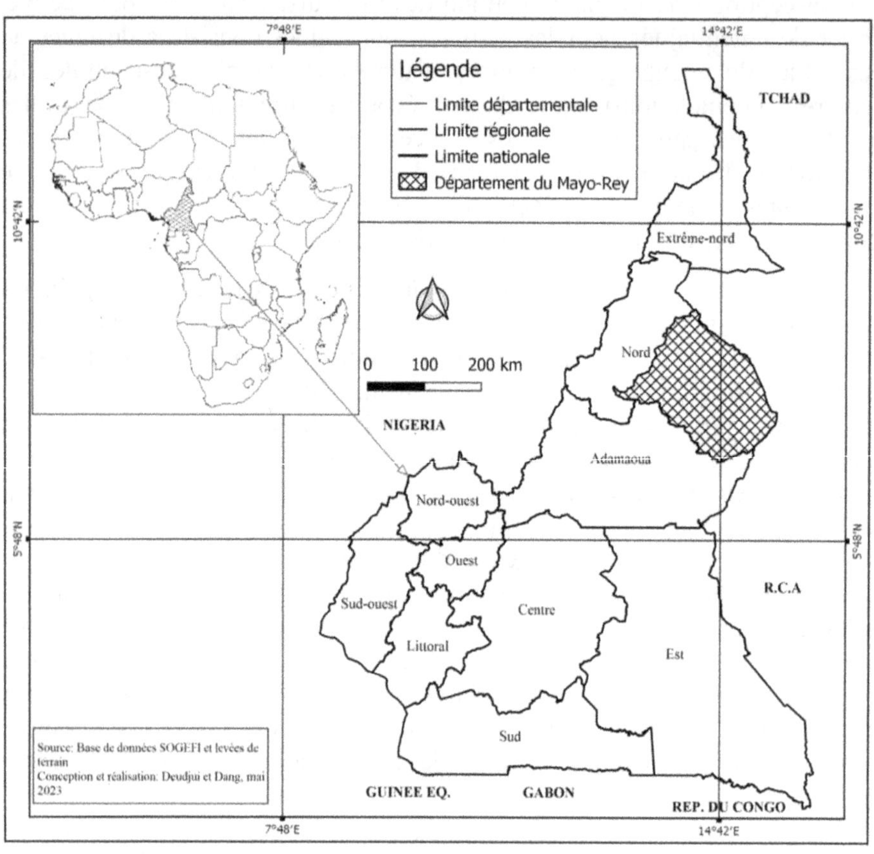

Le relief ici est très accidenté. Il est formé de monts dont le plus important est Taparé, juché à une altitude de 858 m. Il s'agit du plus haut sommet de cette région. Ce relief est favorable à la formation des bas-fonds, propices à la pratique de l'agriculture. Sur le plan climatique, le Lamidat de Rey Bouba est confronté à un climat de type soudanien caractérisé par deux grandes saisons d'égales durées. Une saison pluvieuse allant d'avril à octobre et une sèche entre novembre et mars. La pluviométrie annuelle quant à elle varie entre 900 et 1300 millimètres. Les précipitations irrégulières connaissent une forte intensité durant le mois d'août[186]. Les températures oscillent entre 28°C en saison pluvieuse et 40°C en période chaude.

Il en ressort donc que le Lamidat de Rey Bouba présente des caractéristiques géographiques favorables à la pratique de l'activité

[186]http://www.cvuc.cm/national/index.php/fr/carte-communale/region-du-nord/133-association/carte-administrative/nord/mayo-rey/516-rey-bouba.

touristique. Aussi, à ces conditions naturelles appropriées, se greffent des potentialités très attractives pour le développement des activités touristiques. Celles-ci constituent un terreau fertile pour la pratique de plusieurs types de tourisme, parmi lesquels le tourisme balnéaire, praticable dans cette localité.

I.2. La plage du Mayo Rey : un site pour le tourisme balnéaire

Dans l'imaginaire populaire, un site touristique désigne un espace construit et aménagé afin de favoriser la pratique de plusieurs formes d'activités touristiques, notamment celles exercées sur les espaces côtiers. Le tourisme balnéaire désigne un ensemble d'activités, de loisirs, de détente et découverte pratiquées au bord des espaces maritimes. Il offre une vue sur des espaces côtiers avec en prime des activités de bronzage, de promenades en mer à bord des pirogues ou à pied tout le long du littoral. D'autres détentes s'inscrivent également dans cette logique, notamment la possibilité de faire du tourisme gastronomique à travers la dégustation de la cuisine maritime. (Coëffe et als ; 2014, 42) Contrairement à certains types de tourisme notamment le tourisme de luxe réservé aux individus possédant un pouvoir financier important, le tourisme balnéaire est accessible à toutes les couches sociales. C'est la raison pour laquelle il est le plus répandu à travers le monde. Il favorise la croissance économique avec de nombreuses activités telles que l'hébergement en camping, très prisé par les touristes.

À Rey Bouba, la pratique du tourisme balnéaire est possible : la plage du Mayo Rey (Planche photo 1) en est le lieu par excellence. Elle offre la possibilité aux visiteurs de profiter du soleil et de l'air vivifiant. Pour accroître davantage sa visibilité dans ce territoire, l'émergence d'une station balnéaire arrive à point nommé. En effet, la plage du Mayo Rey, peu connue de l'opinion publique, constituerait une véritable attraction touristique rentable économiquement s'il bénéficie d'un aménagement touristique de qualité. Ce haut lieu du tourisme balnéaire abritait à l'époque de nombreuses espèces fauniques à l'instar des hippopotames, des crocodiles et bien d'autres animaux aquatiques[187]. Cette épopée racontée aux touristes aiguiserait davantage le séjour touristique dans ce milieu dont le caractère pittoresque ne souffre d'aucune contestation. Pour l'heure, les habitants de Rey Bouba s'y retrouvent souvent en soirée pour admirer le coucher du soleil, se baigner et même pour pratiquer des activités de pêche. Aux alentours de cette plage, se trouvent également des arbres aux feuilles sèches qui sont utilisées par les habitants dans l'élaboration des toitures de leurs maisons d'habitations. Ce savoir-faire inédit est un atout pour la pratique du tourisme éducatif. Celui-ci permettrait aux populations de partager cette expérience avec les visiteurs, rendant ainsi plus attractive la destination Rey Bouba.

---

[187] Entretien avec Ouseni Boucar, chargé des ressources naturelles dans le parc de Bouba Ndjida, le 12/12/2018 à Rey Bouba.

Planche photographique 1 : La plage du Mayo Rey

Photo Dang du 10 décembre 2018 à Rey Bouba

En effet, le constat relève d'un truisme : le touriste recherche de nouvelles expériences, ce qui n'existe pas ailleurs. Dans cette perspective, la présence d'une telle expérience boosterait à coup sûr le marketing de la destination Rey Bouba, faisant ainsi d'elle, un espace de choix dans le landernau touristique camerounais. Toutefois, le parc national de Bouba Ndjidda fait également partie des principales attractions touristiques de ce Lamidat.

I.3. Le Parc national de Bouba Ndjidda : un lieu pour la pratique de tourisme nature

Le parc national de Bouba Ndjidda est l'un des sites touristiques du Lamidat de Rey Bouba. Il a été classé en réserve de faune et de chasse en 1947, puis érigé en Parc national en 1968. D'une superficie de 220 000 ha, il est entouré de 7 zones d'intérêt cynégétique couvertes sur une superficie totale de 500 000 ha. (Ndamè ; 2007, 146). Le Parc national de Bouba Ndjidda fait partie du complexe des aires protégées de la région du nord avec 3 parcs nationaux et 27 zones d'intérêt cynégétique. Il est limitrophe du Parc national tchadien de Sena Oura créé en 2010, avec qui il constituera, selon les prévisions, le Parc binational de Bouba Njidda Séna-Oura[188]. Le parc de Bouba Ndjidda est un complexe constitué de savanes arbustives de type soudano-guinéen. Il abrite de nombreuses espèces fauniques de l'Afrique centrale. Ce site touristique offre les meilleures conditions d'observations des espèces fauniques telles que l'élan de Derby, les antilopes d'Afrique et les éléphants (Planche photo 2), les girafes, les lions, les panthères, les élans, les buffles, les hippotragus, les babouins, les vervets, les patas, les colobes, l'oryctérope, le serval, les phacochères, entre autres. Il a reçu la visite de plusieurs personnalités de haut rang à l'instar de Valery Giscard d'Estaing (ancien Président français), l'ancien ambassadeur américain Peter Henry Barlerin ou encore plusieurs diplomates japonais.[189]

Planche photographique 2 : Espèces fauniques dans le parc national de Bouba Ndjidda

Source : www.parcnationaldeboubandjidda.com

Toutefois, sur la liste des grandes attractions touristiques de ce territoire, se greffe un site mémoriel : l'ancien palais du Lamido de Rey Bouba.

---

188 whc.unesco.org/fr/listesindicatives/6310/

189 Entretien avec Ouseni Boucar, chargé des ressources naturelles dans le Parc national de Bouba Ndjidda, le 12/12/2018 à Rey Bouba.

I.4. L'ancien Palais du Lamido de Rey Bouba, un site pour le tourisme mémoriel

L'ancien palais du Lamido de Rey Bouba est un témoin majeur de l'histoire de cette chefferie traditionnelle. Il représente la mémoire et l'identité des populations de cette localité. Il a été construit entre 1805 et 1808 sous le magistère de Bouba Ndjidda (1798-1866), le fondateur du Lamidat de Rey Bouba. Ce palais était entouré d'un mur d'enceinte sur lequel apparaissaient de nombreuses façades qui donnaient accès au palais. La structure interne de ce palais était constituée des cours, des jardins potagers, de nombreux quartiers, notamment ceux du Lamido. On y retrouvait également des activités artisanales, des serviteurs du palais, un personnel administratif, les lieux réservés à l'élevage… Cette structure toute particulière a fait dire à Engelbert François Essono que le palais de Rey Bouba est donc le témoin de l'originalité architecturale africaine et fait partie du patrimoine culturel du Grand Nord Cameroun. (Essono, 2001 : 107-108)

Ce vestige a été le théâtre de l'évolution historique du Lamidat et est de ce fait, le berceau du savoir et la clé pour comprendre les dynamiques politiques qui ont façonné le mythe du Lamidat de Rey Bouba, d'où son aspect mémoriel. Le tourisme mémoriel est en réalité un voyage de découverte dans les lieux de mémoire afin d'en apprendre davantage sur des évènements qui ont marqué l'histoire, mais aussi de rendre hommage à ceux qui ont inscrit, en lettres d'or, leurs noms dans les annales de l'histoire. Le tourisme mémoriel combine l'éducation et l'apprentissage, mais aussi une immersion dans le passé, qu'il soit glorieux ou triste. L'image suivante donne un aperçu des restes de cette bâtisse qui a été le témoin de l'histoire de cette chefferie traditionnelle.

Planche photographique 3 : L'entrée principale de l'ancien palais du Lamido tombé en ruine

Photo Dang du 12 décembre 2018 à Rey Bouba.

Ce vestige mémoriel, à l'abandon durant notre passage dans le lamidat, constitue pourtant une véritable attraction touristique de cette chefferie. En effet, sa mise en tourisme qui implique la formation/recyclage des guides de tourisme de la localité offrirait aux touristes, et même aux populations locales, l'occasion de revisiter l'histoire de l'un des Lamidats parmi les plus populaires du landernau traditionnel camerounais. Une autre spécificité de ce monument historique réside dans le fait qu'il est situé de l'autre côté du Mayo Rey. Il faut donc traverser ce fleuve pour y arriver. C'est dire que les attractions touristiques de ce territoire sont prédisposées à une découverte simultanée. Par ailleurs, l'architecture de la muraille de l'actuel palais royal constitue également une véritable séduction touristique.

I.5. La grande muraille de l'actuel palais du Lamido : un patrimoine culturel qui met en œuvre le savoir-faire local.

Le patrimoine est généralement appréhendé comme un ensemble de biens matériels et immatériels hérités, puis transmis de génération en génération. Le patrimoine sert ainsi à maintenir vifs le savoir-faire et le savoir-être d'un peuple, d'une civilisation, mais aussi d'établir un lien entre les générations passées et celles à venir (Vernières ; 2015, 7). On distingue donc les patrimoines politique, économique et culturel. D'abord considéré uniquement comme une valeur culturelle (Choay ;1992), il est incontestable de nos jours que le patrimoine est devenu une ressource à valoriser dans la perspective du développement économique et social. Ainsi, patrimoine et tourisme deviennent deux entités intimement liées. En effet, si « le patrimoine consiste à sauvegarder l'héritage des pères, le tourisme quant à lui permet de le valoriser à travers l'organisation des voyages de découverte de ces éléments constitutifs de l'héritage ». Dans le même ordre d'idées, « le patrimoine peut avoir la forme matérielle, d'un ouvrage ou d'un édifice, mais le plus souvent une forme immatérielle : tradition, savoir-faire, mode de vie, us et coutumes, ou autre » (Onomo ; 2009, 15). C'est le cas du savoir-faire mis en œuvre dans le cadre de la construction de l'actuel palais du Lamido. Ce palais s'étend sur une superficie de 5 hectares. Il est protégé par une muraille de 7 mètres de hauteur et de 800 mètres de longueur. Son architecture impressionnante ainsi que les modalités de sa fabrication constituent une grande attraction touristique de cette chefferie. Ce chef-d'œuvre architectural aux allures de la grande muraille de Chine est construit à base d'un composé de terre cuite accompagnée d'une poudre blanche. Celle-ci permet de solidifier le mélange qui sera ensuite utilisé pour la fabrication des matériaux de construction. C'est l'œuvre des maçons du Lamidat. Il s'agit d'un savoir-faire minutieusement conservé et transmis de génération en génération.

Planche photographique 4 : Le savoir-faire local dans le Lamidat

Photo Dang, le 11 décembre 2018 à Rey Bouba.

Au regard de ces différentes illustrations, il est évident que le Lamidat de Rey Bouba présente de nombreuses attractions touristiques. Celles-ci se heurtent cependant à de nombreuses difficultés qui entravent l'essor de l'industrie touristique dans cette zone. Sans prétendre à l'exhaustivité, on peut évoquer : la carence des infrastructures hôtelières ; le phénomène de l'insécurité ; le braconnage dans le parc de Bouba Ndjidda. Pour valoriser ce riche patrimoine, mettre en place de nouvelles activités et revigorer les activités touristiques dans le Lamidat de Rey Bouba, plusieurs solutions peuvent être mises à contribution. Celles-ci sont essentiellement contenues dans un mode de gouvernance dont l'ampleur ne cesse de croitre au Cameroun : la décentralisation.

Planche photographique 5 : Des vues de l'actuel palais

Photo Dang, le 13 décembre 2018 à Rey Bouba

II. La décentralisation : l'opportunité de la redynamisation des activités touristiques dans le Lamidat de Rey Bouba

Il est question dans cette articulation de décrypter dans un premier temps le concept de décentralisation et de présenter son *modus operandi au* Cameroun. Cette précision permettra de comprendre le bien-fondé de ce mode de gouvernance qui vise la construction du développement socioéconomique avec le concours des populations locales. Cet objectif ne fait pas exception dans le domaine du tourisme. Pour le démontrer, il convient de mettre en exergue trois solutions novatrices, car encore peu étudiées. L'implémentation de celles-ci ferait du Lamidat de Rey Bouba, un véritable paradis touristique au Cameroun.

II.1. La décentralisation comme outil de développement du tourisme dans le Lamidat de Rey Bouba

Le constat relève d'un truisme : la quête première des sociétés modernes est le développement tous azimuts. Celui-ci à son tour, implique l'amélioration des conditions de vie des populations. La notion de développement a connu une évolution significative au fil du temps. En effet, si elle reposait auparavant sur des stratégies nationales ou sectorielles, il est démontré aujourd'hui que l'un des moyens les plus efficaces pour impulser le développement repose sur l'approche *Bottom up*. Celle-ci stipule que le processus de développement dans les sociétés modernes doit être déclenché de la base vers le haut et non plus le contraire. Face à cette nouvelle donne, les États ont adopté de nouveaux logiciels de gouvernance afin d'accorder plus de liberté et d'autonomie aux autorités locales. L'objectif étant de leur permettre de poursuivre leurs objectifs de développement. C'est dans cette réforme importante que réside le bien-fondé de la décentralisation.

Au Cameroun, à la suite du transfert de compétences et de ressources qui se fait progressivement depuis quelques années, les institutions locales (communes et régions) sont de plus en plus chargées des décisions et de la planification de leur avenir. À cet effet, elles sont appelées à définir leurs objectifs et visions de développement, à mettre en place leurs stratégies de développement local et à superviser les différentes étapes de mise en œuvre de ces stratégies. Dans cette perspective, B. Pecqueur pense justement que « le développement local fait aujourd'hui recette dans les discours sur les politiques publiques dans les pays du Sud. Il est souvent jumelé avec un processus de décentralisation, souhaité et souvent différé. En examinant, au plus près du terrain, les réalisations effectuées en son nom, on comprend la nécessité de clarifier les principes de base de son fonctionnement » (Pecqueur, 2008 : 9). Avec l'implémentation de la décentralisation, les décisions locales peuvent être adaptées aux besoins locaux, permettant ainsi aux services publics d'être fournis avec plus d'efficacité dans des secteurs comme le tourisme.

Cela dit, depuis le 18 janvier 1996, le Cameroun est devenu un État unitaire décentralisé. Cette innovation juridique dénotait à souhait la volonté des autorités politiques de changer le mode de gouvernance. Cependant, si la constitutionnalisation de ce système de gouvernance est active depuis 1996, sa matérialisation dans les faits a tardé à se matérialiser. En effet, il a fallu attendre 2004 pour assister à l'adoption des premières lois sur la décentralisation. Il s'agissait de la loi n°2004/017 du 22 juillet 2004 portant orientation de la décentralisation et de la loi n°2004/018 du 22 juillet 2004 fixant les règles applicables aux communes. Celles-ci ont été renforcées par le décret n° 2011/1110/PM du 26 avril 2011 fixant les modalités de la coopération décentralisée (Dang, 2020 : 251). Toutefois, depuis 2019, ces lois ont été abrogées à la faveur de la loi n° 2019/024 du 24 décembre 2019 portant Code général des Collectivités territoriales décentralisées (CGCTD). Celle-ci renforce le transfert de compétences et de ressources de l'État vers les Collectivités territoriales décentralisées (CTD) que sont les communes et les régions. Parmi les compétences transférées, figure en bonne place le tourisme. En dehors de ce qui est convenu d'appeler les mesures classiques de l'aménagement touristique (marketing territorial, amélioration des infrastructures, formation et recyclage des populations locales aux métiers du tourisme…) d'autres initiatives innovantes doivent également s'y greffer. Il s'agit de la création d'un office communal de tourisme à Rey Bouba ; de la mise à contribution de l'accord MINTOUL-FEICOM, sans oublier le recours à la coopération décentralisée dans le domaine du tourisme.

II.2. La mise en place d'un office communal de tourisme à Rey Bouba : un impératif pour la relance de l'activité touristique

La décentralisation (au Cameroun) se définit généralement comme un processus par lequel l'État transfère aux Collectivités territoriales décentralisées (Communes et Régions) certaines compétences et ressources afin d'impulser le développement dès la base. Dans le cadre des compétences transférées aux entités infraétatiques, figure en bonne place l'activité touristique. Cette compétence leur est reconnue dans le Code général des Collectivités territoriales décentralisées (CGCTD) notamment dans la mise en valeur et la gestion des sites communaux,[190] mais aussi dans la promotion touristique [191]qui se fait au sein des offices communaux de tourisme. Il s'agit des organes destinés à la mise en œuvre de la politique touristique d'une CTD. L'office joue un rôle qui se décline de la manière suivante : accueil des touristes et mise à disposition des informations sur les potentialités touristiques ; renseignement sur les sites touristiques de la localité à l'aide des plans, dépliants thématiques, situation géographique des sites touristiques ; organisation des séjours touristiques des visiteurs (conseils, hébergement, restauration, lieux à visiter, attitudes à adopter vis-à-vis des populations) ; mise à la disposition des touristes des mesures d'accompagnement à l'instar des guides touristiques ; occupation du compte satellite (données statistiques locales) en matière de tourisme ; valorisation de la collectivité à travers ses plateformes numériques qui diffusent au quotidien des informations relatives à la promotion du tourisme local (Dang, 2020 : 231).

À la lecture de ces prérogatives réservées à l'Office communal du tourisme (OCT), il est évident que cet organe est une véritable force d'animation locale en matière de tourisme. De ce fait, sa mise en place est indispensable pour l'émergence d'une réelle politique touristique au sein des CTD. Ledit organe travaillerait en étroite collaboration avec tous les organes qui interviennent dans la chaîne de satisfaction des besoins touristiques. Cette initiative s'inscrit dans la continuité de nombreuses communes à l'instar de Dschang ou encore Guider qui ont mis en place des Offices communaux de tourisme. Dans la même veine, la création de cet organe favoriserait non seulement l'émergence d'une activité touristique crédible, mais aussi permettra de recruter de nombreux jeunes formés aux métiers du tourisme. Dans le même sillage, le ministère du Tourisme et des Loisirs a signé avec la banque des communes (FEICOM), un accord afin de favoriser le financement des projets touristiques.

---

[190] Article 156 du Code général des Collectivités territoriales décentralisées.

[191] Article 267 du Code général des Collectivités territoriales décentralisées.

Cette entente peut également être mise à contribution pour insuffler une nouvelle dynamique touristique dans le Lamidat de Rey Bouba.

II.3. Une nouvelle dynamique à travers l'accord MINTOUL-FEICOM

Pour accompagner les Offices communaux de tourisme dans la quête d'une véritable redynamisation du secteur du tourisme, de nombreuses initiatives ont été mises en œuvre par l'État. L'on peut évoquer à cet effet l'accompagnement du Fonds spécial d'équipement et d'intervention intercommunale (FEICOM), véritable banque auprès des communes. Celle-ci finance des projets de développement, à elle, présentés par les CTD. À titre d'illustration, le FEICOM a financé à hauteur de 259 millions de FCFA les projets touristiques dans la région du Centre entre 2006 et 2011 (Nyangon, 2011 : 18). Dans la même veine, cette institution a consolidé cette vision à travers la signature avec le ministère du Tourisme et des Loisirs d'une « Convention-cadre de partenariat » en 2013. Celle-ci a pour objectif de « fixer les modalités par lesquelles le MINTOUL et le FEICOM mettent en œuvre les projets touristiques en vue de la promotion du tourisme et des loisirs dans les communes et leurs groupements ». Dans cette perspective, le FEICOM au travers de cette convention s'engage à « mettre à la disposition des communes, son expertise dans l'identification et le montage des projets susceptibles de bénéficier des financements de la coopération internationale [...] ; financer les projets communaux et intercommunaux ayant un impact direct sur la valorisation et la promotion du tourisme et des loisirs, conformément à ses procédures ; suivre et évaluer techniquement la réalisation des projets à financement conjoint».[192]

Sur la base de cette convention dont la plupart des communes n'ont pas connaissance, on peut observer que le FEICOM est disposé à apporter un appui financier, mais aussi logistique pour assurer la maturation et la réalisation des projets touristiques. Cependant, la commune qui souhaite en être bénéficiaire doit présenter un dossier porté par un office communal de tourisme (Dang, 2021 : 7). Cela traduit donc l'urgence de la création massive de ces organes au sein des communes afin d'atteindre les objectifs de l'émergence du Cameroun prévus dans le document de politiques publiques de la décennie 2020-2030 : la Stratégie nationale de développement 2030. Il s'agit là d'un impératif dans la mesure où cela permettra non seulement d'élaborer des projets touristiques viables, mais aussi de les financer tout en créant au passage de multiples emplois directs et indirects. En outre, cette mesure peut également se rendre plus efficace avec l'intégration de la

---

[192] Article 5.2. De la Convention-cadre de partenariat entre le MINTOUL et le FEICOM du 2 avril 2013.

coopération décentralisée dans l'approche stratégique de la redynamisation de la destination Rey Bouba.

II.4. La coopération décentralisée : un boulevard d'opportunités pour le tourisme à Rey Bouba

La coopération décentralisée est souvent considérée comme un instrument de concrétisation des initiatives de développement local avec l'accompagnement des partenaires étrangers. Selon l'article 94 de la loi n° 2019/024 du 24 décembre 2019 portant Code général des Collectivités territoriales décentralisées,

> La coopération décentralisée s'entend comme toute relation de Partenariat entre deux ou plusieurs Collectivités territoriales ou leurs regroupements, en vue de réaliser des objectifs communs. Elle peut s'opérer entre des collectivités territoriales camerounaises ou entre celles-ci et des Collectivités territoriales étrangères, dans les conditions fixées par la législation et la réglementation en vigueur et dans le respect des engagements internationaux de l'État. (CGCTD, 2019 : 21)

En d'autres termes, la coopération décentralisée permet aux CTD du Cameroun de se rapprocher de leurs homologues étrangers afin de procéder à un échange d'expertise et de ressources dans le cadre des projets de développement. C'est donc une forme de collaboration entre plusieurs communes dans le strict respect des conventions internationales et nationales. La coopération décentralisée dans le contexte camerounais fut officialisée par les premières lois sur la décentralisation. C'est dans cette logique que la coopération Nantes-Dschang a vu le jour en 1998. Elle a permis à la commune de Dschang de faire progresser ses activités touristiques à travers la réalisation des projets touristiques implémentés dans le cadre du programme la Route des chefferies. Cette initiative a favorisé la construction du Musée des Civilisations de Dschang inauguré en 2011 ; l'émergence d'une station nautique au sein du lac municipal ; le recyclage du personnel intervenant dans le domaine du tourisme ; l'appui logistique et financier en faveur des projets touristiques ; la visibilité internationale à travers la participation de Dschang aux floralies internationales en 2009. (Dang, Manta ; 2020).

Ainsi, si les fluctuations touristiques sont mieux développées dans la Commune de Dschang, cela est la manifestation d'une coopération décentralisée fructueuse. Il n'est guère question pour la commune de Rey Bouba de se muer en mendiant dans le jeu des relations internationales, mais de rechercher des partenariats plus ou moins gagnant-gagnant dans le domaine du tourisme. Pour cela, elle peut mettre à contribution ses multiples attractions touristiques, notamment les richesses contenues dans le parc de Bouba Ndjidda dont la renommée internationale ne souffre d'aucune contestation. Se lancer dans le jeu de la coopération décentralisée pour ce Lamidat revient à s'entourer d'une expertise de qualité, mais aussi de remplir principalement quatre étapes selon les dispositifs en vigueur : la phase de préparation ; la recherche et les négociations avec le/s partenaire/s ; la phase de la formalisation du projet et la mise en œuvre du programme de coopération (Dang ; 2020, 216-219). L'ensemble de ces activités contribuerait inéluctablement à faire du tourisme, un atout de choix pour garantir le développement dans cette chefferie.

Conclusion

Il était question dans cette réflexion de présenter les potentialités touristiques existantes dans le Lamidat de Rey Bouba et de proposer des solutions inspirées des opportunités de la décentralisation afin d'impulser une nouvelle dynamique de développement socioéconomique. S'il est avéré que ce territoire recèle d'innombrables potentialités pour le développement des activités touristiques, il n'en demeure pas moins vrai qu'elles sont confrontées à de nombreuses entraves, la reléguant paradoxalement au second plan. Pourtant, le Cameroun est engagé aujourd'hui dans un vaste programme de développement dont les différentes articulations sont contenues dans la SND 30. Destiné à le conduire vers l'émergence à l'horizon 2035, cet objectif ne saurait être atteint sans la contribution substantielle du tourisme. L'étude sur le Lamidat de Rey Bouba peut donc servir de tremplin afin d'insuffler une nouvelle dynamique dans l'ensemble des CTD du Cameroun, véritable Afrique en miniature. Il est donc plus que jamais vital de redonner à l'industrie du tourisme au Cameroun, toutes ses lettres de noblesse. C'est à ce titre qu'elle pourra apporter sa pierre à cet édifice. Cette initiative passe donc non seulement par un réaménagement au niveau de la ressource humaine chargée de la gestion de cette activité, mais aussi l'allocation des moyens financiers conséquents sans oublier l'implémentation d'une politique offensive de la destination Cameroun en général et de Rey Bouba en particulier.

Références bibliographiques

Ouvrages

Essono E.F., (2001). *Tourisme et culture au Cameroun à l'ère de la mondialisation,* Yaoundé, Imprimerie Saint-Paul,

Kamdem P., Tchindjang M. (dir), (2011).*Repenser la promotion du tourisme au Cameroun. Approches pour une redynamisation stratégique*, Paris, IRESMA-KARTHALA. 2011.

Onomo Etaba R.B. (2009). *Le tourisme culturel au Cameroun*, Paris, l'Harmattan,

Onomo Etaba R.B. (2021). *Cameroun : normes et sécurité pour un tourisme durable. Actes du Forum Mercatour 2018*, Paris, l'Harmattan.

Oumarou A., (1978). *Tourisme au Cameroun*, Paris, J.A.

Articles

Coëffé V., Jaurand E., Taunay B., « La plage, territoire des corps », Mondes du tourisme URL : http://journals.openedition.org/tourisme/123 ;DOI:https://doi.org/10.4000/tourisme.123

Dang À Goufan P. D., « Le tourisme, un facteur déterminant pour le relooking et le développement de Ndikiniméki », in P. Batibonak, D'une *ville centenaire à une ville moderne : Relooker et développer Ndikiniméki,* Yaoundé, Monange, 2020

« La politique communautaire du tourisme dans la zone CEMAC. Une analyse à la lumière des enjeux de l'intégration sous-régionale (2001-2012) », Mondes du Tourisme [En ligne], URL : http:// journals.openedition.org/tourisme/5680 ; DOI : https://doi.org/10.4000/tourisme.5680

Dumahel P., « La mise en tourisme des lieux et de leur développement : logiques, typologie et dynamiques », in *Géographie du tourisme et des Loisirs*, 2018.

Jammet T. Linder A., « Les destinations touristiques au défi de leur promotion numérique. Réflexions sociologiques à partir du cas de la Suisse », Téoros 38 (2), juin 2019.

Ndamè P. J., « L'aménagement difficile des zones protégées au nord Cameroun », in *Autrepart* 2007/2 (N°42).

Nyangon M. « Le tourisme, un vecteur de la croissance locale », in *Le Communal, Magazine d'informations sur le développement local et régional au Cameroun*, 2011.

Pecqueur B., « Fondements théoriques et conceptuels du développement et de la gouvernance territoriale » in A. Diop (dir), *Développement local, gouvernance territoriale : enjeux et perspectives,* Dakar, Karthala, 2008

Pickel-Chevalier, « Le processus de mise en tourisme d'une ville historique : l'exemple de Rouen » in *Monde du Tourisme, 2012.*

Vernières M., « Le patrimoine : une ressource pour le développement » in *Techniques financières et développement*, 2015/1 (N°118).

Vlès V., « L'aménagement touristique durable du territoire » in *Société et Environnement*, 2005.

Wassouni F., « Patrimoine, tourisme et problématique du développement dans les régions septentrionales du Cameroun à l'heure de la décentralisation », in *IFRA-Nigeria working papers series,* n°54 de septembre 2015.

Travaux académiques

Dang à Goufan P. D., « Le tourisme dans la politique extérieure du Cameroun de 1960 à 2014. Instrument de visibilité, moyen d'attractivité et support de coopération », Thèse de Doctorat/Ph. D. en Histoire des relations internationales, Université de Douala, 2020.

Eboutou, D. M., « La politique institutionnelle du tourisme au Cameroun de 1960 à 2010 », Mémoire de Master en histoire, Université de Yaoundé 1, 2016,

Mainet G., « Les aspects géographiques du tourisme au Cameroun », Thèse de Doctorat de 3e cycle en Géographie, Université de Bordeaux III. 1979.

Communications des colloques

Dang à Goufan P. D. « Les Collectivités territoriales décentralisées : berceau de la promotion interne en contexte de crise sanitaire », Présenté dans le cadre de la 7e édition du Café du tourisme, MINTOUL, le 24 mars 2021 à Yaoundé.

Dang à Goufan P.D. et Manta Samanki L., (2020) « La coopération décentralisée : un boulevard d'opportunités pour les collectivités territoriales décentralisées. Le cas du tourisme dans la relation Nantes-Dschang », communication présentée au colloque international « Décentralisation, diplomatie des villes et Objectifs du Développement durable », IRIC, 3-4 septembre 2020.

Lois et conventions

Loi n°2019/024 du 24 décembre 2019 portant Code général des Collectivités territoriales décentralisées.

Sources orales

Dewa Mohaman, Maire de Rey Bouba, le 11 décembre 2018 à Rey Bouba

Ouseni Boucar, chargé des ressources naturelles dans le parc de Bouba Ndjida, le 12/12/2018 à Rey Bouba.

CONCLUSION GÉNÉRALE

Puiser dans une connaissance pratique des territoires, éclairée d'une analyse académique pertinente et holistique de la problématique urbaine pour contribuer à l'invention de la ville camerounaise de demain : telle était l'ambition de la première édition du Programme Campus Chercheurs dont ce volume constitue la somme. Engager de jeunes chercheurs à mener une réflexion à la fois théorique et prospective sur la manière d'habiter les villes camerounaises de Douala et de Rey Bouba, a conduit à penser le Campus comme un espace de conversation entre différentes catégories d'acteurs de l'espace urbain : experts, universitaires, décideurs et usagers ordinaires.

Pendant les trois jours qui les ont réunis à Douala au siège du Think Do Thank ***The Okwelians***, les 10 lauréats du Campus, issus de différentes disciplines des sciences sociales des Universités du Cameroun ont eu l'occasion de confronter les pratiques épistémologiques des écoles de pensée dont ils se réclament. Ils ont également, à travers les débats, éprouvé la complexité d'articuler les aspects spécifiques de leurs réflexions individuelles à un objet d'analyse transversal capable de déboucher sur un savoir opérationnel. L'enjeu soulevé par un tel défi explique le choix fait par les organisateurs, en ouvrant les discussions sur les objets théoriques et les démarches méthodologiques appropriées, d'allier à la trame des savoirs scientifiques envisagés, des approches plus concrètes des acteurs de terrain.

Pour cette raison, chaque journée a démarré par une conférence articulée autour de séances plénières animées par des intervenants choisis pour leur engagement en faveur des causes citoyennes et pour leur capacité éprouvée et prouvée à être des acteurs de changement dans leur domaine. Des ateliers méthodologiques et thématiques, esquissés durant le campus, se sont poursuivis pendant les mois qui ont suivi, sous la supervision d'universitaires locaux et étrangers. Ces moments d'échange post campus ont été l'occasion de la maturation de projets parfois vaguement formulés et souvent incomplètement réalisés. C'est l'occasion de saluer le travail du comité scientifique de cette édition du Programme Campus Chercheurs pour la relecture critique de l'ensemble des textes ici présentés effectuée avec rigueur et de façon bénévole. Initialement prévu pour paraître au mois d'août de l'année suivant la tenue du Campus, ce volume a été différé d'une année.

Un tel retard, sans être exceptionnel, doit être compris dans le cadre plus large des écueils chronologiques inhérents aux premières expériences d'écriture et d'édition scientifique portées par des organisations jeunes.

D'autres écueils relevant de contraintes consubstantielles aux programmes scientifiques tributaires de candidatures spontanées comme ce fut le cas de cette édition du Programme Campus chercheurs, doivent être soulignés. Ainsi, la couverture géographique et thématique du Campus, déclinée autour des trois villes et incluant quatre axes de réflexions, n'a pu être réalisée, en raison des choix de sujets, laissés à la libre appréciation des contributeurs. Une autre caractéristique de l'ouvrage est le format très académique de la majorité des contributions, rendant complexe une mise en œuvre immédiate des résultats par les acteurs politiques. Cela, encore une fois, est lié au profil des contributeurs et des superviseurs tributaires, pour la majorité d'entre eux, de formations universitaires fondamentales.

Toutefois, ces limites somme toute relatives sont largement compensées par l'originalité et la pertinence des contributions présentées dans cet ouvrage. À la suite des observateurs avertis relevant la complexification au fil des décennies, des défis urbains dans les espaces Sud, les auteurs de ce volume ont illustré cette réalité à l'échelle des différents quartiers de la ville de Douala qu'ils ont arpentés. Ils ont notamment su relier la forte pression démographique à laquelle sont soumis ces territoires, aux vulnérabilités multiformes qui les caractérisent. Mais ces monographies ont également montré que les villes de Douala et Rey Bouba sont des espaces d'opportunités diverses, des lieux d'expérimentation et d'innovation par excellence. Les pratiques originales de ces territoires se traduisent par les formes économiques, sociales et culturelles d'appropriation dont ils sont l'objet et à l'origine de transformations permanentes des espaces. Les auteurs ont également alerté sur l'urgence de travailler à faire émerger des réponses endogènes aux transformations rapides en cours dans les grandes métropoles telles que Douala, tout en faisant un usage à la fois vertueux et ciblé des atouts des villes en voie d'émergence comme que Rey Bouba.

Dans leur ensemble, les sujets traités ont le mérite de bien montrer que la transformation urbaine, pour être au service du bien-être commun et collectif, doit être une affaire de tous. Ils ont souligné le rôle majeur que doivent y jouer les instances qui, à la base, s'activent au quotidien pour faire de la ville un lieu d'accueil, un espace partagé et de vie sereine. Au final, l'ensemble de contributions a débouché sur des recommandations en faveur d'un dialogue impliquant les acteurs de premier plan que sont les autorités urbaines et traditionnelles ; les entreprises du secteur informel ; les élus locaux ou la diaspora.

Par cette approche de co-construction des savoirs sur la ville privilégiée par les organisateurs du Campus et déclinée par les contributeurs, les éditeurs de ce volume espèrent avoir contribué à alimenter la discussion encore ouverte sur les manières inclusives et pérennes qu'il convient d'adopter pour mieux habiter la ville aujourd'hui et demain.

Nadeige Laure Ngo Nlend (MC).

Université de Douala, Cameroun.

POSTFACE

À la quête des solutions aux défis qui préoccupent le monde en général, des chercheurs, chercheuses, spécialistes et experts de différents domaines se sont penchés sur les enjeux majeurs de développement durable que rencontrent les villes camerounaises en particulier. Ainsi, face aux problèmes écologiques incessants, à la pollution environnementale aux effets néfastes, au désordre urbain et au surgissement de pandémies et catastrophes naturelles, vivre le vivant devient de plus en plus complexe et imprévisible. Ceci d'autant plus que l'habitation durable suggère désormais de tenir compte du vivant en rationalisant l'exploitation et la consommation tout en participant à la reproduction pour la pérennisation des espèces ainsi que la sécurité alimentaire et écologique. Les villes camerounaises, notamment de Douala et Rey Bouba, font au quotidien l'expérience des défis auxquels sont confrontées la plupart des agglomérations en développement et résolument engagées à se positionner comme des villes durables. D'où les réflexions menées par les jeunes chercheurs afin de proposer des solutions efficaces pour identifier et pallier les aléas écologiques, économiques, sociaux et sanitaires afin de parvenir à une harmonie entre la nature et l'homme. Lesdites réflexions scientifiques étaient construites autour du thème « ***Habiter les villes camerounaises aujourd'hui et demain : Douala, Foumban, Rey Bouba*** ».

Les différentes productions scientifiques proposées se sont employées à appliquer des théories scientifiques qui ont pour la plupart du temps été seulement envisagées au sein des pays occidentaux en relation avec la notion de ville durable. Se basant sur des travaux politiques et sociologiques récents, les auteurs ont ramené ces théories globales sur le cas précis du Cameroun, notamment sur les villes échantillons de Douala et Rey Bouba.

Ces études ne sauraient exclusivement être tenues pour des réponses à l'appel à candidatures lancé par le programme d'excellence Campus jeunes chercheurs The Okwelians, qui s´est imposé comme une institution académique d'excellence au cours de ces dernières années par la promotion et la diffusion des travaux scientifiques de qualité portant sur la résolution de problèmes scientifiques complexes. Ce recueil de travaux scientifiques est surtout le fruit de l'engagement et de la détermination de nombreux chercheurs en faveur du développement de villes durables et écologiques au Cameroun. Ces chercheurs promettent une interdisciplinarité qui permet d´appréhender la notion de ville durable dans sa diversité sociologique et structurelle dans un environnement complexe, dans l'objectif de favoriser l'avancement des connaissances dans les domaines allant de l'écologie à la politique du tourisme. Les chercheurs réunissent autour de NDONGUE EPANGUE Timothée, Dr NDJAMA Bernard, MAHGUOH Carine, TSAGUE TSAYEM et al. ont fait recours à une vaste base de données quantitatives et qualitatives pour parvenir à des analyses précises portant sur les enjeux majeurs auxquels sont confrontées les populations camerounaises. L'émergence rapide des zones urbaines, la gestion de l'accès à l'eau, le potentiel touristique inexploité, le triage et le recyclage des déchets plastiques, l'entrepreneuriat des personnes handicapées sont les domaines qui ont retenu l'attention particulière des chercheur.euses. Ils proposent des solutions novatrices et appellent à l´action concrète en faveur du développement de villes plus durables.

SIBENOU Laure et TIOMO Ornelle Rosine explorent au sein de leurs travaux l'urbanisme, mettant en lumière la nécessité de planifier et de gérer la croissance urbaine de manière durable. Elles mettent en avant des modèles urbains novateurs, favorisant la connectivité, la mobilité et la qualité de vie des citoyens. Au Cameroun, la question de l'accès à l'eau est cruciale. MAHGUOH Carine par son étude apporte des éclairages de pointe sur la gestion de cette ressource précieuse dans un contexte urbain en pleine expansion. Comment renforcer l'inclusion des personnes handicapées dans la vie économique et communautaire ? C´est la question à laquelle TSAGUE TSAYEM Lydiane Armelle tente de répondre. Son travail fait un état des lieux sur le handipreneuriat dans la ville de Douala. DANG À GOUFAN Paul Derrick examine les opportunités de développement du secteur touristique en mettant l'accent sur la coopération décentralisée tout en respectant la nature et la culture. Les études du Dr NDJAMA Bernard et OLINGA OLINGA Joseph Magloire contribuent à déterminer une approche innovante de réutilisation des plastiques, dans un pays où la pollution plastique représente un défi majeur. In fine DONDJANG NJANDJA Falonne se penche sur le rôle que joue la diaspora dans le combat entamé contre les défis environnementaux et écologiques.

Cette collectivité servira de source d'inspiration académique pour d'autres chercheurs.euses et spécialistes. La richesse et la particularité de ces travaux ne se réduisent pas seulement aux simples réflexions scientifiques, mais ils proposent aussi des solutions pratiques envisageables adressées aux autorités publiques afin d'affronter les différents défis écologiques.

TABLE DES MATIÈRES

Structures éditoriales du groupe L'Harmattan

L'Harmattan Italie
Via degli Artisti, 15
10124 Torino
harmattan.italia@gmail.com

L'Harmattan Hongrie
Kossuth l. u. 14-16.
1053 Budapest
harmattan@harmattan.hu

L'Harmattan Sénégal
10 VDN SICAP AMITIE 3
BP 45034 Dakar-Fann
direction@senharmattan.com

L'Harmattan Cameroun
Tsinga/Derrière polyclinique FECAFOOT
BP 11486 Yaoundé
Jacques.koukam@harmattan.fr

L'Harmattan Burkina Faso
Villa 281, secteur 23 623, rue 14.32
Ouagadougou
zagbie@outlook.fr

L'Harmattan Guinée
Almamya, rue KA 028 OKB Agency
BP 3470 Conakry
harmattanguinee@yahoo.fr

L'Harmattan RDC
185, avenue Nyangwe
Commune de Lingwala – Kinshasa
matangilamusadila@yahoo.fr

L'Harmattan Congo
219, avenue Nelson Mandela
BP 2874 Brazzaville
deunovmikhael@gmail.com

L'Harmattan Mali
Immeuble Mgr Jean Marie Cissé
Aci Hamadallaye
BP 145 Bamako
syllaka@yahoo.fr

L'Harmattan Togo
Djidjole – Maison Amela
face EPP BATOME
02 BP 20680 Lomé
didieramela11@gmail.com

L'Harmattan Côte d'Ivoire
Résidence Karl – Cité des Arts
Abidjan-Cocody
03 BP 1588 Abidjan
harmattan.ivoire@gmail.com

L'Harmattan Bénin
Rue 604, (Immeuble à l'entrée
de la rue UCAO- Cite de Saint-Jean)
Cotonou
stepcorpus@gmail.com

Nos librairies en France

Librairie internationale
16, rue des Écoles
75005 Paris
librairie.internationale@harmattan.fr
01 40 46 79 11
www.librairieharmattan.com

Librairie des savoirs
21, rue des Écoles
75005 Paris
librairie.sh@harmattan.fr
01 46 34 13 71
www.librairieharmattansh.com

www.ingramcontent.com/pod-product-compliance
Lightning Source LLC
LaVergne TN
LVHW011950220826
846092LV00001B/142

* 9 7 8 2 3 3 6 4 8 4 9 3 8 *